FORENSIC ACCOUNTING AND FINANCE

Principles and Practice

法务会计与财务

理论与实践

［英］比-利恩·丘 ◎ 编
（BEE-LEAN CHEW）

熊玉莲 ◎ 译

序

最早的会计形式本质上是"法务"的。债务和义务的记录不仅仅是不完美记忆的替代品，也是良好商业惯例的一个特征：它确保了委托资产的管理，为对个人的核查提供了依据。现今，会计及其在法庭上的作用在复杂的社会中更显突出。商业和个人在估价、责任和损失方面的争议更为频繁，而纠纷的解决需要法务会计。然而，如果仔细观察一下商业书店的书架和商学院的教学大纲，你会发现法务会计的主题仍然停留于审计、法律和财务报告的肤浅关系论证，充其量不过是一种卑微而朦胧的侦查工作形式。

本书断然驳斥了这种对法务会计的看法，组建了一个由领先的从业者组成的团队，以展示其影响力和专业知识。本书的每章都强调了法务会计实务的专业性和专家性，尽管这是一种法律和会计技能的不寻常的融合。当维持正常商业活动的共识破裂时，就需要各种法务会计服务。当面对欺诈、商业纠纷、婚姻破裂而需要进行任何类型的财务调查时，法务会计都是必需的。

"法务"一般是指科学方法在犯罪调查中的应用，法务会计具有这种审计和财务报告通常缺乏的准科学性。像科学家一样，法务会计师经常会发现他或她自己与其他会计师和其他同行的专业人士发生冲突。其角色的本质是冲突而不是缓和，这种冲突是不可避免的。对潜在证据可能会有不同的观点——就像在科学领域中一样。因此，除了技术技能之外，法务会计师还必须具有一定的品格和立场，才能从事潜在的对抗性工作。

正如本书的各章节所示，无论是交易中有争议的估价还是有争议的资产分割，法务会计师都将其在法律、控制、审计和会计系统方面的所有经验应用到了手头的案件上。必要的技能和专业知识不是一朝一夕就能获得的：经验是无法替代的。例如，有一个众所周知的审计员的故事，他在审查一家公司时发现采购发票没有被折叠，由此他察觉到了欺诈行为。因为在审查其他公司时，他看到的发票一般都有折叠，因为这些发票都是塞在信封中通过邮局邮寄，而这些没有折叠过的发票显然没有通过邮局邮寄。事实上，这些发票确实不是从外地邮来的，而是由离审计人员就坐不远的地方的客户经营场所编造出来的。他能够发现这种欺诈不是因为他接受了正规的审计培训，而是因为他的经验和"法务"直觉。我经常感到困惑，这些本能在我们今天的社会中是否像它们应该的那样受到普遍的重视。2008年的金融危机在很大程度上是一个监管失职的问题——审计员、信用评级机构等不作为。只有法务会计仍然为专业形式的科学怀疑主义保留了一个真正家园，这种怀疑主义在其他领域已经消失。

20 世纪 80 年代，作为一名年轻的审计员，我曾被临时调派参加一项调查。这是一个全新的世界。没有一种重要性原则能使审计师聚焦于自己的工作：我们查看所有文件。最终，有人（不是我）发现会计等同于"指纹"，它提供了有关欺诈行为的关键证据。更确切地说，作为一名学生，我是从真实的"不完整记录"案例中而不是井然有序的审计中学到了更多的会计知识。正是这些不完整和扭曲的"审计线索"、碎片化的交易证据和不同的资产评估依据，才是法务会计师的工作材料。他或她的任务是弄清这些内容。

本书很及时。法务会计的需求不太可能减少；事实上，情况正好相反。犯罪比以往更加难以捉摸，"追钱"需要非常特殊的技能和经验组合，尤其是在网络犯罪的新兴环境中。正因为如此，更多的专业顾问、律师和会计师应该阅读本书，他们将得益于在日常实践中采取更具法务学的态度。

迈克尔·鲍尔

不列颠学会会员，特许会计师学会会员

前　　言

当我第一次和科根·佩奇出版社讨论出版本书的可行性时，我还不知道这项任务会有多艰巨和复杂。我和路易丝·勒巴斯谈到了法务会计师在实践和诉讼支持中提供的各种服务。作为一个独立的法务会计师协会、独立法务会计师网的成员，在可以从中作出贡献的法务会计和专家证人领域拥有大量的实践经验，且该条件是令人信服的，这有助于解决以英国为中心的法务会计文献图书馆目前的不足。重要的是要确保本书的全面性，所以我很感谢尼姆·布伦南和史提芬·汤姆斯，就诉讼过程和欺诈预防中引入法务会计师提供了理论依据。

我要向我独立法务会计师网的成员们表示最深切的感谢，无论是作为撰稿人还是作为写作和检查中的决策咨询人，他们都为本书的出版作出了巨大贡献。在本书的各章节中，我们旨在表达日常工作中不同角色的法务会计师的适用性，目的是为读者提供所需的丰富经验和专业知识，以及提供实际的案例说明这些经验和专业知识在实务中是如何运用的。遗憾的是，在简短的章节中，我们不可能提供完整的背景信息，这些背景信息会影响我们的工作和意见，但是每一章节都应该让读者了解法务会计师工作的要求和挑战。

就本质而言，本书无意成为英国法务会计实践的权威指南，而是要成为一个有用的起点，每一章都是针对其具体作者的经验、知识和观点而单独展开的。毫无疑问，对于这些章节中描述的结果或技术，还有其他从业者会有不同的看法——这是对工作中所见的多样性的完美说明：在法务会计/专家证人的工作中，不同的从业人员对同一主题或问题持有不同的意见，随之而来的意见分歧及辩解是法务会计从业人员职业生活中更具挑战性的工作内容之一。鉴于不同法务会计师之间的经验和理解能力不同，我们很容易理解，为什么即使是在不同的独立法务会计师网成员之间，对于乍一看似乎直截了当的事情也会产生分歧！

希望本书对你而言既有用又可增长知识。尽管有一条松散主线从头到尾贯穿本书，但全书的结构安排旨在使读者可以随意阅读各章节。

比-利恩·丘

致　　谢

我们非常感谢：
马丁·贝里，霍布森加州有限公司
詹妮·卡特，怀尔德·科有限公司
海伦·格雷戈里，米尔斯特德·兰登律师事务所
罗杰·伊萨克斯，米尔斯特德·兰登律师事务所
杰西·金，罗菲·斯韦恩
科马克·马鲁姆，哈伍德·赫顿有限公司
苏·南丁格尔，罗菲·斯韦恩
卡伦·托伦斯，瓦茨·格雷戈里律师事务所
艾玛·特雷杰特，哈伍德·赫顿有限公司

目　　录

第一章　法务会计师实践 ········· 001
　一、引言 ········· 003
　二、法务会计 ········· 003
　三、法务会计师的技能 ········· 004
　四、法务会计师在诉讼中的角色 ········· 005
　五、法务会计师的不同类型的工作 ········· 008
　六、工作来源 ········· 014
　七、本章小结 ········· 014

第二章　作为专家证人的法务会计师 ········· 015
　一、作为证人的会计师 ········· 017
　二、专家证人的作用 ········· 019
　三、专家证据的类型 ········· 020
　四、专家证据的质量特征 ········· 021
　五、专家的职责和责任——专家证据 ········· 022
　六、利益冲突和专家会计师 ········· 023
　七、英国民事/刑事/家庭诉讼规则 ········· 025
　八、本章小结 ········· 027

第三章　法务会计与税务 ········· 030
　一、引言 ········· 032
　二、税务查询流程概述 ········· 032
　三、英国税务与海关总署查询流程综述 ········· 034
　四、英国税务与海关总署活动 ········· 035
　五、实践准则8和实践准则9调查 ········· 036
　六、失踪交易者欺诈/旋转木马欺诈 ········· 039

第四章　法务会计与舞弊 ········· 042
　一、法务会计师的角色 ········· 044
　二、舞弊的定义 ········· 045

三、导致舞弊的原因 ·· 046
　　四、舞弊类型 ·· 047
　　五、按目标的舞弊 ·· 048
　　六、对舞弊行为的反应 ·· 057
　　七、本章小结 ·· 058

第五章　舞弊预防 ·· 059
　　一、引言 ··· 061
　　二、内部控制：防止员工舞弊 ······································ 062
　　三、高级管理层舞弊与公司治理 ··································· 064
　　四、市场操纵舞弊与监管 ·· 069
　　五、本章小结 ·· 072

第六章　专业过失 ·· 075
　　一、引言 ··· 077
　　二、案件的初始阶段 ··· 077
　　三、合同或业务约定书 ·· 078
　　四、法规与专业 ·· 078
　　五、受索赔影响的共同领域 ··· 079
　　六、法务会计师介入的其他实例 ··································· 084
　　七、专业赔偿保险公司的作用 ······································ 085
　　八、本章小结 ·· 085

第七章　估值 ··· 087
　　一、引言 ··· 089
　　二、价值的概念 ·· 089
　　三、一般估值原则 ·· 092
　　四、估值方法 ··· 093
　　五、本章小结 ··· 103

第八章　审计和财务报告 ··· 104
　　一、引言 ··· 106
　　二、什么是财务报告 ··· 106
　　三、什么是审计 ·· 108
　　四、财务报告如何与审计联系在一起 ···························· 111
　　五、审计师的职责、权利和义务 ··································· 111

六、法务会计师如何介入 ················· 113
　　七、审计过失 ························· 113
　　八、财务报告过程中的问题 ··············· 114
　　九、法务会计师的工作 ··················· 115
　　十、本章小结 ························· 119

第九章　犯罪 ························· 120
　　一、引言 ····························· 122
　　二、法务会计师在刑事诉讼不同阶段中的作用 · 122
　　三、刑事案件中适用于法务会计师的技能和技巧 · 133
　　四、网络犯罪 ························· 134
　　五、本章小结 ························· 134

第十章　商业纠纷 ····················· 135
　　一、引言 ····························· 137
　　二、法务会计的作用 ··················· 137
　　三、总体因素 ························· 138
　　四、利润损失 ························· 140
　　五、间接损失 ························· 144
　　六、股东和合伙纠纷 ··················· 145
　　七、公司交易后的纠纷 ················· 146
　　八、终止商业代理协议 ················· 150
　　九、强制征购令 ······················· 151
　　十、本章小结 ························· 152

第十一章　婚姻案件中的法务会计 ········ 153
　　一、引言 ····························· 155
　　二、离婚程序 ························· 155
　　三、表格 E——起点 ··················· 158
　　四、企业估值 ························· 160
　　五、资产分割 ························· 164
　　六、收入 ····························· 167
　　七、追溯性估价 ······················· 169
　　八、资产追踪 ························· 170
　　九、复杂的资产持有结构 ··············· 171
　　十、抚养费变更 ······················· 171

十一、本章小结 ·· 171

第十二章　破产 ·· 172
　　一、引言 ··· 174
　　二、破产的法律背景 ·· 174
　　三、法务会计师可能介入的破产领域 ·· 175
　　四、揭开公司面纱 ··· 184
　　五、破产 ··· 184
　　六、破产从业人员的过失 ··· 185
　　七、本章小结 ·· 186

第十三章　人身伤害 ·· 187
　　一、背景 ··· 189
　　二、索赔期限/性质 ··· 190
　　三、法务会计师的作用 ·· 190
　　四、存在问题的领域 ·· 191
　　五、法务会计工作的范围 ··· 192
　　六、税收和其他扣除 ·· 192
　　七、本章小结 ·· 195

中英文术语汇编 ·· 196

附　英国相关机构及组织简介 ·· 206
　　独立法务会计师网 ··· 207
　　专家学会 ·· 215
　　专家证人协会 ·· 221
　　专家证人学会 ·· 223
　　英格兰及威尔士特许会计师协会 ·· 230
　　财务报告理事会 ·· 235
　　作者简介 ·· 241

第一章

法务会计师实践

菲奥娜·霍斯顿·穆尔

西蒙·马丁

一、引言
二、法务会计
三、法务会计师的技能
四、法务会计师在诉讼中的角色
五、法务会计师的不同类型的工作
六、工作来源
七、本章小结

学习目标

本章的目的是：

- 介绍法务会计，比较法务会计与审计师的作用。
- 说明法务会计师所需的技能，以及如何获得这些技能。
- 概述法务会计师可以扮演的不同角色。
- 概述法务会计师从事的不同类型的工作。
- 使读者了解法务会计师在实践中是如何获得工作的。

一、引言

在本章中，首先介绍了法务会计师在实践中的角色和技能，将他们与传统会计师和审计师进行了比较；其次介绍了法务会计师通常提供服务的领域，并对所承担的工作（包括该工作背后的专业考量）进行了概述；最后简要说明了法务会计师工作的来源。

二、法务会计

在英国，法务会计师服务通常有两个目的：财务调查和诉讼支持。

在实务中，法务会计师经常被培训为法定审计师或会计师，因此他们至少应具备关键的审计专业技能：出色的计算能力；擅长口头和书面交流；注重细节；具有商业头脑；具有良好的会计、审计、税务法规知识。

审计和法务会计之间的关键区别在于审计是在法规框架内进行的，审计倾向于遵循标准化的审计程序，而每一项法务会计工作往往是不同的。法务会计师必须认可工作的目的，确定如何完成这些工作，并准备应付工作中发生的意外变化。法务会计工作有许多审计的特点，在某些情况下，可以被描述为有针对性的审计。但是，与财务报表审计不同的是，在法务会计任务中没有需要遵循的官方标准或惯例。潜在指示的深度和广度使每项法务会计工作都成为一项特定活动，并要求掌握除审计技能外的其他技能。

会计的法务性方面涉及财务调查中会计和审计技能的应用。从婚姻商业利益的评估到潜在舞弊的调查，调查的目的和目标各不相同。法务会计工作也可以扩展到专家证人角色。在这种情况下，法务会计师需要准备并提交专家报告，并有可能要为专家报告辩护，以协助法院了解案件中的数量或可能的责任问题。

在所有专业中，质量保证标准的制定通常是为了确保从业人员持续达到其专业领域所要求的高标准。法务会计师是具有专业资格的会计师，受其专业协会的规章、道德要求和质量标准的约束，但法务会计部门倾向于自律监管，因为稳定的工作来源要求法务会计师在其职业生涯中建立起一个由推荐人组成的网络。如果客户和推荐人对工作的标准不满意，这很可能会损害会计师作为法务会计师和专家证人的声誉，导致其工作减少。许多专业会计师的职业生涯在经过法庭一天艰苦的盘问之后戛然而止了。

三、法务会计师的技能

审计具有清晰的结构和最终结果,财务报表和审计报告将被提交给股东。虽然某些特殊业务会有所偏差,但绝大多数的工作都遵循相同的安排。多数审计公司都有特定的审计方法和测试程序,这是他们所有审计工作的核心。被审计单位及其财务报表的内容将根据工作的变化而不同,但工作的方法和安排仍保持不变。这是审计和法务会计任务之间的主要区别,这些任务具有许多不同的目标、结构和结果。因此,法务会计师需要比传统的法定审计师更多的技能和知识。英国和威尔士特许会计师协会(ICAEW)指出,"法务会计师应该训练有素,能够透过数字,发现各种情况下的商业现实。"[1] 在任务开始时,法务会计师必须从其指导律师或委托人那里确定预期目标。

为了提高效率,法务会计师需要培养以下额外技能。

1. 创新

目标和任务的广度意味着,计划所开展的工作通常要从零开始。

2. 灵活性

纠纷解决工作的性质(以及法院的最后期限)意味着需要主动性。这意味着通过仔细管理任务及时掌握第一手线索,以满足法院规定的最后期限。灵活性还表现在可能需要根据正在进行的工作类型,将许多不同的法规与计算结果联系起来。

3. 谈判技巧

法务会计师由于是收集信息的人,经常会面临争端。至关重要的是,他或她可以与双方代表保持建设性对话,以尽量减少专业成本,并帮助迅速解决争端。

4. 冷静

争议很可能会为客户制造一种不断变化的状态,这可能会影响其客观决策的合理

---

[1] http://careers.icaew.com/why-a-career-in-chartered-accountancy/the-work-you-can-do/forensic-accounting.

性和决策能力。法务会计师必须保持冷静,收集并交流支持他们意见的事实。

5. 坚定性

坚定性这一点在法庭上接受盘问时尤为重要。对方律师很可能会试图挑战专家报告和意见的完整性,因此当他们的证据受到质疑时,法务会计师必须能够保持坚定并有效应对。

6. 专业信誉

如果法务会计师在法庭上担任专家的角色,那么维护自己的职业声誉是十分重要的,因为专家是以自己的名义而不是其所在公司的名义来展开这项工作的。较高的专业信誉保证了专家的意见和调查结果得到法院应有的重视。

英国有许多组织协助法务会计师和专家证人维持或提高他们的工作质量。例如,独立法务会计师网(NIFA)为其成员组织培训,内容涵盖法务会计和专家证人工作;专家学会和专家证人学会通常向其成员提供涵盖专家角色和职责的认证,而不考虑其专业领域如何。最终但并非不重要的是,法务会计师还需要遵守其各自专业机构的道德标准和专业标准。

四、法务会计师在诉讼中的角色

除了许多不同类型的任务外,法务会计师还可以根据指令的类型扮演一系列的角色。

(一)当事人顾问

作为当事人顾问,会计师往往处于案件的边缘。在这一角色中,法务会计师根据获得的信息和/或事实向诉讼当事人提供建议。

已任命当事人顾问的诉讼方可获得临时专家意见,而无须提交完整的专家报告。在这一阶段,法务会计师的职责是向指示方负责。

(二)当事人指定专家

在收到初步建议后,当事人可以决定指示法务会计师以适合提交法院的格式编写报告。提交专家报告必须征求法院的许可,允许提供法务会计师的调查结果以支持案件。一旦获得授权,法务会计师的角色就变成了当事人指定专家(party appointed expert,PAE)。

当事人指定专家将被要求准备一份符合法院有关专家证据规则的报告。当事人指定专家对法院负有至高无上的责任,当事人指定专家必须提供独立、公正的意见,并以正直的态度行事。

一旦双方提交报告,就可以安排专家会议,各自的当事人指定专家将讨论共同点和分歧,以缩小法院所要审议的问题范围。专家会议将编制一份联合专家声明,强调专家之间的一致意见和分歧,并将连同主要报告一起提交法院。

由于争议的主观性质,特别是估价方面,即使是基于同样的事实,对立双方当事人指定专家得出不同的结论并不奇怪。不同的结果给法官带来了另一个两难处境:哪位专家意见更好?这是在某些情况下优先任命一位联合专家的因素之一。

(三)单一联合专家

单一联合专家(single joint expert,SJE)是一个由双方当事人共同选择并由法院批准的专家。由于单一联合专家为两个对立的当事人工作,他或她在工作中保持独立性和客观性是非常重要的。任何正在进行的通信必须复制给双方,以便于理解。在某些情况下,如果指定了单一联合专家,当事人顾问可能会被用作"影子专家"来挑战该指定专家。

如果被任命为单一联合专家而不是当事人指定专家,单一联合专家将汇集他或她的报告并提交给双方。虽然已公布的单一联合专家报告通常是最具权威的,但有时一方或双方还会寻求当事人顾问的意见。当事人顾问在某些情况下可以被指定为当事人指定专家,这样在同一案件中有可能出现三位专家,并且其意见各不相同。

值得强调的是,当事人指定专家和单一联合专家的首要职责是对法院,而当事人顾问和影子专家则对其指示方负有义务,不受法院规则的管制。然而,当事人顾问和影子专家需要始终意识到他们有可能被任命为当事人指定专家或单一联合专家,因此即使未被任命,他们提供的建议也应该尽可能地保持公正和独立。

(四)热插管

术语"热插管"(也被称为"并行专家证据")是指两个当事人指定专家同时被传唤到证人席,以面对法官主导的审查。这种做法在澳大利亚很受欢迎,基于杰克逊大法官就民事诉讼费用提出的建议(杰克逊改革),该做法于2013年4月正式引入英国法院。英国的工作展开相对缓慢,民事司法委员会已委托一个工作组于2016年8月对其使用情况进行审查。在本书编写过程中,修改本规则的结果和建议及其实践指南,正由民事诉讼规则委员会审议。

(五)法庭与非法庭

法务会计项目的起点通常是针对某一领域的财务记录进行调查。在许多情况下,由于有意或失误可能会导致错误建议,管理层最初可能只是希望量化产生的潜在损失。虽然最初的指示可能不是针对任何特定的诉讼,但情况也可能发展为法务会计师作为诉讼过程的一部分被要求为法庭准备证据,或协助调解或仲裁。诉讼是一方与另一方发生纠纷时在法庭采取法律行动的过程。诉讼可能是一项代价高昂的活动,这就是为什么当事人被鼓励或要求通过调解或仲裁来寻求解决问题的原因。

在英国,作为专家证人的法务会计师可以被要求在三种正在运作的法庭中提供宣誓证词:刑事法庭、民事法庭或家事法庭。也有一些特别法庭可能需要专家证人意见的,在这些法庭上,专家角色和责任的规则与一般法庭相同。大多数纠纷都是在法务会计师需要出庭作证之前解决的,20个案件中大概只有1个会要求会计师出庭。

1. 调解

调解是一种用来避免纠纷被诉诸法庭的方法。调解人是公正的,但需要促进双方之间的沟通,并找到一种双方都能接受的解决方案。调解是自愿的,如果调解失败,在调解过程中进行的讨论不会提交法院。专家可以被委派在调解中作出书面或口头意见。

2. 仲裁

仲裁也是代替诉诸于法院进行公开诉讼的一种解决纠纷的方法。仲裁员或仲裁员小组被指定审理争端。仲裁员具有司法权,当事人受仲裁庭裁决的约束。可指示专家向法庭提供书面报告或口头证据。如果调解或仲裁途径未能得出令人满意的结论,则该案件将继续向法院提起诉讼。

五、法务会计师的不同类型的工作

(一) 账目伪造与舞弊的调查

从事舞弊调查的专业人员经常提到"舞弊三角"。尽管存在许多说法，但本质上舞弊三角的概念是一种理论，即当存在下列三个因素时，舞弊最有可能发生：压力（财务或情感）、机会和自我合理化（即为实施舞弊所采取的措施寻找正当理由）。

雇员可以利用其职务上的便利谋取利益，舞弊的迹象包括非正常的工作时间和生活方式的提高。如果怀疑舞弊行为可能已经发生，法务会计师可以暗中进行审查，并量化因雇员的行为而导致雇主遭受的损失（这在第四章关于舞弊和第八章关于审计和财务报告中有更详细的介绍）。

图 1.1 "幽灵雇员"

资料来源：感谢菲奥娜·霍斯顿·穆尔、恩索思会计师事务所和 higgins@higginscartons.com 允许在本出版物中使用这幅漫画。

案例研究 1.1

账目伪造与舞弊的调查

X公司雇用了一名财务总监。该员工的工作没有发现任何异常，直到休了一天的年假后，她出现在伦敦中央刑事法院的新闻报道中。据透露，她因涉嫌舞弊而被以前的雇主解雇。

X公司指示法务会计师对公司的账簿和记录进行全面调查,以查明财务总监是否有类似的舞弊。随后,从样本测试中发现了一个大骗局。舞弊是通过编造虚假支出来支付个人开支、信用卡账单,甚至是由之前舞弊行为产生的法律费用。这些款项被过账到分类账上,其描述略有不同,这些行为并不引人注目,也没有伪造太多,以避免检查时被发现明显的不正确。例如,法律费用支出的描述类似于"从律师事务所误收到的款项"。这是一种典型的骗术,试图通过制造过于复杂的情况,以阻止进一步的查询,同时也提供了一个看似合理的解释。

(二)损失(包括人身伤害)的计量

如果发生的事故或事件不是第三方造成的,受损方通常会寻求赔偿。在这种情况下,法务会计将评估影响和量化损失。

对于人身伤害,将涉及计算个人一生的损失。一般来说,这需要对变量进行评估,并且经常使用精算表(通常是奥格登表)来帮助准备这些计算(这在第十三章人身伤害中将做更详细的介绍)。

(三)专业过失

不幸的是,在某些情况下,会计专业人员并没有以其专业监管机构要求的应有的谨慎和专业能力来执行其任务。法务会计师可以审查税务顾问、审计师或其他会计专业人员的工作文件,以评估他们是否有过失行为,如果存在过失行为,则评估由于他们未能履行专业和/或合同责任而造成的损失。专家将对专业人员的工作是否达到"相当称职且专业"的标准提出看法(在第六章的职业过失与第十二章的破产法将做更详细的介绍)。

案例研究1.2

专业过失索赔

一个家族的许多成员投资于电影公司。投资受到英国税务与海关总署(HM Revenue & Customs,HMRC)的税务调查,预期的税收减免被拒绝。

虽然会计师没有正式参与投资咨询,但他参加了一些会议,并参与了与投资有关的通信联系。当事人就投资上遭受的损失向会计师提出索赔。

会计师事务所任命了一名法务会计师作为他们的专家证人。由近期该地区税收案件的激增及事后看来，案件的关键是确定相关的税收立法、税收实践，以及投资时（而非指导日期）的适当专业建议。法务会计师的报告考虑了会计师就当时的税收立法向个人提供的建议，以及作出投资决定时正通过税务法庭和高等法院审理的各种相关税务案件的立场。

在与另一方的当事人指定专家共同参与的会议上，法务会计师能够显著减少分歧。双方交换了专家报告，并在庭审前夕收到了联合专家的陈述，这件事最后在庭外解决了。

（四）舞弊预防

在考虑法务会计师的服务时，一个常见的疏忽是忽略了可以使舞弊发生的可能性最小化的主动方法。防舞弊审查可以针对特定领域，并比财务报表审计更深入地了解细节（见第五章的内容）。

（五）英国税务与海关总署或国家犯罪调查局的调查

个人和企业在调查中时常感到不知所措，因为所要求的信息细节或形式是他们没有见过的。法务会计师则可以充当当局与被调查方/当事人之间的中介（税务调查在第三章有更详细的说明）。

案例研究 1.3

国家犯罪调查局

一个正被国家犯罪调查局（National Crime Agency，NCA）进行逃税调查的纳税人聘请求助法务会计师。案件的性质严重，所涉金额巨大，因此英国税务与海关总署将此事移交给了国家犯罪调查局来解决。初步估计逃税金额超过了 200 万英镑。

法务会计师对涵盖 5 年的大量数据进行了分析，包括 80 个银行账户、交易记录和房地产交易。他制作了一份关于未申报纳税义务的报告，并代表客户与国家犯罪调查局进行谈判。这起案件最终结算金额不到原定税额的四分之一。

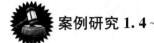 **案例研究 1.4**

税务法庭上的税收争议

一些知名人士多年来以合伙制方式进行投资,其中大部分参与了音乐产业。合伙企业的税务事务受到长期的税务调查,纳税人和英国税务与海关总署都无法解决这一问题。因此,该事项被安排进行税务审前听证,当事人指定专家由合伙企业和英国税务与海关总署任命。

该案件的关键问题不是税收立法,而是在英国会计实践中对合伙企业交易的适当会计处理,这推动了税收减免。双方提供了有关会计事项的专家报告,然后向法院提供了一份联合声明,概述了其中达成的一致和存在的分歧。

该案件在税务法庭审理,两位专家对他们报告中提供的证据进行了交叉审查。听证后的几个月,该案裁定支持英国税务与海关总署,而纳税人也没有提出上诉。

(六)商业纠纷

商业纠纷可能由于多种原因而产生,法务会计师开展的工作范围取决于争议的特点。许多商业纠纷将涉及或需要企业估值(这些在第十章的商业纠纷和第七章的估值中将有更详细的阐述)。

 **案例研究 1.5**

商 业 纠 纷

一家国际消耗品制造商被指控过早地终止与其代理商的销售协议。被告指示一名法务会计师量化违约赔偿,以及代理商在终止日期的潜在价值。该产品的销售在协议终止后急剧增长,前代理声称这是由于他们在终止前所做的努力。索赔总额为300万英镑。

法务会计师和对方当事人指定专家之间的一个关键不同意见是,代理协议的固定期限与适用于调整后可维持收益的收益倍数的相关性。法务会计师认为,这个倍数不能超过固定代理机构剩余期限的2倍。对方当事人指定专家忽略了代理期限,而采用了大企业常用的7倍的倍数。

法院对此案件进行了审理,法务会计师被要求出庭作证。不算利息和诉讼费用,最终的裁定金额不到30万英镑。

(七)保险索赔

当事人遭受损失但决定不起诉的,可以通过其保险单要求赔偿。在这种情况下,法务会计师将量化保险单中的索赔金额。保险公司可以指定自己的专家(这在第十章的商业纠纷和第十三章的关于人身伤害中将有更详细的说明)。

(八)婚姻纠纷

家庭律师收到的一项常见指示是对作为婚姻诉讼构成部分的企业进行估值。通常还会被要求评估可维持的收入水平,以协助律师协商和解协议。

由于双方之间的不信任程度,评估往往具有挑战性。人们常说,如果双方都有点不高兴,那么对企业进行估值就是准确的(这在第七章中有更详细的说明)。

案例研究1.6

婚 姻 纠 纷

一对夫妇在专门从事设备安装的集团中拥有商业利益。妻子的权益仅限于集团中的一家公司——A公司20%的股份,丈夫拥有这家公司60%的股份。该集团的其他公司则完全由丈夫一人所有。

当夫妻关系开始恶化时,A公司的交易活动急剧下降,而另一家丈夫的公司(妻子没有股份)——B公司的贸易却增长势头良好。丈夫似乎在试图使往昔的主要商贸公司——A公司的股份贬值,希望将所有失去的业务和商誉都转移到B公司;A公司和B公司的会计年度不一致,B公司还没有法定账户,这有助于隐藏所发生的事情。法务会计师就被转移到B公司的业务价值及其对妻子在A公司所持股份价值的影响提出了自己的看法。无论背后的动机是什么,贸易转移最终未获成功,因为法院通过专家报告获得了足够的信息,达成了关于损失价值的意见。

妻子还质疑她的股息流是否会继续——三年前就停止了。显然,她不知道她一直在提取的是董事的贷款账户,法务会计师的报告显示,她现在欠公司超过15万英镑。

(九)股东纠纷

虽然许多企业始于团结和良好的意愿,商业伙伴之间有时还是会发生纠纷,尤其是在一些由朋友和家人创立的没有起草正式的股东协议或合伙协议公司，这类公司缺乏强有力的管理文件（股东纠纷的估值问题在第七章有更详细的说明）。

 案例研究 1.7

股 东 争 议

一家耕种公司的多数股份是由家庭的父亲拥有，他的女儿和儿子持有较少的股份。该公司的股票分为普通股和"A"股。女儿由于参与了企业的日常运营，她的持股比例较高。父亲在去世之前要求女儿签署一项协议，规定每年对"A"股支付税前净利润 x‰ 的股息，在其死亡后由兄弟姐妹平均分配。父亲的遗嘱还表示，他持有的普通股将按子女目前持有的股份比例进行转让。

父亲去世后，女儿迅速提高了企业的营业额和利润，并认为她的兄弟姐妹从她的辛勤劳动中获益是不公平的。该家庭纠纷涉及的是关于"A"股协议的可执行性。女儿不承认这是可执行的，也没有兑现股息政策。

法务会计被指示在有股利政策和没有股利政策这两种主要情形下对普通股和"A"股进行估值。法务会计师得出的结论是：在第一种情况下，"A"股拥有收入流；在第二种情况下，由于只占已发行总股本的 0.1%，"A"股仅持有名义价值。因此，这两种情况下的估值相差很大。

借助法务会计报告，家庭成员通过调解解决了问题。

（十）刑事案件

在刑事案件中，法务会计师可以被指定为专家证人担任辩护或起诉。案件类型可以扩展到任何需要专家提供数字计算的领域。

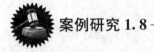 案例研究 1.8

刑 事 案 件

辩护律师指示一名法务会计师提供一份专家报告，协助法院处理涉嫌的大量洗钱活动。警方注意到一群人在四年的时间里对赌场进行了各种探访，据称，他们探访的目的是清洗犯罪所得收益。法务会计师的职能涉及审查由皇家检察署确定的财务证据，以对赌场洗钱的资金规模提出意见。

法务会计师表示，控方的证据是将某些犯罪所得加倍计算，从而将最终金额从指控的1 000万英镑洗钱资金减少到200万英镑。

六、工作来源

非诉讼法务调查任务来源广泛，包括直接来自受影响的组织。指示的种类和范围非常广泛，可以根据指示组织的具体情况而定。法务会计需要评估他或她是否具有承担任务的特定的行业或部门知识。

对于与法院诉讼密切相关的法务会计工作，可以预料的是，大多数任务来自涉案律师，很少有诉讼转介直接从最终客户处收到。这可能是因为无代表的当事人无法最好地理解法务会计服务介入的时机，因此律师将是争议一方的第一选择。律师提供的转介量最大，因为他们仍然是许多争议方的第一联络点。

可从图1.2所示的任何一方接收转介。

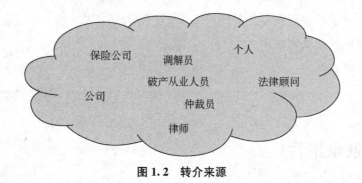

图1.2　转介来源

七、本章小结

虽然法务会计师在实践中通常被培训为审计师或会计师，但法务会计师的角色与审计师的角色不同，法务会计师需要额外的技能、培训和经验。

本章解释了法务会计师的角色及其与审计师的不同，概述了法务会计所需的关键技能。法务会计的世界是广阔的，通过案例研究，强调了法务会计师在实践中所做的各种工作。最后，讨论了法务会计师的工作来源。

第二章

作为专家证人的法务会计师

尼姆·M. 布伦南

一、作为证人的会计师
二、专家证人的作用
三、专家证据的类型
四、专家证据的质量特征
五、专家的职责和责任——专家证据
六、利益冲突和专家会计师
七、英国民事/刑事/家庭诉讼规则
八、本章小结

学习目标

本章的目的是帮助读者理解：

- 会计师如何充当证人：事实证人和专家证人。
- 会计师作为专家证人的角色。
- 专家证据的类型。
- 专家证据的质量特征。
- 专家证人的民事责任。
- 专家的职责和责任。
- 诉讼环境中的专业标准。
- 英国民事诉讼规则，刑事诉讼规则和家庭诉讼规则。

▶▶▶ **实用技巧**

1. 不要成为"雇用枪"。法务会计师的首要职责是对法院,而不是对客户负责。专家证人被寄希望于通过提供独立、客观、可靠和公正的信息来支持法院。

2. 预计对方的反驳。法务会计证据必须是强有力的,能够经受住法庭上的挑战。

3. 准备合理、清晰、客观的专家证据。法务会计师需要将复杂的财务证据变成法官和陪审团易于理解的简单、简洁的语言。

一、作为证人的会计师

法务会计师可能参与刑事或民事诉讼。刑事案件的范围可能从偷盗、职务侵占到伪装骗取、共谋诈骗、会计造假/伪造账目,以及计算机犯罪和税收欺诈。民事案件可能包括人身伤害索赔、雇佣纠纷、婚姻纠纷、破产、商业纠纷、公司和合伙企业案件,以及会计师责任。

在法庭上,会计师需要或被要求提供证据的情况有两种:作为事实证人或专家证人。会计师理解这两种情况之间的区别是很重要的。在职位、职能和潜在缺陷方面,专家会计师与在诉讼开始前担任审计师、顾问或雇员的会计师之间存在着显著的差异,因为他们事先没有参与引起诉讼的实际事实。

(一) 作为事实证人的会计师

一般来说,法庭诉讼中的证据仅限于证人对所观察到的事实的陈述,证人不得对事实发表意见或作出推论。制订这一证据规则是基于允许证人陈述意见或推论将会破坏法官或陪审团作为事实发现者的作用。

会计师作为事实的见证人出庭作证并不是行使法务会计师职责;相反,他们是协助法院查明事实。例如,如果公司涉嫌舞弊,公司的会计师作为事实的见证人,可以就舞弊对公司财务状况的影响,公司账簿和记录显示现金或其他资产被挪用的程度,或公司控制系统被架空的方式提供证据。

法务会计师可以作为事实的证人,他们可以根据自己的知识和对特定项目的检查,将特定事件或事件序列在特定情况下的发生作为事实陈述。一般而言,普通证人出庭作证只能提供事实证据:他们所看到的、听到的、品尝的、闻到的、触摸到的——五种感官搜集到的事实。会计人员作为事实证明人,应当根据事实提供证据,不得以假设为依据。他们不允许对他们所见证的事件发生前的情况进行推测或发表意见。

在提供事实证据时,会计师必须考虑在同一程序中的法务会计师专家证人不必关注的几个问题。这些问题可能包括:

(1) 会计人员为公司董事或影子董事的情况下,个人承担损失赔偿责任的可能性。

(2) 其他利益冲突的产生。

(3) 对方的法务会计师可能提出对他或她作为公司会计的不利证据的可能性,如认为公司没有建立适当的账簿。

(4) 需要为其自身聘请专家。

(5) 他或她的证据可能会导致会计师本人受到指控,因此有必要通过拒绝就某些事项提供证据来援引一项反对自证其罪的特权。

显然,会计师作为事实证人的作用,以及他或她可能考虑的事项,与作为专家的法务会计师的作用有很大的不同。

(二) 作为专家证人的会计师

证人不可以提供意见证据,这一规则的一个重大例外是专家证人被允许在他们的专业领域内陈述他们的意见。这一例外使会计师和其他专家享有与其他证人不同的地位。特别要注意的是,只有当法官或陪审团不能在没有专家帮助的情况下就所指控或证明的事实合理地形成自己的结论时,法院才会允许专家陈述意见。这一例外给会计师和其他专家提供了不同于其他证人所享有的地位。值得注意的是,只有事实、声称或被证明而没有专家的帮助,法官或陪审团就不能合理地形成他们自己的结论时,法庭才允许专家陈述意见。这增强了法官或陪审团作为事实发现者的作用。

如法院裁定需要专家协助,则必须确信诉讼中的一方所推举的专业人士就本案而言是适当的专家。如果会计师或其他专业人士被法院视为专家证人,除非是法院已熟知,否则必须提供其相关资格证书及证明其专业性。这通常是在专家证据工作开始时进行。召集专家的一方有责任使法院对专家的相关专业知识感到满意。

法务会计师可担任专家证人,他们可以就有关某个事件或一系列事件发生或没有发生的原因,从他们自己的知识和经验角度出发发表意见。审判法官将决定何时允许证人发表专家意见。如果法院本身不能根据事实形成意见,专家证人可以被要求就他们的专业知识和技能陈述自己的意见。法务会计师经常使用法庭能理解的术语向法庭提供高技术材料。

诉讼当事人聘请专家提供意见,使审理案件的法官能够了解摆在他们面前的证据,对有争议的事实作出更好的裁决。根据相关法院管辖权的程序和规则,专家应该遵循以下原则:

(1) 承担和遵守协助法院处理与专家专业领域有关事宜的重要任务。

(2) 客观公正（因为专家不是诉讼当事人的辩护人）。

(3) 就当事人之间争议的具体问题，调查并准备书面报告。

(4) 如有要求，披露其报告的内容。

(5) 如有要求，参加专家听证会前的会议，努力达成一致意见，然后编制一份文件，确定他们同意或不同意的问题。如果他们意见不一致，应说明不能达成协议的原因。

(6) 提供他们的意见证据，包括他们对其他专家证人提供的意见的看法。

(7) 对他们的意见进行反复盘问或重新审查。

(8) 按照专业人员的职业行为准则行事。

二、专家证人的作用

专家证人是一般法庭或特别法庭认可其意见作为证据以协助解决争端或认清真相的证人，专家证人意见是基于特定的专门知识应用和对相关事实的了解。会计人员作为诉讼中的专家证人，收集、分析和解释复杂的财务数据和其他数据，并以法官和陪审团能够理解的方式发表意见。

然而，法院已经明确指出，专家证据绝不能代替法院自己的判决。专家证据被视为案件的一个组成部分（通常是一个非常重要的组成部分），由法院用于协助作出决定，但法院不能因赞成专家意见而放弃其职能。

关于专家证据作用的经典陈述体现在贝文案件中（1998：131）。该案指出，认定专家证词可以被采信，必须满足以下两点：

(1) 没有专门知识的人的协助，普通人不可能对调查的标的作出正确的判断；

(2) 提供专家证据的证人必须通过系统的学习或以往的习惯来获得他的特殊知识，以确保他习惯性地熟悉手头的事务。

法院正逐步制定规则，明确专家的义务以使其公正行事。虽然专家需要将这些规则与其承担的为指示方利益最大化而采取行动的义务相协调，但法院的意图是，对客户的义务应次于对法院的更高义务。专家证人的职能是通过对那些需要专家评估的特定争议事项提供专业的专家意见，以协助法院查明真相。

一直以来，专家都是对法院而不是他或她的当事人负责。这一立场在英国和威尔士1999年4月生效并自那时起定期更新的《民事诉讼规则》中得到强化。规则第35.3条（司法部，2016年）指出：

(1) 专家有责任在专业知识范围内帮助法院处理其事务。

(2) 此项义务优先于专家对指示方或给付其报酬之人的义务。

在规则第35.7条法院权利中，专家的首要义务是面向法院这一事实得到进一步强化。当两个或两个以上的当事人希望就某一特定问题提交专家证据时，法院可以指定该问题的证据只能由一个专家提供。

2005 年引入的《刑事诉讼规则》使刑事案件的审理方式发生了重大变化，对刑事诉讼从业者施加了额外的责任和负担。《刑事诉讼规则》第 19 部分涉及专家证据，包括专家报告的内容、专家证据的预审讨论，以及法院指示由单一联合专家提供证据的权利（司法部，2017 年）。

2010 年，司法部颁布了《2010 年家庭诉讼规则》。其中，对专家证人的规定包含在第 25 部分"专家和评估人员"中。在撰写本书时，已有 6 个实践指南（25A—25F）来支持这些规则的运用。家庭诉讼规则和实践指南的目标是减少专家使用的场合，并提高家庭诉讼中提供给法庭的证据的质量。

三、专家证据的类型

专家证据一般涉及技术性问题，即法官或陪审团在没有协助的情况下无法得出"正确"的结论。霍奇金森确定了五种类型的专家证据，表 2.1 对这些证据进行了归纳。法务会计人员提供的专家证据的例子在每个类别中都有显示。法院的做法是，当各当事人在争论中存在重大问题的情况下，且对该问题的理解或解释超出社会正常的知识和专门知识水平时，允许专家证据。只有专家证人才能提供专家意见。在法律环境中，提供专家证据的个人，其因特别训练、技能、学习、经验、观察、练习或熟悉所考虑的主题而有资格发表权威性言论。

表 2.1　专家证据类型

专家证据类型	会计专家证据举例
1. 基于事实的专家意见证据	企业或股票的估值
2. 技术主题或技术词汇含义的专家解释	资产负债表外融资等会计核算方法的解释
3. 事实的专家证据，其观察、理解和描述需要专门知识	资不抵债，即公司无力偿还到期债务
4. 专家事实证据，作为提供其他四类证据的必要的初步证据	作为股票估值的基础的企业的可维持利润
5. 具有专业性质的可采信的传言（例如，解释他人编制的文件的内容或含义）	对可采信的业务文件的解释

资料来源：霍奇金森，1990。

四、专家证据的质量特征

法院对专家证据的质量提出了多方面的意见。专家应该是公正、不偏不倚和客观的,所提供的专家证据应该是相关的、可靠的且具有成本效益的。在提供专家协助时,专家被寄期望于在工作中遵守专业标准。一些专家证人组织会制定规范其成员行为的守则。

(一)没有偏见,客观

专家证据应该客观公正。一些专家倾向于根据客户的要求定制证据,而对平衡和客观性关注不够。不管怎样,这种客观性的缺乏,如果没有因为对方专家对所述内容的质疑而暴露出来,也很容易被审判法官察觉到。专家的作用是教育和告知决策者,以便揭示真相。可以说,获得书面报告的过程,以及对对方专家的审查和交叉审查,比"中立"专家证据更可能揭示真相。在任何一种情况下,提供独立和公正的专家证据都是至关重要的。

法务会计师经常在报告中使用第三方认可来表明其客观性。此类第三方数据可从诸如官方消息或行业协会获得。其他来源可能包括报纸,如招聘版面将为特定工作的薪资范围提供有用的信息。

人们会争论说,偏见是一种自我管制,因为一个过分偏见的专家很快就会在专业界失去信誉,在未来的案件中不会被其他各方传唤。然而,这样的论点是脆弱的,因为现实是,各方可能会"四处寻找"一位最能支持他们案件的专家。此外,专家的证据可能因专家与律师或当事人之间可能预先存在或继续存在的关系而被"涂上颜色"。然而,如果专家们牺牲了他们的独立性,则其业务寿命可能会大大缩短。

法务会计人员应当提供独立客观的意见,帮助法官或者陪审团了解证据或者确定争议事实。评估法务会计师是否可能妥协时需要考虑的问题包括:

(1) 专家是否曾被同一家律师事务所重复聘用?或持续被原告/被告聘用?
(2) 专家是否专职处理诉讼事宜?
(3) 专家的意见是基于合理、独立的调查,还是倾向于客户的意见?
(4) 专家只从客户处获取信息,是否使用外部信息?
(5) 聘用后多久才形成专家意见?
(6) 专家收取了哪些费用?
(7) 收取的费用是否取决于案件的结果?

(二) 相关性与可靠性

在关联太微小的基础上，缺乏相关性可以用来排除证据。这个问题由法院进行判断，该判断可能受缩短审判时间的愿望、避免不必要的情绪干扰、保护在法庭上没有代表的人的声誉、尊重受害者的感受等因素影响。

如果专家证据与涉及事实有关，并有助于确立该事实，则专家证据是相关的。专家证据也应该能够经受住严密的审查，以确定它是否"可靠"。

(三) 成本效益

专家证据也应该具有成本效益。如果涉及过多的与其价值不相称的时间量，则即使是相关和可靠的证据也可能被排除。

(四) 专家证人的民事责任

2011年之前，通过授予证人的诉讼特权，专家证人历来都受到重要保护，使其免于民事责任。2011年，在琼斯诉凯尼 [2011] UKSC 13 (Jones v Kaney [2011] UKSC 13) 案中，英国最高法院推翻了专家证人豁免权，使得专家证人对不可靠的证据负有责任。现在，如果是由于专家的行为疏忽或不诚实使客户遭受损失，客户可以获得适当的赔偿。认真做好业务约定书的编制等工作，有助于避免民事责任、控制法律费用、降低职业责任保险费用。

五、专家的职责和责任——专家证据

一般而言，在法庭诉讼中，专家的意见应该得到尊重，除非涉诉案件不需要专业知识。但是，专家证据并不具有结论性：法官通常是唯一的和最终的仲裁者。尽管如此，法官还是应注意专业证人的意见。法院可以援引专业会计师关于会计实务的证据，但法院本身必须就该实务是否符合正确的会计原则作出最终决定。因此，专家证人会计实务受到应有的重视，但法院从未认为自己因此受其约束。

民事案件专家的职责如下：

(1) 专家应当披露其意见所依据的事实或者假设，以及任何可能减损其结论的重要事实。

(2) 专家应该在议题或问题超出他们的专业知识范围时作出明确解释。

(3) 如果在调查事实时认为没有足够的数据，专家应声明他们的意见是暂定的。

(4) 如果专家不能断言他们的报告包含全部事实，则应该在报告中说明限定条件。

(5) 在交换报告后，如果专家对重大事项的意见发生了变化，则应立即将这种变化通知争议的另一方。

(6) 专家报告中所提及的所有文件应在专家交流报告时提供给另一方。

六、利益冲突和专家会计师

当法务会计专家证人的自我利益与其对公共利益的职业责任或义务发生冲突时，就会产生利益冲突。道德考量迫使专家有义务在每次任务前向其指示律师披露可能以任何未在指示中说明或暗示的方式影响客户工作的个人或财务情况。任何实际或潜在的利益冲突应在发现或变得明显时立即向律师报告，如有必要，应拒绝或终止任务。

特别重要的是：

(1) 在与客户有竞争关系的任何企业任董事或拥有控制权。

(2) 在有争议的货物或服务（包括软件）中有任何财务关联或其他利益。

(3) 与涉及该事项的任何个人有任何关系。

(4) 与专家的任何其他客户存在利益冲突。

（一）行业规范

尽管在许多情况下对于是否存在利益冲突是很清楚的，但确切地定义什么是利益冲突、什么不是利益冲突却并非易事（专业会计机构对这一论题曾发表过一些有用的文献）。关于成功酬金（胜诉才付给律师）对客观性的威胁，专业会计师应注意，对于包含专业意见的工作，包括专家证人指派，不应按百分比、胜诉或类似的基础收取费用。专业会计机构的一般立场是，当两个或多个客户的利益发生冲突时，应尽可能控制局面，而不是摆脱其中一个客户。但是，如果不可能，则应迅速抽离。

（二）判例法

司法的态度是，专家证人不应在有利益冲突的情况下进行交涉。值得注意的是，作为问题的提出，不必存在实际的利益冲突——在"理性客观的人"眼中，对冲突的感知通常足以引起困难。

最明显的冲突领域是，一家公司发现自己为一项交易或纠纷的多个当事方提供建议。法院利用好几个机会对这种行为表示不赞成。事实上，近年来英国法院把责任推到了银行身上，以确保配偶在某些情况下获得单独的法律意见。显然，在专业人士为不止一方提供建议时，法律不赞成任何明显的或真正的利益冲突。

当个人或公司在向争议或交易的一方提出建议，其后又希望就同一事项或不同事项向另一方提出同一争议或交易的建议时，也可能发生利益冲突。再如，当向一方提供咨询意见的一家公司的前雇员加入了向另一方提供咨询意见的公司时，可能也会出现这种情况。

然而，上议院在耶弗瑞·博尔基亚王子诉毕马威 [1999 2 A. C. 222] （Prince Jefri Bolkiah v KPMG [1999 2 A. C. 222]）案件中里程碑式的决定在利益冲突和规章制度上开辟了新天地。案件的事实和通过法院取得进展的细节是复杂的。总的来说，毕马威此前曾受原告——文莱苏丹兄弟的委托，进行了非常广泛的财务调查。这导致毕马威非常熟悉与原告资产及其所有权方式有关的大量机密信息。文莱政府随后要求该公司协助调查一个由原告担任主席管理政府一般储备金的组织的财务状况。

毕马威承认本次调查的利益可能与原告的利益冲突。然而，该公司认为可以接受调查任务的原因是原告不再是客户，可以建造足够的"中国墙"[1]以防止向调查组披露有关原告的机密信息。毕马威并未就其参与调查寻求原告的批准。在一致同意上诉法院撤销禁止毕马威参与调查的禁令后，上议院对保密义务设定了非常高的标准，强调保密意识的重要性及其现实性。案件对"中国墙"的有效性进行了探讨。

这一决定对所有行业管理感知的和实际的利益冲突产生了深远的影响。如果先前从客户处获得信息，新工作涉及与信息相关或可能相关的事项上代表另一客户行事时，一个简单的解决办法是采用一揽子策略，拒绝所有的新工作。

可以肯定的是，如果公司参与的纠纷或交易的一方的任何类型的经济利益由公司的任何合伙人或参与转让的任何员工持有，法律通常会察觉到利益冲突的产生。这是因为，这种利益至少会导致在向争端或交易的一方提供建议时，对独立性的损害（如果不是实际的话）。

---

[1] "中国墙"（Chinese Wall）是英美等国证券制度中的一个特定术语，指投资银行部与销售部或交易人员之间的隔离，以防范敏感消息外泄，从而阻止内幕交易。

七、英国民事/刑事/家庭诉讼规则

在英国,伍尔夫勋爵关于诉诸司法的最终报告对诉讼支持行业严加指责(伍尔夫,1996)。这导致了新的《民事诉讼规则》的产生,该规则重新定义了专家证人的角色。这些规则于1999年4月在英国和威尔士生效。这些规则旨在更好地实现法院公正处理案件的首要目标。规则第1条(司法部,2016)指出,在可行的情况下,公正处理案件包括:

(1)确保双方平等。
(2)节约费用。
(3)恰当处理案件:
　①就涉及的金额;
　②就该个案的重要性;
　③就问题的复杂性;
　④就各方的财务状况。
(4)确保迅速、公正地处理。
(5)将法院的资源适当分配,同时考虑到向其他案件分配资源的必要性。

《民事诉讼规则》提出,法院本身在专家证据的汇编和引证过程中应发挥更为积极的作用。新规则强化了一个长期确立的原则,即专家不是简单地参与出庭并提出事件的一个侧面:他或她的主要职责是对法庭负责;专家必须确保他们具备适当的资格,因为他们的信誉非常重要;他们在法庭只是提出自己的意见——他们不是辩护律师。显然,新规则旨在消除几十年来现有制度中存在的一些低效或不良做法。

规则的第35部分涉及"专家和技术顾问"。规则35.1规定:"专家证据应限于解决诉讼程序所需的合理证据。"规则35.3(先前引用)表明专家的职责是面向法院的,这一职责超出了任何客户端的指令。专家的首要职责是面向法院的这一事实在第35.7条法院的权利中得到进一步强化。当两个或两个以上当事人希望就特定问题提交专家证据时,法院可以指示该问题的证据只由其中一个专家提交;此外,法院有权根据规则35.4限制专家证据。具体通过以下措施:

(1)禁止未经法院许可的专家证据呈堂。
(2)在申请召集专家或将其报告作为证据时,要求确定需要专家证据的领域,并在可行的情况下,确定拟使用的专家。
(3)限制可以从败诉方收回的专家费用和开支。

这些规则还要求,除非法院另有指示,否则专家证据应以书面报告的形式提供,而规则35.10规定了如下报告的内容:

(1) 专家报告必须符合实践指南35所规定的要求。

(2) 在专家报告结束时，必须有一份声明，说明专家理解并履行了他们对法院的义务。

(3) 专家报告必须陈述所有无论是书面的还是口头材料说明的实质内容，报告是根据这些说明编写的。

(4) 第（3）款所指的说明不应享有保密特权，但对这些说明法院不会命令披露任何特定文件；或允许除指示专家的当事方以外的任何法庭询问，除非它确信有合理理由认为根据第（3）款发出的说明陈述不准确或不完整。

表2.2概括了等效刑事和家庭诉讼规则。

表2.2 适用于专家证人的民事、刑事和家庭诉讼规则比较

民事诉讼规则		刑事诉讼规则		家庭诉讼规则	
第35部分：专家和技术顾问	No.	第19部分：专家证据	No.	第25部分：专家和技术顾问	No.
限制专家证据的义务	35.1	本部分适用的时间	19.1	省略	25.1
解释和定义	35.2	专家对法院的责任	19.2	解释	25.2
专家——对法院的最高职责	35.3	专家证据的采用	19.3	专家对法院的最高职责	25.3
法院限制专家证据的权力	35.4	专家报告的内容	19.4	儿童诉讼以外对专家证据的控制	25.4
书面报告中专家证据的一般要求	35.5	告知专家报告的送达	19.5	关于法院限制专家证据的权力的进一步规定	25.5
向专家提出书面问题	35.6	对专家证据进行预审讨论	19.6	申请法院许可的时间	25.6
法院指示由单一联合专家提供证据的权力	35.7	法院指示由单一联合专家提供证据的权力	19.7	请求法院许可的申请必须包括的那些内容	25.7
单一联合专家须知	35.8	单一联合专家须知	19.8	授予许可的范围	25.8
法院指示一方当事人提供信息的权力	35.9	法院根据本部分的规定修改规则的权力	19.9	书面报告中专家证据的一般要求	25.9
报告的内容	35.10			向专家提出书面问题	25.10
一方使用另一方披露的专家报告	35.11			法院指示由单一联合专家提供证据的权力	25.11
专家之间讨论	35.12			单一联合专家须知	25.12

(续表)

民事诉讼规则		刑事诉讼规则		家庭诉讼规则	
未披露专家报告的后果	35.13			法院指定一方当事人提供信息的权力	25.13
专家请求法院指示的权利	35.14			报告的内容	25.14
技术顾问	35.15			一方使用另一方披露的专家报告	25.15
				专家之间的讨论	25.16
				专家请求法院指示的权利	25.17
				法院命令和其他文件的副本	25.18
				最终听证后的行动	25.19
				技术顾问	25.20

八、本章小结

尽管只要有商业和法院，会计和会计人员一直是诉讼的对象，但会计师作为专家经常参与纠纷解决是一个相对较新的现象。专业会计准则和各种技术会计事项指南的大幅增加生成了一个知识体系，专家会计师可以从中得出他们的意见。与此同时，影响商业纠纷和其他涉及财务报表和财务分析事项的法律数量和复杂性也有了显著的增加。21世纪的商业交易和财务计算要复杂得多，律师、法官和陪审团等非会计人员往往不易理解。

毫无疑问，法务会计师的角色在未来几年中的重要性将会增加。他们不仅将继续在诉讼中提供重要的协助，而且仲裁和其他形式的争端解决的增加反映了一种认识，即当专家知识被赋予裁决人时，程序可以更公平、更快捷，成本也会更低。

专业会计师，特别是审计师在工作职责上必须独立。这是会计师在法律环境中担任专家时更需要的一种品格。这是因为专家会计师的职责是面向法院，而不是要求他或她提供证据的当事人。这是一个容易被遗忘的原则，但对于法院系统的正常运作来说却至关重要。

【作业 1】

找到涉及专家会计证据的法院判决。

使用判决中的数据,假设您是向法院提供证据的专业会计师,准备专家证人报告草案。

【作业 2】

你被要求担任一名因盗窃被起诉的客户的法务会计师。你的客户是一家零售店的经理。已向您提供以下数据:

一份包含案情记录,案情陈述,额外的证据书声明,客户资料声明及信件的简报。

从 20×2 年 9 月 2 日至 20×8 年 5 月 2 日每日的收货单(除了 20×8 年 2 月 22—28 日丢失)。

从 20×6 年 9 月 2 日至 20×8 年 5 月 2 日每周的收货单(除了 20×8 年 2 月 22—28 日缺失)。

现金簿记录从 20×6 年 10 月 16 日到 20×8 年 4 月 8 日。

客户的假日详细信息。

20×6 年 9 月 30 日至 20×8 年 4 月 30 日客户雇主的银行对账单。

丢失现金的唯一证据似乎是现金出纳机上的 Z 读数和商店的收货记录之间的差异:"我是从 Z 读数得出这个数字的。我没有其他办法知道这笔现金被拿走了(总经理的证据)。" Z 读数提供每天的总现金收入,前提是 Z 读数程序正确执行。总经理说"在 20×6 年 10 月 18 日至 20×8 年 2 月 19 日期间,共有 134 次现金被偷",即丢失 Z 读数的时候。根据总经理的说法,16 个月期间的差额总计为 250 073 英镑。

要求就案件的以下两个方面提出建议:

(1) 应获得的任何进一步文件的详细资料。

(2) 需要进一步做哪些调查。描述你准备专家证人报告的工作。

【复习/测验】

1. 法务会计师可以作为两种证人之一。这两种类型是什么?
2. 事实证人和专家证人有什么区别?
3. 试举会计师作为事实证人的三个诉讼案例。
4. 试举会计师作为专家证人的三个诉讼案例。
5. 作为事实证人的会计师必须考虑哪些关键问题?

6. 作为专家证人的法务会计师必须考虑哪些关键问题?
7. 法务会计师专家证人在法庭上的作用是什么?
8. 在诉讼程序中,法务会计师专家证人首先对谁负有责任?
9. 法务会计师专家证人的关键素质是什么?
10. 无偏见、客观证据的特征是什么?
11. 相关、可靠证据的特征是什么?
12. 法务会计师专家证人的职责是什么?
13. 你对"利益冲突"这个词是怎么理解的?
14. 法务会计师专家证人应如何处理利益冲突?
15. 法务会计师专家证人在哪里可以找到处理利益冲突的指引?
16. 适用于专家证人的英国刑事/民事/家庭诉讼规则的原则是什么?

【参考文献】

Beven, T (1998) *Negligence in Law*, 3rd edn, Stevens and Haynes, London.

Hodgkinson, T (1990) *Expert Evidence: Law and practice*, Sweet & Maxwell, London, p 9.

Ministry of Justice (2010) *Family Procedure Rules 2010*, Ministry of Justice, London.

Ministry of Justice (2016) *Civil Procedure Rules*, 83rd update, Ministry of Justice, London.

Ministry of Justice (2017) *The Criminal Procedure Rules. The Criminal Practice Directions. October 2015 edition, as amended April 2016*, October 2016, November 2016 and February 2017, Ministry of Justice, London.

Woolf, H (1996) *Access to Justics: Final Report to the Lord Chancellor on the Civil Justice System in England and Wales*, HM Stationery Office, London.

【致谢】

本章的材料改编自 Brennan, N and Hennessy, J (2001) *Forensic Accounting*, Round Hall Sweet & Maxwell, Dublin.

第二章

法务会计与税务

蒂姆·库克

一、引言
二、税务查询流程概述
三、英国税务与海关总署查询流程综述
四、英国税务与海关总署活动
五、实践准则 8 和实践准则 9 调查
六、失踪交易者欺诈/旋转木马欺诈

学习目标

本章旨在让读者理解：

- 专业过失中法务会计师的引入。

- 标准查询。

- 英国税务与海关总署（HMRC）活动。

- 根据实践准则8和实践准则9进行的调查。

- 纳税人进行离岸和自愿披露。

- 增值税舞弊。

一、引言

法务会计和税务调查一直存在着非常密切的联系,特别是当涉及英国税务与海关总署(HMRC)的任何形式的税务查询或调查,或纳税人在提供的设施下进行披露时。此外,法务会计师可以充当税务与海关总署和纳税人之间的中介,甚至被指示代表税务与海关总署行事。

本章讨论基于税收问题的诉讼环境中法务会计师的引入(法务会计师在税务专业过失事项中的引入将在第六章中讨论)。在这一章,我们考察法务会计师在下列情况下的作用:标准查询,税务与海关总署活动,根据实践准则8的调查和实践准则9的调查,以及纳税人的离岸和自愿披露。我们还探讨了法务会计师在增值税舞弊调查中的作用。

二、税务查询流程概述

纳税人的年度纳税申报表,不论是由个人还是企业实体编制的,都披露纳税人当年的应纳税净收入和应纳税所得额。无论基于何种理由,英国税务与海关总署都可以在任何时候提出对所提交收益的调查。典型的纳税人对英国税务与海关总署所要求的信息标准毫无经验,经常求助于他或她的会计师去澄清和阐明其过程,以及求助于会计师对整个调查过程和可能出现的法庭审判进行指导。

在标准的税务查询中,会计师的角色很少超出顾问的范畴,而且如果回应是令人满意和合理的,税务与海关总署将迅速停止查询。调查始于税务与海关总署认为所提供的答复和回复的信息不准确时。

税务与海关总署一般通过质疑所述收入的有效性开始:最常见的是,收入能独立地被第三方证实吗?对于所列费用,税务与海关总署将要求纳税人证明这些金额可以通过有效的票据或收据进行独立验证。此外,英国税务与海关总署将向纳税人提出质疑,要求其证明所申报的费用在全部或分摊的情况下是正确的免税额。这两个领域产生了一系列寻求为纳税人提供可依赖的优先权的判例法,对其争议也一年比一年激烈。

合格纳税人将能够提供收入、收益和退回的费用的证据,或提供同样的合理解释。如果纳税人一直在"暗中"工作,就不太可能有足够的记录来建立账户。地下经济估计占英国国内生产总值的10%,地下经济在本章的上下文中指:

以市场为基础的故意隐瞒公共当局的法定商品和劳务……以避免缴纳所得税、增值税或其他税款；避免缴纳社会保障金；避免满足某些法定劳动市场标准，如最低工资、最高工时、安全标准等；避免遵守一定的行政义务。[1]

地下经济中的经营者被称为"鬼"。最低限度的生活费用必须以相当数量的收入来满足，英国税务与海关总署调查可疑"鬼"交易的传统方法是试图通过一系列问题建立纳税人的生活标准，从超市账单、他或她每月外出吃饭的次数，到参加某种形式的娱乐或体育活动。如喜剧演员肯·多德在法庭上受到英国税务与海关总署的询问时，他被问到买了多少条内裤。

在这类案件中为纳税人工作的法务会计师的作用将是解释英国税务与海关总署的要求，并与纳税人合作，为英国税务与海关总署提供关于应披露收支总量的证据。英国税务与海关总署估计的欠款与法务会计师分析后得出的欠款之间的差异可能非常显著。

案例研究 3.1

创业投资者

纳税人是一个创业型投资者，经常投资陷入困境的企业并试图扭转局面。多年来没有收到固定收入，英国税务与海关总署质疑他的商业模式的合法性，以及他提出的用总收入抵消经营亏损的主张。在对业务性质进行详细审查之后，可以说服英国税务与海关总署其交易的合法性，因此亏损可以用总收入抵消。

调查主要涉及两个方面：第一，对纳税人如何开展业务进行尽职调查，包括详细检查他目前的客户名单，以及他在这些业务上所做的工作；第二，收入确认的会计处理。有必要阻止英国税务与海关总署请求得到其无权获得的信息——法务会计师必须处理实际问题，了解英国税务与海关总署询问的技术问题，调查纳税人业务的事实背景，了解并应用适用于查询的监管框架。此外，英国税务与海关总署接受该业务是以营利为目的合法交易，并允许交易损失完全抵消，不需要调整纳税申报表。

---

[1] *The Shadow Economy*, Friedrich Schneider and Colin C Williams, The Institute of Economic Affairs, 2013.

三、英国税务与海关总署查询流程综述

英国税务与海关总署查询大致分类如图 3.1 所示。在英国税务与海关总署内部，依据可能涉及的税款数额和案件的复杂性，有许多处理特定交易，以及处理避税、逃税和舞弊等事项的专业单位。逃税和舞弊是非法行为，而避税措施通常被认为是合法的（尽管有时在道德上是可疑的）。在逃税和诈骗案件中，英国税务与海关总署对是否进行刑事起诉有绝对的自由裁量权。根据要处理的查询和/或披露的类型，大量数据很可能需要在相对较短的时间内进行审查。

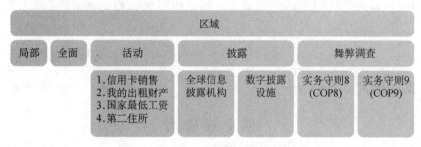

图 3.1　税务查询类别

区域查询

除非英国税务与海关总署指控纳税人存在舞弊和/或不当行为，大多数调查将从所谓的"地区"层面开始。这有点用词不当，因为传统意义上的税收区已不复存在。最初，国内税收被分成并非严格遵循教区边界的不同"辖区"，各辖区有一个办事处负责在其指定地区注册和未注册的企业和雇主的税务事务。那时，这种安排给纳税人提供了进行询问的当地办事处，而当地税务稽查员也了解他或她所在地区的企业和雇主，可以从中选择要审查或调查的案例。如今，大多数税务机关都被抛弃，取而代之的是大型中心，而大多数拥有当地知识的检查员也被复杂的计算机分析和信息收集程序所取代。尽管传统的税务区已经消亡，但在此开始的调查和调查级别通常仍被称为"地区查询"。这些类型的查询分为两类：局部调查和全面调查。

1. 局部查询

这种类型的查询通常选择纳税申报表中的特定事项，通常是基于技术错误或分

歧，或者英国税务与海关总署从无数需要向其提供信息的实体那里收到的一些信息。这类调查几乎不需要任何法务会计参与。

2. 全面查询

顾名思义，这些查询通常包含纳税申报表中的所有条目。英国税务与海关总署可能首先要求提交各种业务记录，以了解会计或纳税申报表是如何根据基本文档和信息构建的。英国税务与海关总署通常会寻求测试相关的纳税申报和计算所依据的业务或租金账户的有效性和稳健性。

这是法务会计师很可能参与的最初工作。他或她必须分析数据，识别记录中的联系和模式，并以清晰、准确和有说服力的方式呈现结果信息，在必要时利用税务规则和税务案例的实际知识进行论证。很重要的一点是，要能够及早认识到英国税务与海关总署问题所指的方向，并且在可能的情况下，思考不同的论点和排列方式，提前规划并在英国税务与海关总署要求之前审查任何附加信息，以协助纳税人支持做账和纳税申报的立场。

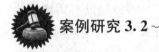

案例研究 3.2

非 居 民 身 份

一名纳税人离开英国，通知英国税务与海关总署他将出国工作，希望在纳税时享受非居民待遇。英国税务与海关总署对纳税人的退职提出了质疑。法务会计师应明确两点：确定纳税人实际上离开了英国，并确定他离开的纳税日期。与此相关的是1 250万英镑的应付税款。

有必要呈现纳税人生活方式的所有事实，以证明他离开了英国：他的旅行模式、公共事业账单、规定的出发日期的生活费用和此后的生活模式。这些都在英国税务与海关总署的报告中得到充分的分析和证明。最终，这件事以纳税人的胜利告终。

四、英国税务与海关总署活动

英国税务与海关总署在不同的时间开展"活动"，重点关注下列领域：
(1) 特定行业，如影视业。
(2) 特定议题，如房东或第二房主。

(3) 特定人群，如医生或牙医。

这通常是因为英国税务与海关总署意识到在这些领域存在税收泄漏和/或不遵守的风险。英国税务与海关总署通常会成立一个专责小组来处理这些问题。法务会计参与其中的技能要求与全面调查相同。如果技术论证税收是辩护的基础，则法务会计师必须评估其税务专业知识的深度，并且在认为必要时，应考虑包括适当经验丰富的税务专业人员或税务顾问的协助。

截至出版之日，有四个积极的活动正在进行：信用卡销售、出租财产、国家最低工资和第二收入。

五、实践准则 8 和实践准则 9 调查

如果英国税务与海关总署向纳税人提出某种涉嫌隐瞒或舞弊的指控，这很可能是依据实践准则 8（Code of Practice 8，COP8）或实践准则 9（Code of Practice 9，COP9）下的处理。这时，继公开信或会议之后，纳税人将被要求确认他或她的税务是否有误，他或她是否有什么需要申报。有两种可能的答案：一种是没有需要申报的，一切都井然有序；另一种是有错误或遗漏了申报。如果是第一种情况，则还有两个选择：纳税人同意协助英国税务与海关总署查询，或纳税人不同意协助英国税务与海关总署查询。

这是一种过程驱动的方法，要求回复、概述披露和最终报告都控制在严格的时间范围内。最终，任何到期的税收、利息或罚款都需要在商定的时间内解决。

与所有调查一样，该调查可以或将要进行多久取决于纳税人的行为。如果英国税务与海关总署能够证实舞弊行为，则期限为 20 年，而如果在适当的谨慎和注意下出现了无辜的错误，则调查窗口仅限于 4 年。根据严重程度，这些类型的查询依据 COP8 或 COP9 进行。

（一）实践准则 8（COP8）

如果怀疑存在严重遗漏或避税行为，导致大量税务风险，但最初并不打算起诉时，英国税务与海关总署依据 COP8 查询。但是，如果发现遗漏是有计划的舞弊行为，或者在规范纳税人事务方面没有得到纳税人的合作，则另当别论。

COP8 调查通常由过去称为"特别办公室"的机构处理，现在则称为"特别调查"（special investigation，SI），该机构由以下部分组成：

(1) 特别调查技术团队。

(2）处理避税计划披露——注册计划的反避税部门（Counter Avoidance Directorate，CAD）；

(3）处理英国信托和外国信托的专业个人税务部门。

在 COP8 下处理的典型案例有：

（1）非英国户籍个人和汇款。

（2）就业收入。

（3）公司住所。

（4）重大技术案件。

（5）有国际问题的英国公司。

（6）离岸信托和结算。

（7）运动员、艺人、国际艺人。

（8）资本利得。

（9）英国房地产交易，包括 2007 所得税法案的第 9A 部分和 2007 所得税法案的 ss517A 至 517U 部分。

（10）涉及"境外资产转移"的立法。

随着各国政府越来越愿意交换居住在其领土内的个人的信息——最初使用双重税收条约，现在由于技术进步越来越便利——调查案件的来源增加了。

目前，在避税计划方面，COP8 被大量使用，即使在当时他们被认为是合法的，他们也会使用法定的减免，如经济开发区津贴、商业物业翻新津贴（business property renovation allowance，BPRA）或投资电影的减免。在这些情况下，运行这些计划的结构通常是有限责任合伙企业（limited liability partnership，LLP）。因此，如果英国税务与海关总署提出任何查询，则查询将针对合伙企业，而不是税务计划最终受益人的个人。在这种情况下，合伙企业处理询问时很少或没有个人因素。合伙企业应纳税利润或准予列支的损失的任何最终认可的调整将流向个人。

当英国税务与海关总署试图与纳税人及其代理人合作，通过在会议期间或事后自愿披露来解决任何违规行为时，通常使用 COP8。纳税人通常被告知，英国税务与海关总署希望在到期时及时披露，或对英国税务与海关总署不满意的一项或一系列交易进行全面解释。纳税人所作的任何披露，即使是口头的，都应以书面形式进行跟进，同时还包括任何低估负债的计算，并在可能的情况下，就任何应缴的额外税款进行支付，以减少未来的利息。在某些情况下，英国税务与海关总署将要求以 COP9 案例中使用的形式提供一份正式的披露报告。然而，英国税务与海关总署越来越多地寻求快速的披露响应和结算付款，以便持续跟进。

如果纳税人未提供协助或英国税务与海关总署认为未作充分披露的，英国税务与海关总署有可能利用其信息收集权和内部数据库信息取得证据，强制其披露，或最终将此案移交公诉。从历史上看，起诉相对较少，但起诉案正在增加，特别是如果纳税人是高调的人，起诉往往是作为对不合作的潜在后果的警告。通过分析账目或任何潜在用于准备账目或纳税申报表披露的基础信息，法务专家的工作又开始发挥作用了。

（二）实践准则9——英国税务与海关总署税务舞弊调查（COP9）

如果已经作出了起诉的决定，则依据COP9进行的英国税务与海关总署调查就仅次于最严重的犯罪调查。COP9调查的核心通常是小心谨慎地展开有记录的公开会议，向纳税人提出关于他或她的税务是否正常的问题。英国税务与海关总署希望纳税人尽早承认账目和/或纳税申报表中的不准确，并接受纳税人自己承担费用准备一份完整和深入的披露报告。尽早地接受这一立场可能会导致在调查结束时征收的罚款大幅减少。根据被称为合同披露设施（contractual disclosure facility，CDF）的合同安排，需要进行全面披露。

因此，不准备披露报告或报告披露不充分的，将意味着无法享受对披露的处罚的减少。截至2008年3月31日之前"旧惩罚"制度的纳税申报调查适用，且应在2009年3月31日之前提交给英国税务与海关总署。在上述日期之后适用"新惩罚"制度。

英国税务与海关总署手册中定义的"旧惩罚"：

> 在严重舞弊情况下，纳税人仅仅宽泛地告诉我们他做了什么，并向我们提供他的记录是不够的。我们所需要的是一份具有高度保证的详细报告，使用适当的审计、会计和调查技术编制，由纳税人采纳并提供解释支持。任何明显的不足之处都意味着未能达到第9条规定的合作标准。

"新惩罚"是：

> 未完成披露报告，"帮助"显然得不到满分。但是，它也将达不到"告诉"和"给予访问"的预期。即使我们自己的调查没有发现任何超出概括信息的内容，纳税人也应该承担对概括信息披露范围提供保证的工作。在民事舞弊调查（civil investigation of fraud，CIF）案件中，如果没有对披露报告中预期的记录进行某种分析，那么仅仅提供全面查阅记录就没有那么大的价值。

英国税务与海关总署希望披露报告进一步深入，包括参考和披露源文件，并对所有持有或处理现金或资产的银行账户和金融机构进行全面分析。英国税务与海关总署希望看到对所有交易票据的全面分析，并跟踪资金和资产的流动。这就是法务会计师的分析技能和经验发挥作用的地方，以便能够准备全面的报告。

在英国税务与海关总署的首次会议（会上预计纳税人将承认违规行为）后，英国税务与海关总署和顾问之间通常会召开另一次会议，以确定披露报告的范围。纳税人在确定报告的范围、广度和深度时都必须到场，以便能够提供充分的合作，这一点非常重要。

在无争议的情况下，查询通常止于提交充分采用的信息披露报告。英国税务与海关总署将花时间检查报告并将其与自己的信息和记录进行比较，以确保报告是完整的、正确的，并达到了所寻求的保证水平。然后，通常与纳税人召开一次总结会议，英国税务与海关总署在会上将质疑纳税人的行为，试图确立纳税人的意图，并听取纳税人可能提供的任何借口。最后，通过"自愿合同结算"解决问题，纳税人将向英国税务与海关总署提供一笔款项，以支付其不当行为的税收、利息和罚款。重要的是，如果对结算时间有要求，那么这也就构成谈判的一部分。在有争议的案例中，英国税务与海关总署可以采取许多不同的方法，包括：

（1）联系银行和其他金融机构，通过协议或利用其信息权力获取纳税人的信息。

（2）根据另一个管辖权的税收协定，要求交换信息。

（3）侵入性监测。

（4）邮电通信侦听。

后两种方法仅在最极端的情况下使用，且要有严格的指导。然而，它们显示了英国税务与海关总署确保对未申报税额达成协议的决心。

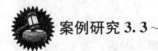

案例研究 3.3

COP9

纳税人（公司）及其董事受到英国税务与海关总署的有关 COP9 项目下的盘问，因为公司的账目和董事的纳税申报中存在舞弊性的错误。董事们被强制进行录音采访。

英国税务与海关总署的最初立场包括指控董事会大量挪用现金收入。在纳税人的指导下，法务会计师对现金收入和资金的流动从最初的销售到相关证据都进行了详细的调查。得出的结论是，董事们不可能在没有留下证据痕迹的情况下，将企业的现金和未申报的收入自动删除。英国税务与海关总署接受了这一立场，因为证据显示在收入确认上会计和内部控制制度的稳健性。结果是在公司方面，评价为 0 英镑。

六、失踪交易者欺诈/旋转木马欺诈

失踪交易者欺诈及其扩展形式"旋转木马欺诈"或"失踪交易者社区内欺诈"

(missing trader intracommunity fraud，MTIC fraud），是指个人向第三方销售商品或服务，收取销售税，然后消失，而不支付其销售应承担的增值税的行为，该行为有时通过清算失踪的贸易公司进行。大胆的犯罪分子采取了基本的失踪交易者欺诈原则，并利用这些原则滥用欧盟促进商品和服务的增值税自由流动的规则。

旋转木马欺诈通常是由一个连锁交易者（"旋转木马"）引起的，行为人在不支付销售税的情况下从一个欧盟成员国购买货物或服务后，通过公司的"旋转木马"转移货物或服务，然后最终将货物或服务出口给原卖方，此时他或她要求以英国增值税标准费率退还增值税。这种欺诈行为在商品和笔记本电脑、手机、贵金属、电力、天然气和碳排放配额和电信等部门中普遍存在。

英国税务与海关总署的观点是，在商品供应链中，如果相关人员"知道"或"有合理理由怀疑"销售或之前或之后销售的增值税未支付，任何失踪交易者社区内欺诈的主体企业都有责任支付未计入的增值税。如果一家企业以低于其最低公开市场价值或先前供应商应付价格的价格购买了商品，则该企业将被认为有合理的理由怀疑。

英国税务与海关总署发布的准则[1]规定了企业应进行的检查类型，以避免无意中承担责任，建议在任何交易中检查以下内容：

（1）客户或供应商的合法性（如其历史上的交易）。
（2）交易的商业可行性（如商品市场的存在）。
（3）货物的生存力（如货物的存在和状况）。

如果英国税务与海关总署认为进行了适当的检查，则不适用连带责任规则。判例法提供了进一步的说明。2006 年欧盟法院裁定，如果"根据客观因素，确定应纳税者知道或应该知道，通过其购买，他正在参与与欺诈性逃税有关的交易"，[2]则贸易商可能丧失其征收进项税的权利。上诉法院在 2010 年裁定，相关测试是交易员是否"应该知道其交易与欺诈有关"，以及"可以通过证明其应该知道对进行有关交易的情况的唯一合理解释是他们与欺诈有关"。[3]

案例研究 3.4

舞　　弊

A 先生是主谋，他有六个帮凶，经营着大约 30 家拥有约 40 个银行账户的公司。其中一些公司与海外公司就体育赛事签署了许可协议。一家公司会给另一家公司开发票，收取增值税，由买方公司索取和接收存入银行账户。

除了资金被电话取消，或者支付给 A 先生或他的其他公司的个人账户，或者用来

---

［1］　Guidance Notice 726：Joint and Several Liability for Unpaid VAT, 2 April 2008.
［2］　*Axel Kittel v Belgium*；*Belgium v Recolta Recycling Sprl*［2006］ECR 1-6161.
［3］　*Eurosel Ltd v HMRC*［2010］UKFTT 451 (TC).

支付 A 先生的个人开支，所有支付都在集团内部进行。资金在公司间流通，给人一种交易的印象，在英国税务与海关总署追踪到之前，A 先生成功地进行了一段时间的舞弊。该案被刑事起诉。

在本案中，法务会计师代表被告，并提供一份报告，确定刑事检控署认定的作为犯罪所得的数额的准确性。

【本章小结】

法务会计师参与涉税问题应突出强调技术法规知识和调查的技巧与应用。英国的税收立法是复杂的、多层次的——非常重要的是，法务会计师在参与涉税调查中必须有全面的知识，不只是要掌握目前的立法，而且要掌握废除或取代的税收法规，因为税务与海关总署有权对历史财务进行调查。无论审议的税收问题如何，法务会计师的作用是相同的。

第四章

法务会计与舞弊

戴维·穆格里奇

一、法务会计师的角色
二、舞弊的定义
三、导致舞弊的原因
四、舞弊类型
五、按目标的舞弊
六、对舞弊行为的反应
七、本章小结

学习目标

本章旨在介绍法务会计师在协助诉讼人处理舞弊方面可能发挥的作用。它将帮助读者理解：

- 法务会计师需要知道的涉及舞弊的关键立法。
- 舞弊的性质和原因。
- 法务会计师可能扮演的角色。
- 舞弊的类型。
- 对舞弊行为可能的不同反应。

一、法务会计师的角色

一般来说,法务会计师的任务可能是协助以下主要领域:
(1) 防范。
(2) 财务证据的调查与分析。
(3) 调查结果的沟通。
(4) 随后的法律程序。
具有会计背景的舞弊调查者需具备一系列不同的技能,包括:
(1) 坚韧和勇敢。
(2) 良好的分析和调查能力。
(3) 较强的诚信、客观性和专业怀疑性。
(4) 良好的沟通能力和倾听能力。
(5) 对相关技术问题有透彻的了解。

(一) 防范

虽然网络犯罪的增加使人们对商业组织的舞弊风险有了更高的认识,但仍然有许多组织没有实际采取行动或制定政策来应对这种风险。毫无疑问,应对各种形式的内部和外部舞弊风险的最有效的方法是考察和改善内部控制和公司的政策和程序。法务会计师可以协助识别公司的威胁和系统的不足,并且可以协助开发程序以应对威胁并最小化或消除不足(舞弊预防在第五章有更详细地讨论)。

(二) 财务证据的调查与分析

这方面的工作可能是不言自明的,法务会计师可以由辩护人或起诉人委派。委派通常包括对涉嫌损失或事件的调查,主要考虑事项如下:
(1) 是否有实际损失。
(2) 损失是否由舞弊引发。
(3) 解释和描述舞弊,包括提及关键系统、文件和个人。
(4) 损失金额。

（三）调查结果的沟通

法务调查员或会计师能够以合乎逻辑和清晰的方式总结其指示的范围、所开展的工作，以及所得出的任何结论，这一点至关重要。《刑事诉讼规则》（Criminal Procedure Rules，CrPR）规定了调查员的行为，以及调查员准备用于刑事诉讼的任何报告的要求，该行为规范，以及报告要求以专家证人学会（Expert Witness Institute）、专家协会（Academy of Experts）和认证舞弊审查员学会（Association of Certified Fraud Examiners）发布的指南为依据。民事诉讼也有类似的指导原则体现在《民事诉讼规则》（CPR）中。

（四）随后法律程序中的协助

在刑事诉讼中，调查员在质证中被传唤提供口头证据是很常见的。民事诉讼中需要口头证据的情况并不常见，但也不罕见，特别是如果调查人员的报告有足够的力量站在自己的立场上。

二、舞弊的定义

"舞弊"对不同的人而言意义也不一样，它被描述为作弊、瞒骗、哄骗、欺诈或盗用。《牛津英语词典》给出了一个非常实用的基础定义："舞弊是一种错误或犯罪的欺骗行为，目的是为了获得财务或个人利益。"

2006年《舞弊法》（The Fraud Act）是目前处理舞弊的主要法规。以前（目前有些地区的个别条款仍然没有被《舞弊法》取代）1968年《盗窃法》（The Theft Act）也与这个问题相关。《舞弊法》对舞弊行为做了如下详细描述：

(1) 虚假陈述舞弊。
(2) 未披露信息的舞弊行为。
(3) 滥用职权舞弊。

这里需要提醒的是，舞弊的传统定义依赖于《牛津英语词典》中的基本描述，而《舞弊法》则对如何对舞弊进行分类进行了定义。记住舞弊与盗窃是不同的，这一点很重要。盗窃在《盗窃法》中被广泛界定为："不正当地侵占属于他人的财产，目的是永久地剥夺另一方的财产。"当舞弊与盗窃两者都涉及个人或财务收益时，欺骗的意图是否存在是认定舞弊的关键要素。舞弊与盗窃的定义进一步显著不同的是，舞弊并不一定涉及不诚实地挪用他人财产，即盗窃。

《舞弊法》还包括这样一个概念，即欺骗意图可能由蓄意行为（虚假陈述或滥用职位）或不作为（未披露信息）引起。与任何关于犯罪活动的指控一样，法律专业人员必须证明意图的存在，并且必须假定，如果欺骗是由被动行为或不作为而不是蓄意行为引起的，则证明意图的存在可能更为困难。还须注意，通过关注犯罪活动带来的收益而不是直接剥夺的财产，《舞弊法》涵盖了比《盗窃法》更广泛的可能的罪行范围。这可能是因为，《盗窃法》是在 40 年前颁布的，而《舞弊法》是在技术进步的背景下制定的，在《盗窃法》法案起草的时候，这些技术进步不会被考虑到。

三、导致舞弊的原因

舞弊的心理和实施舞弊的人是一个复杂的、多层面的话题，不在法务会计师要求的专业范围之内。本章主要讨论舞弊的性质，因为它影响了法务会计师的角色。

在考虑舞弊的性质和影响时，还必须审查舞弊可能发生的原因。这将在后面更详细地讨论，它提供了一个在检测和预防方面对欺诈事件作出适当的反应的机会。

舞弊调查者通常考虑舞弊三角（见图 4.1）。虽然是简单化的模型，经验清楚地表明，舞弊必须存在三个要素。

图 4.1　舞弊三角

1. 动机

个人或组织可能实施舞弊的原因。这可能包括贪婪、报复、嫉妒、需要、冒险、挑战、地位、个人不公平感或不公正感，或者在极少数情况下包括社会的不公正。

2. 能力

有做某事的方法或诀窍。

3. 机会

使某事物成为可能的特定环境。

有趣的是，动机是迄今为止最难以预测和理解的因素。虽然在金融诈骗中，贪婪和需求总是重要的潜在因素，一些更大规模的舞弊活动，如黑客行为，可以归咎于社会不公，并且往往会在骗子的世界观中被合理化。例如，前世界黑客组织"匿名"的成员赫克托-蒙塞格尔曾说过："匿名是一个想法……我们可以团结一致，联合起来——我们可以奋起反抗压迫。"立法者和调查人员在调查和防止舞弊行为中的作用显然取决于理解和识别潜在犯罪者的能力。这句话表明了动机的多样性，这些动机有时会被视为犯罪的行为。

四、舞弊类型

如前所述，《舞弊法》参照执行方法将舞弊分为虚假陈述、未披露信息和滥用职务三类。鉴于这一领域的复杂性和潜在舞弊者的创造性，很难讨论每种舞弊形式。举例说明，在本文写作时，英国政府网站 www.actionfraud.police.uk.列出了超过 150 种单独的舞弊类型，从低级财务舞弊如"取款机舞弊"到"市场操纵"之类的高级别金融舞弊，以及诸如"婚介舞弊"和"分布式拒绝服务攻击"（DDoS）等不太明显的舞弊活动。

舞弊行为的范围，特别是在网络环境中，是不断变化的，使得将所有形式的舞弊按有意义的定义进行分类是非常困难的。然而，为了本章的目的，下面的分类可能是有用的。

1. 按目标分类

（1）针对个人的舞弊行为。
（2）针对实体实施的舞弊。
（3）针对国家的舞弊行为。

2. 方法分类法（《舞弊法 2006》）

（1）虚假陈述舞弊。
（2）未披露信息的舞弊行为。
（3）滥用职务的舞弊行为。

3. 按利益分类

（1）财务舞弊。

(2) 舞弊获得其他财产。

(3) 舞弊获得其他收益。

任何形式的舞弊活动都可以使用这些分类方法来识别。例如，针对实体的DDoS攻击属于虚假表示的范畴，并且正如已经指出的那样，很可能通常是一个非财务收益的舞弊行为。相比之下，取款机舞弊通常是针对个人的，绝大多数是由于滥用职务而产生的财务舞弊行为。

使用这些方法对潜在舞弊进行分类是至关重要的，因为它将不可避免地确定需要对舞弊作出反应的方法。不同类别将在以下各节中详细讨论。关注目标（或受害者）将有助于确定：

(1) 事件的范围。

(2) 是否存在持续威胁。

(3) 威胁的规模。

(4) 是否需要采取任何对策。

(5) 动机是经济利益还是其他原因。

五、按目标的舞弊

（一）个体

在受害人是个人的情况下，舞弊通常会分为两大类：大规模活动，如网络钓鱼、投资诈骗、信用卡克隆等；一对一事件，如盗窃、保险舞弊、支票舞弊或现金舞弊。

实例 4.1

信托养老金领取者和她的侄子

本案中被成功起诉的养老金领取者是一位仍住在家中的八旬老人，她得到侄子的帮助和支持。久而久之，她把她的现金卡委托给了她的侄子，以便他可以为她提取现金和购买私人物品。过了一段时间，该养老金领取者通过电话联系了她的银行，对她账户的提款表示担忧。银行舞弊部门做了一个简短的调查后，此事被提交给了警方。

实例 4.2

未知信用卡交易的常见的发生率

在芯片和 PIN 信用卡引入之前,时常有客户报告他们的信用卡被克隆,然后用于舞弊购买。在特定的情况下,克隆活动指向一家声誉良好的餐厅的员工,这表明,企业所有者可能对员工的舞弊行为一无所知。

(二)实体

在谈到公司舞弊时,可能的舞弊类型范围很广,值得详细考虑。在这种情况下,受害者是一个企业,可能包括中小型企业(SMEs)、大型企业组织和慈善机构。

在技术和理论层面上,舞弊存在于实体中的比例很高,这也许确实如此。大多数活动是水平极低的,甚至可能不被组织或个人感知。这方面的一个常见例子是个人使用公司信笺,尽管此类行为可能违反公司的官方政策或雇佣合同,但从道德层面来看是不经济的或无益的。一个组织面临的挑战是要达到一个合理的实用主义程度,同时也要努力实现最佳实践文化和健康的控制环境。因此,本节主要关注的是在足以采取进一步行动的层面上讨论金融舞弊,尽管应注意的是,无论潜在损失大小,组织有时可能会发现有必要对舞弊事件作出反应。

应该认识到,不同的实体会有不同程度的内在舞弊风险。从历史上看,处理大量现金的组织显然会面临更大的舞弊风险。

然而,鉴于网络和电话犯罪的发展,现在的情况是慈善机构和资产保管人在法律实践方面面临更大的舞弊风险。因此,这些行业的监管制度远远好于商业贸易公司,这并非巧合。

更具相关性的是舞弊是内部还是外部的问题。内部舞弊是由个人或团体所犯下的,其中至少有一人是在组织内部。我们认为外部舞弊是指舞弊任何成员没有与组织存在关联,也不是利益相关者。在这一点上,可以看出,信息技术的进步和由此产生的网络犯罪领域通常被认为是导致外部舞弊增加的重要因素。

图 4.2 显示,往往是服务时间最长的雇员,可能被证明是最有可能的内部舞弊者。毫无疑问,组织中的最高风险部门是财务和销售/运营,而外部舞弊在统计上最有可能由供应商实施(占全部舞弊行为的 35%)或客户(26%)。根据 ACFE 的资料,[1]

---

[1] *Report to the Nations on Occupational Fraud and Abuse*:*2016 Global Fraud Study*,Association of Certified Fraud Examiners(ACFE)。

欧洲最常见的商业舞弊形式：

(1) 腐败：35%。
(2) 现金盗窃：12%。
(3) 虚假财务报告：10%。
(4) 其他资产被盗：19%。

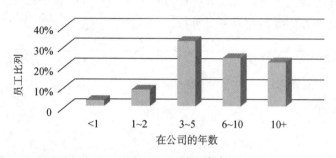

图 4.2　员工舞弊

资料来源：注册舞弊审核师协会 2016 年度报告。

在通常情况下，舞弊在事后看来可能是显而易见的，但很少被及时发现。同事们惊叹不已："我一直觉得奇怪的是，他从来没有度过假，还以为他真的热爱他的工作。"其他舞弊犯罪动机指标（或舞弊行为的存在）可能包括：

(1) 生活方式与工资不相称。
(2) 财务问题迹象。
(3) 工作保障的不确定性。
(4) 始终取得良好效果，始终达到目标。
(5) 对审计、检查或总公司审核的关注程度异常高。
(6) 供应商或客户的不适当的款待或招待。
(7) 不遵守公司程序。
(8) 傲慢或专横的生产线管理人员或老板。

虽然这些指标不能证实舞弊的存在，他们可能提示存在可能的或认可的舞弊环境，或者可以表明可能存在违反公司规章的私人安排。这些问题对任何企业实体都是一个持续的挑战。虽然不可能保证舞弊可以完全根除，但创造一个尽可能减少舞弊机会的环境是一个实体的利益所在。许多与此目标相关的方法通常会有其他益处，在某些方面，实际上可能被视为常识。这些方法可能包括：

(1) 正确填写劳动合同、员工手册和公司程序手册。
(2) 正式的举报程序和指定的举报官员。
(3) 明确外部和内部控制。
(4) 职责分离。
(5) 正式的财务报告和非财务报告安排。

（6）员工定期绩效考核和薪酬考核。

有时，员工可能会无意中进入一种被雇主视为潜在舞弊行为的活动模式。一个有问题的领域是礼物的接收：绝大多数政府机构现在都有非常严格的规定，从根本上禁止接受任何形式的礼物。

案例研究 4.1

假 供 应 商

舞弊者是一家小公司的采购分类账职员。鉴于公司规模较小，他签署送货单，核对发票，将发票过账到会计系统，并提出付款清单供总经理批准。总经理没有仔细检查就签了清单，舞弊者使用公司的在线 BACS 支付系统进行支付。

对于舞弊者来说，获取真实发票的 PDF 文件，使用在线转换器将其转换为可编辑的 Word 文档，从而创建虚假发票是一件相对简单的事情。他在会计系统中处理发票，将其列入下次付款的范围。总经理没有检查就签字了。然后，舞弊者将供应商的银行信息更改为同谋的银行信息并进行付款。

系统审查表明，没有足够的隔离控制成为公司程序中的一个基本薄弱环节。进一步的调查涉及发票对发货单的交叉校验，揭示了单据编号和定价的不一致性。法务会计师联系了相关供应商，索取发票和送货单的副本，并对与发票有关的付款进行确认。当供应商确认某些发票不存在且未收到付款时，显而易见的结论是这些文件是伪造的。

案例研究 4.2

误入歧途的支票

舞弊者在一家典型的小公司里负责销售分类账。她每天打开邮件，按照标准程序分发。她保存所有支票，并将其汇总，以便当天晚些时候存入银行。然后，她将收到的支票登记到公司的销售分类账上。

随着时间的推移，她注意到没有人对客户余额的构成进行适当的审查。她意识到，通过增加内部信用票据，她可以从会计系统中清除客户的发票，这使得余额看起来像是已经支付过。她寻找到机会将支票上的收款人名称修改为与她丈夫的商号相似的名称。她这样做了，把支票存入她丈夫的账户。她处理内部信用票据，把客户账户上的余额清零。总经理在月末检查客户余额表，并满意地注意到客户已全额支付发票。

舞弊者生病了，公司要求会计师在她不在期间暂时提供帮助。在工作中发现了分类账交易中的不一致之处,会计师在对某些客户账户的有限调查中发现,信用票据数量异常高。在与客户联系以获取他们所支付汇款的详细信息后发现,支票被转移了。

案例研究 4.3

现 金 盗 窃

一家快餐店的雇员被控盗窃大约 20 000 英镑现金。辩方调查显示,该组织处理现金和报告营业额的系统存在许多弱点,因此得出结论,没有证据表明任何现金实际上是丢失的。辩护报告还得出结论,即使现金不见了,也没有证据表明被告拿走了现金。在审判过程中,被告把他的无罪抗辩改为有罪抗辩。

本案例研究表明:(1)初始事实并不总是指向正确的结论;(2)围绕现金处理,该组织未能实施与执行健全的文化,从而导致了这个问题。在审判之后,据了解,该组织审查并修订了其程序,以确保尽可能消除弱点。

根据 2010 年《反贿赂法》,内部舞弊的其他例子也可能被归类为犯罪。此类舞弊行为可能会在一项以上的犯罪中被起诉,记住这一点很有指导意义。

实例 4.3

勾 结 (1)

公司的业务开发代表与关键客户就产品的优惠价格达成了不成文的共识,即客户将向代表提供为期两周的免费带薪假期。双方均未向雇主透露此事。

实例 4.4

勾 结 (2)

公司的采购员和主要供应商的总经理相处得很好。他们一起度假,热爱同一支足球队。作为总监包厢季票的交换,采购员同意订购他朋友公司的产品,尽管这些产品比竞争对手稍微贵一些。双方均未向采购员上级提及此事。

(三)外部舞弊

针对商业和慈善实体的外部欺诈行为越来越普遍。也许最常见的外部欺诈形式是网络犯罪,其中包括黑客攻击、网络钓鱼和垃圾邮件、数据盗窃、勒索病毒和 DDoS 攻击。然而,外部舞弊不限于这种活动,也可以包括以下内容:

(1)委托舞弊。公司通过虚假陈述银行信息从而欺诈性地更改银行定期付款。

(2)购买舞弊。在收到公司形式发票的付款后故意不将产品交付给公司。

(3)超额付款舞弊。"客户"故意在发票上多付款项,获取回报,然后(在某些类型的付款情况下)收回原始付款。

(4)企业名录舞弊。为不存在的企业名录或注册目录开具发票并从公司获得付款。

(5)知识产权盗窃。第三方故意窃取和滥用真实公司或组织的商誉、标识或名称。

(6)域名诈骗。公司购买了一个理想域名,却发现卖方不是域名的所有者。

很难准确地确定舞弊事件的数量和价值,但据估计,在过去一年中,高达 90% 的大型企业和 74% 的中小企业报告了安全漏洞。对舞弊事件的平均成本的官方估计为大公司约 150 万英镑,中小企业 30 万英镑。虽然这是在 2016 英国舞弊总额 1 930 亿英镑背景下估计的数字,但仍然是一个相当大的商业成本(年度舞弊指标,2016)。[1]

 案例研究 4.4

不幸的财务总监

一家小公司的财务总监在星期五下午 4:30 收到了一封电子邮件,邮件来自公司的总经理,要求他紧急向供应商汇付 54 000 英镑,以便其在下周一早晨准时交货。这封电子邮件详细说明了付款的账户信息,"只是为了省去你周五下午晚些时候查询的麻烦"。财务总监适时地进行了汇付。

大约半小时后,总经理打电话来查问工作情况以确保一切顺利。财务总监很快报告说,他已经按照指示进行了转账,并对总经理苦恼地否认发出电子邮件指令感到大吃一惊。该公司无法收回付款,也无法收回其保单项下的损失资金。

---

[1] The Annual Fraud Indicator (2016) was overseen by the UK Fraud Costs Measurement Committee, supported by Experian and PKF Littlejohn, and based on research undertaken by the University of Portsmouth's Centre for Counter Fraud Studies.

案例研究 4.5

来自"英国商业登记册"的威胁

一家小公司收到了一张 850 英镑的发票,用于支付其在下一年列入登记册的费用。附函要求在七天内付款,否则"公司名称将从登记册中删除,但发票仍将按照授权人签署的合同支付"。

幸运的是,该公司寻求专业意见,并随后将该文件提交给国家犯罪局(National Crime Agency, NCA)。公司此后没有收到类似的信件。

案例研究 4.6

申 请 退 税

许多人收到一封来自英国税务与海关总署的电子邮件,通知已经进行税务估计,并应退税。此类电子邮件是一种骗局,遵循的是与网络钓鱼攻击有关的惯用手段。奇怪的是,就我所知,收件人很少对这些通信进行批判性审查:虽然对电子邮件进行粗略检查就能够破坏其可信度,但是仅仅提出退税的建议就足以消除人们对电子邮件合法性的担忧。

(四)国家

鉴于国家负责征收税收和管理庞大的支出预算,这一直是英国政府和全世界各国政府关注的重要领域。侦查和收回税款的责任主要落在英国税务与海关总署、就业和退休保障部及国家版权局的职权范围之内。

值得注意的是,无论是在英国还是在国际上,与不交税有关的形势发生了重大变化。在国际媒体上引人注目的著名案例包括足球运动员如莱昂内尔·梅西、音乐家加里·巴洛和喜剧演员吉米·卡尔。前者据称已证明逃税,然而,加里·巴洛和吉米·卡尔仅仅参与了激进的税收筹划,这一做法并不违法,但越来越多地被政客和公众所反对。最终,尽管巴洛和卡尔都没有受到制裁,但两位名人都屈服于媒体和舆论的压力,放弃了特定计划,补缴了税款。显然,在这一领域犯罪活动和非犯罪活动之间存在着显著差异,必须注意确保这两种活动不会相互混淆。特别是在英国,长期以来一直存在激进的"税收筹划"行业,采用复杂的结构来减轻税收负担。正如我们看到的巴洛和卡尔，这种做法正受到英国政府和英国税务与海关总署的基于道德基础的挑战，但本身不一定是犯罪活动。

人们对企业全球税务规划，以及利用"避税天堂"减少全球企业税务的认识和讨论显著增加。重要的是要意识到，政府和媒体使用的语言可能造成混乱，有时可能意味着此类活动可能违反国家税法。与前一段所讨论的税收筹划安排相同，全球实体的全球税收筹划并不一定是非法的，也不构成逃税。尽管各国政府越来越担心跨国公司可以利用税收制度差异的不公平优势，也可以利用避税港，但就字面意义上理解，这类活动并不违法，也不构成逃税，即使外行可能认为它们在道德上是等同的。

与这一主题更为相关的是对国家、个人和实体的实际舞弊问题。最常见的包括：
(1) 偷税漏税。
(2) 增值税舞弊。
(3) 福利舞弊。
(4) 公共部门组织的商业舞弊行为。

1. 偷税漏税

偷税漏税导致英国税收损失估计为160亿英镑。它涵盖了广泛的活动，大致分为两大类：未申报应纳税所得额和夸大支出或税收抵扣额。

(1) 未申报应纳税所得额。

个人或实体有许多方法不申报应纳税所得额。通常，个体经营者或企业可以选择提供商品或服务，以换取现金支付或易货安排。个人可以类似地提供部分或全职工作，以换取现金或货物。英国税务与海关总署和舞弊调查人员开发了先进的技术来检测报告的收入和支出之间的不一致，特别是英国税务与海关总署有一系列其他信息源，可以通过访问这些信息源来确认企业或个人的报告收入是否在预期值内。近年来，英国税务与海关总署关注的是与买卖出租财产有关的未申报租金收入的私人房东。

(2) 夸大支出或税收抵扣额。

这一避税领域可能与企业更具相关性，但不排除考虑个人的职位。原则上，企业只允许为商业目的而产生的费用和成本减免税款。关于这点，英国税务与海关总署经常提及"完全必要"这一短语，这意味着费用必须是必要的，并且主要用于商业目的，以便可以免税。

我们必须牢记，一些企业的性质和企业所产生的一些成本，可能会导致关于成本是否允许用于税收目的一些歧义。这种情况通常不属于逃税的定义，逃税必须是故意的，而且包含欺诈的意图。

案例研究 4.7

商人与粗心的妻子

英国税务与海关总署调查了一名个体经营的油漆和装潢工人,关注他的纳税申报大大低估了他的应纳税所得额;事实上,交易者的纳税申报表显示出现亏损,导致根据建筑业计划规则从源头上退还税款。经过长时间的调查,英国税务与海关总署得出结论,交易商的报税表明显夸大了他的支出,其中包括大量与私人有关的支出,甚至包括为女儿购买汽车的费用。英国税务与海关总署还发现,交易员无法提供支持报告营业额的计算,认为报告营业额被大大低估。

英国税务与海关总署的结论是,所发现的错误是如此重大和广泛,已构成了蓄意和故意逃税,并开始了刑事诉讼。不寻常的是,商人的妻子为丈夫的纳税申报单承担了全部责任,而她自己也承认提交给英国税务与海关总署时没有告诉其丈夫,英国税务与海关总署认为,是她犯了刑事罪行,而不是她的丈夫。

2. 增值税舞弊

这种形式的舞弊历来非常猖獗,估计导致英国的增值税收入每年减少 200 亿英镑。增值税舞弊所采用的技术不同于所得税或公司税,部分原因是增值税是一种间接税(与所得税或公司税不同,后者是直接税),还有部分原因是征收增值税通常按季度,而所得税和公司税通常按年度。对增值税舞弊的每一种方法进行审查,不属于本章的范围,但舞弊典型的例子如下。

(1) 网上交易者。随着易趣网和亚马逊等网站的普及,个人和小型企业的匿名交易数量激增。有些交易者虽然在法律上要求缴纳但他们没有注册和申报增值税。

(2) 旋转木马舞弊。作为单一欧洲市场的副产品,这种形式的舞弊通常由有组织犯罪集团推动,手段是利用欧洲国家之间的不同增值税处理方式。

(3) 未登记。虽然在网上交易活动中常见,但企业在法律上有义务登记而未能登记增值税,可能被视为增值税逃税的一种。如果未能及时注册,可能遭受英国税务与海关总署的民事处罚,但如果企业根本没有注册,或者延迟注册导致增值税申报严重不足,则英国税务与海关总署很可能会认定存在蓄意欺诈意图。

3. 福利舞弊

这包括由就业和退休保障部、英国税务与海关总署和地方当局支付的福利。可能受到舞弊活动影响的福利形式包括税收抵免、收入保障津贴、无行为能力福利、住房福利和家庭税收福利。显然，确定是否有故意欺骗的意图仍然是一个首要考虑因素，因此通常只有在涉及重大金额的情况下，或在刑法规定的较长时间内，利益被错误地主张的情况下才构成故意意图。

 实例 4.5

残疾离婚妇女

一名坐轮椅的妇女在就业和退休保障部调查她的财务事务后被控福利舞弊。调查人员确定，她在多个银行账户中持有大量资金，并拥有若干个账户。他们的结论是，她的现金资产超过了允许享受福利的门槛。

她的主要辩护是她为她哥哥和其他家庭成员保管钱，而这些财产虽然登记在她名下，但实际上也是由其他家庭成员拥有的。虽然法院承认她并不总是持有这些资金，但她的辩护失败了，她被判福利舞弊罪。

六、对舞弊行为的反应

作为一种潜在的犯罪行为，处理舞弊的责任首先由警察和刑事检控署（Crown Prosecution Service，CPS）承担，这是不言而喻的，尽管如前所述，其他组织，包括英国税务与海关总署、就业和退休保障部和国家版权局也有其作用。

必须记住，执法机关主要关注的是起诉和资产追回（见第九章），而不是预防或恢复损失。起诉是根据相关法律进行的，如果被告被判有罪，诉讼通常会进入资产追回阶段，在这一阶段控方将申请对有罪一方的没收令。

刑事诉讼的结果可能是，任何被追回的资产都是由国家认领的，不会归还给被害人。因此，舞弊受害者经常遭受无法弥补的持久损失。在刑事诉讼中，除了舞弊行为本身所造成的原始损失外，人们总是希望被害人通过提供证人证言、提供书面证据和在法庭上提供证据来支持刑事起诉，这又给被害人带来不便、压力和经济损失。显然，在国家遭受损失（如逃税）的情况下，这是正确的，但在个人或私营企业因雇员盗窃等犯罪行为遭受损失的情况下，这可能是有争议的。

重要的是要记住，是否起诉舞弊的决定最终取决于刑事检控署根据警方收集的调查和证据。最初发现舞弊行为的责任由被害人承担，被害人还必须决定是否向警方报告此事。在许多情况下，被害人会选择不报告这件事，而且除非通过其他方式发现舞弊行为，否则不会有进一步的行动。

人们认为，大公司（尤其是银行和其他金融机构）不愿意披露他们遭受欺诈行为的严重程度，主要是为了避免因此受到负面宣传。这并不总是对相关实体有利，正如2015年Talk Talk电信公司所经历的数据盗窃那样：起初，该公司没有公开披露这一事件，估计此后公司因此花费了6 000万英镑，用于支付成本及消除负面影响。

更恰当的做法是简要考虑舞弊受害者可供选择的补救措施，而不是第九章中详细论述的刑事起诉途径。被害人可以根据民事法律进行自诉，如果主要目的是财务归还，这样的行动过程可能是适当的。但是，这一途径可能也是有问题的，因为任何关于犯罪活动的指控都可能导致该事件在任何情况下被提交刑事调查。乍一看，这似乎为被害人可能追回资产提供了一种解决办法，但舞弊行为人很难长期掌握犯罪所得，当然更不可能在调查可能发生的情况下继续持有犯罪所得。众所周知，民法上资产追查是一个充满艰辛而无回报的过程。

无论舞弊是根据刑法还是民法起诉的，如果舞弊涉及经济因素，则在某个时候总是需要法务会计师或财务调查员的协助。在刑事调查中，警方得到内部财务调查员的支持，他们可能自己就是会计师。警察和刑事检控署也可以指示外部法务会计师进行独立的调查和报告，但这往往局限于需要特定专业知识的更复杂的案件。然而，在刑事诉讼中，辩护律师更可能委托法务会计师。法务会计师的作用通常从审查起诉证据和财务调查人员的结论开始。根据指控，法务会计师也可以对被告进行调查，得出自己的结论。这项调查通常包括对财务损失的评估。在民事诉讼中，通常会要求法务会计师调查并准备一份报告，以作为进一步行动的基础。

七、本章小结

舞弊是一个广泛的课题，其方法和受害者涵盖范围广泛。法务会计可用于各种情况，通过审查组织内部控制制度协助舞弊预防，通过量化涉嫌舞弊活动的结果并作为专家证人出庭协助诉讼支持。为了有效地发挥他们的作用，法务会计师需要意识到舞弊的动机和舞弊的立法背景。他们必须有能力运用广泛的财务和非财务技能，使他们能够批判性地评估最初提出的事实，他们还必须坚持不懈地调查异常和查找遗漏，并尽可能就损失的数量和寻求其意见的任何其他有关事项得出结论。

第五章

舞弊预防

史提芬·汤姆斯

一、引言
二、内部控制：防止员工舞弊
三、高级管理层舞弊与公司治理
四、市场操纵舞弊与监管
五、本章小结

学习目标

本章旨在让读者理解：

- 内部控制的范围有可能减少组织内部的舞弊行为。
- 高级管理层如何超越内部控制。
- 公司治理的主要机制，以及它们在多大程度上可能减少高级管理人员的舞弊。
- 市场滥用和内幕交易引起的舞弊机会。
- 对公司舞弊和市场滥用的监管对策。
- 立法和监管机构的作用。

一、引言

本章探讨一系列旨在减少舞弊活动的机制。这些机制按其组织和市场环境的不同而异,而这又反过来决定了舞弊活动的风险值。

第一种是企业内部,包括业主管理的企业和中小企业(SME)内部,通常存在由员工实施的舞弊行为。此类舞弊的主要缓解措施是内部控制,这是组织高级管理层的责任。由于高级管理层可能会凌驾于内部控制之上,因此高级管理层的舞弊构成了第二种不同的舞弊类型,这种舞弊通常会影响大型组织。这一类型的舞弊通常通过公司治理机制得到缓解。高级管理层舞弊的一个重要类别是财务报表舞弊。具体的治理机制,包括会计准则和审计,旨在减少此类舞弊活动。此外,还有其他旨在提高董事会和高级管理人员问责制的治理机制。第三类舞弊源于操纵或滥用金融市场的机会。这些机会可以在组织或市场中介职能部门的任何层级出现,但通常是由于获得信息的特权而产生的。获得市场敏感信息的特权越大,舞弊的潜在价值就越高。此类舞弊通常通过对金融市场行为的规范和监管来减少。

尽管背景各不相同,但这三种类型的舞弊都可能涉及非法行为,因此除了内部控制、公司治理机制和市场监督外,国家特定的法律框架和法律制度发挥着重要的作用。本章将依次考虑每种类型的舞弊,为方便起见,这些舞弊被称为"员工舞弊""高级管理层舞弊"和"市场操纵舞弊",并探讨组织、监管和法律方面对不同舞弊的反应,同时考虑这些对策可能在不同国际管辖区有所不同。

在阅读本章之前,请考虑下面列出的每种舞弊类型的三个简要示例,并详细说明每种情况下的预防机制,如果存在这些机制,可能已经防止舞弊。思考各阶段的一般机制。这三个例子将在后面的章节中用来说明更多的情况。

案例研究 5.1

操纵供应商账户

雇员 X 被招募为新的计算机会计系统提供专业知识。利用休眠供应商账户,X 将供应商的银行账户修改为其自己的储蓄账户。有问题的供应商是一个维修承包商,他已经有好几年没有工作了。然后,X 伪造了一封来自供应商的电子邮件,要求更改账户,并转发给负责发票授权的员工 Y 和负责发票付款的员工 Z。然后,X 开始处理假发票,使用通过欺骗获得的 Y 和 Z 的用户名和密码访问供应商账户。

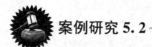

波利派克国际

该公司最初是一家私营公司,由企业家阿西尔·纳迪尔(Asil Nadir)所有。该公司于1982年年底上市,当时纳迪尔持有占主导地位的25%股权,此后公司通过一系列收购交易迅速扩张直至1989年。1990年,严重舞弊办公室(Serious Fraud Office, SFO)对该公司进行了调查,发现公司间负债余额存在9.27亿英镑亏空。之所以出现这种差距,是因为纳迪尔本人通过土耳其子公司将资金转移到了自己的私人账户。纳迪尔通过夸大合并账户中附属资产的价值来弥补财务缺口。土耳其的高通货膨胀率意味着货币流动是巨大的,而且会计规则中对外币资产价值的折算还有余地。

外汇修正

外汇丑闻是巴克莱、花旗集团、摩根大通、摩根士丹利、苏格兰皇家和瑞银六家银行的高级交易员串通一气造成的。2006年,这些交易者开始通过被戏称为"黑手党""卡特尔"和"强盗俱乐部"的电子聊天室进行联络。他们讨论客户对货币的机密下单,以及他们将要进行的交易量。未来订单所依据的货币汇率是每天通过计算下午4点钟前后30秒内所有订单的中间汇率(称为"固定汇率")来设定的。交易员们齐心协力,囤积订单,以便在短时间内执行。因此,囤积订单对市场产生了巨大的影响,使交易者能够以牺牲包括资产投资基金、养老基金等客户为代价人为操纵汇率。

资料来源:Grabiner Report, 2014;Gwilliam and Jackson, 2011.

二、内部控制:防止员工舞弊

组织内部发生的舞弊行为通常涉及公司资产的挪用,最常见的是员工舞弊。在小企业中,业主承担由此造成的损失后果。在某些情况下,此类舞弊将涉及员工与外部第三方的勾结。员工之间的内部勾结可能不那么容易识别,但通过明确规定的职责隔离,舞弊可能会变得更加困难。一个正常运作的内部控制系统通常应该足以防止这种舞弊行为,包括上面的第一个案例研究(操纵供应商账户),并且舞弊的出现常常表明关键控制系统已经被破坏或无法操作。为了评估内部控制的有效性，审计师和法务会计师经常使用表 5.1 所示的分类法。

表 5.1 内部控制分类

控制类型	举例
组织	有关允许开支的政策
授权	由负责官员批准费用
人事	人事部员工记录更新程序
监督	由负责官员监督的工作人员
职责划分	按交易分离职能，如负责订购、保管和记录的不同个人
措施上	按密钥或密码设置访问限制
计算上	银行和分类控制账户核对一致
管理上	审查程序，如内部审计

资产侵占是如何发生的取决于舞弊者所针对的资产类型。我们可以依据典型的企业资产负债表对这些舞弊行为进行相应分类，资产按流动性分别为现金和银行存款、存货和非流动资产。

现金和银行存款舞弊通常涉及盗窃，如当雇员经常处理现金时。这些类型的舞弊是可以通过现金余额与账面总额的核对（会计和算术控制）来加以克服的。这种核对可以辅以监视雇员，直接观察和监督账目核对程序（监督控制）。

存货舞弊通常还涉及盗窃，如当员工可以常规进出仓库和储藏室时。通过密码和监视（物理控制）的限制进出可以减少这种盗窃的风险。当存货在分支机构存放时，总部管理层或内部审计人员可以通过监测利润率和利润波动来发现舞弊行为。

非流动资产通常不便于携带，因此不易受到类似库存盗窃的影响。在存在风险的情况下，类似库存的控制手段可以减少风险，如资产包括计算机和办公设备的注册等。其他类型的易受到冲击的非流动资产包括专有信息如商业秘密，这些可能不会出现在组织的资产负债表上，但仍然可以有很高的价值。一个例子是一个雇员在开发一个新产品，然后携带机密信息离开去为一个竞争对手工作。这种舞弊可以通过要求被雇佣者签署保密协议来防止，这样组织就可以诉诸于法律追回因随后违约而产生的损失。

对这些类型的舞弊行为的进一步的分析是关注损益表中的主要项目，这些项目是收入、采购和支出。

基于收入的舞弊源于机构的销售活动，如向客户开具发票。潜在的舞弊行为可能涉及为某些客户提供特殊但未经授权的价格或折扣，这种舞弊通常涉及串通。可能的预防机制可以是要求新的客户账户由负责的官员授权，并对销售职能进行全面监督（授权控制）。对于进行现金销售的企业，所需的控制与上述现金和银行舞弊的控制类似。

采购舞弊通常可以包括雇员和供应商之间的某种形式的串通，如建立虚构的供应商账户，对尚未收到的货物进行付款。或者，实际供应商的员工可以与采购机构中的员工串通或贿赂，对所提供的货物进行不正确的付款或支付虚假发票。在某些情况下适用的另一个具体例子是定标，即合同的机密投标被泄露给竞争对手，这样竞争者就可以根据自己的优势对竞标进行定价。当操纵投标成为一种风险时，则应仔细控制（实际控制）查阅已提交的投标书。

基于供应商的舞弊通常可以通过对供应商的管理审查（管理控制）和货物的收受、保管和付款之间的职责分离（职责控制的分离）来减少。在上面的第一个案例研究（操纵供应商账户）中，尽管在发票授权和付款之间存在一些职责分离，但是没有明显的要求根据订单或收到的货物/服务单据来检查发票。实施进一步的内部审查可能阻止类似的舞弊行为。

当员工人为地夸大机构的费用时，就会发生费用舞弊。例如，员工提出的超额费用索赔，或涉及创建虚构员工的工资舞弊。这些类型的舞弊所产生的风险可以通过制定书面的容许开支（组织控制）政策来减少，该政策采用适当级别的批准程序（授权控制），并确保人事部门在员工进来或离开时更新工资记录（人员控制）。

上述例子的目的是以系统的方式说明不同类型的舞弊，并说明其中一个控制措施如何形成关键控制措施，或者这些控制措施的组合如何相互补充，以提供强有力的全面控制并减少舞弊风险。在实践中，所有类型的控制经常并存，有些控制具有普遍相关性。例如，上述任何一个例子都可以通过防止招聘不诚实员工（人事控制）的程序加以缓解。

所使用的例子是典型的涉及违法的舞弊行为。在不同的地区，法律程序和处罚可能会在不同程度上增加内部控制的威慑效应。然而，应当注意的是，内部控制在某种程度上趋向于普遍适用。最重要的语境是机构而非国际法律管辖权；例如，建筑公司和电气零售商将面临不同类型的员工舞弊威胁，但丹麦建筑公司面临的威胁将类似于新加坡建筑公司面临的威胁。当然，不同程度的腐败会影响跨司法管辖区的威胁程度，治理机构的有效性也会发生变化。透明度国际腐败观念指数（透明度国际，2016）和世界银行治理指标（世界银行，2016）可以用来评估这些指标。

三、高级管理层舞弊与公司治理

从法务会计的角度来看，内部控制制度最重要的弱点是高级管理层可以轻易地越过这些制度。管理内部控制体系是高级管理层的责任，因此只要高级管理层本身希望从事舞弊活动，他们就有动机为机构设计控制功能，使此类活动不被发现。此外，某些类型的控制，例如职责分离和授权控制，在组织的顶端不太适用。根据定义，高管职权范围要求一定程度的交叉功能才能有效，而且根据定义，目前没有高管人员可以每天批准主管人员希望发起的交易。作为首席执行官和主要股东，阿西尔·纳迪尔亲自授权和处理大型交易的能力说明了这一点（案例研究5.2）。虽然波利派克是一个大型企业，但它更广泛地说明了业主管理企业中舞弊的后果。在这种情况下，首席执行官和业主经理以牺牲债权人和其他利益相关者的利益为代价，超越内部控制来榨取业务资源以获取个人利益。

这是一个严重的问题，因为大多数舞弊行为是高级管理人员实施的，而且通常金额很高，并对社会产生广泛的影响。根据全球会计师事务所毕马威（KPMG）进行的年度舞弊调查，财务总监、首席执行官和其他高级管理人员在所有舞弊案中约占五分之一，按价值计算，占舞弊案的一半以上，而且比例似乎在上升（KPMG，2016）。此类活动可能涉及资产挪用（包括资产剥离）和财务报表舞弊，但也可能涉及市场操纵和内幕交易。如许多新闻焦点案例所示，这些要素通常会重叠。例如，财务报表舞弊部分用于弥补美国安然（2001年）和英国镜像集团（1989年）高级管理层剥离资产导致的员工养老金计划赤字。同样，这些行动的后果致使重要的利益相关者经常遭受重大损失。员工可能失去工作和养老金，第三方债权人可能失去贷款资产，股东可能失去投资资产。

（一）公司治理与监督体系

在许多司法管辖区，对高级管理人员所犯的头条新闻舞弊和会计丑闻的反应已经程式化，并在某种程度上对公司治理规则规定得更紧。公司治理可以定义为：

公司董事会、股东和其他主要利益相关者之间的一系列关系……（提供）公司目标设定的结构，以及实现这些目标和监控绩效的手段（经合组织，1999）。

因此，舞弊将意味着公司治理的失败，因为根据定义，公司的目标将不能实现。

在英国，1980—1986年金融市场和金融服务放松管制，最终导致证券交易所"大爆炸"（Augur，2000），随后在20世纪80年代末发生了一系列金融丑闻。波利·派克国际会计丑闻与吉尼斯丑闻的余波密切相关，还有一系列涉及镜像集团、卡罗尔、国际信贷商业银行（BCCI）和英联邦财务报表舞弊的丑闻。所有这些公司在其破产前一年都报告了利润（Smith，1992）。

这些舞弊行为的直接后果是会计规则和法规的修订。会计准则委员会（Accounting Standard Commitee，ASC）迄今为止一直负责制定会计准则，或标准会计实务公告，例如，波利·派克国际案中涉及的第20号关于外币换算的问题。1990年，会计准则委员会由财务报告理事会（Financial Reporting Council，FRC）取代，其中包括负责编纂会计实务的新会计准则理事会。新的理事会得到了财务报告审查小组（FRRP）和紧急问题工作组（Urgent Issues Task Force，UITF）提供的更强有力和更具响应性的技术支持，例如，该工作组在 1993 年调查了标准会计实务公告第 20 号（SSAP20）的运作和替代方案。标准会计实务公告逐渐被新的财务报告标准所取代。美国的类似改革，如赞助组织委员会和特雷布尔委员会，在安然丑闻浪潮之前被证明是失败的（Toms and Wright，2005）。

许多会计丑闻的一个共同特征是外部审计人员未能发现舞弊行为。事实上，在某些情况下，审计师在某种程度上是串通一气的（例如，案例研究 5.2 和案例研究 5.4：奥林巴斯）。部分原因是，外部审计范围仅限于保证财务报表不存在由于舞弊或错误导致的重大错报。发现和防止舞弊要求管理层建立良好的内部控制。"审计员是看门狗而不是猎犬"这句名言恰当地总结了这里的重点（金斯顿棉纺厂有限公司，Re Kingston Cotton Mill Co. Ltd（第 2 号）[1896] 第 2 章 279）。审计师的确切责任是随着判例法中的法律判决而演变的。在赫德利·伯恩公司诉海勒与合伙人有限公司 [1964] AC 465（Hedley Byrne & Co Ltd v Heller & Partners Ltd [1964] AC 465）案中，审计人员被判定在有限情况下可能要承担谨慎义务，但随后的判决认为，审计师对股东没有具体的谨慎义务（卡帕罗工业公司诉迪克曼 [1990] Ukhl 2，Caparo Industries plc v Dickman [1990] UKHL 2）。这种区别是邻近原则的一种应用，因为审计师不应承担直接协助股东决策的责任。

对审计人员发现舞弊的职责不明确导致了"审计期望差距"。经理通常是经股东批准才能任命审计员，在许多司法管辖区，对任命同一会计师事务所担任咨询税务和咨询职务几乎没有限制。再加上高级管理层参与了许多会计舞弊，审计人员在审计期间对同一管理人员的信息依赖，审计师责任的性质意味着他们不能如预期的那样频繁减少舞弊。

20 世纪 80 年代末的丑闻导致 1992 年公布了《卡德伯利报告》，并进一步发布了一系列关于公司治理的临时报告，最终形成了《联合守则》（2003 年）。《卡德伯利报告》和《联合守则》的某些方面反映了表 5.1 所列内部控制的一般目标。例如，应该有涉及董事长和首席执行官分离的责任分工，和/或应该有强有力的独立董事在董事会中。董事会的多数成员应由外部董事组成，董事会成员应有一个薪酬委员会，非执行董事占多数。董事会还应委任包括至少三名非执行董事的审计委员会。随后的报告最终合并在 2003 年的《联合守则》中，讨论了公司治理的具体方面。按时间顺序为：

董事酬金（《格林伯里报告》，1995）。

内部控制（《特恩布尔报告》，1999）。

机构投资者（《汉姆佩尔报告》，1998；《米诺斯报告》，2001）。

非执行董事（《希格斯报告》，2003）。

审计委员会（《史密斯报告》，2003）。

从舞弊预防的角度来看，依次考虑，《特恩布尔报告》和《史密斯报告》是最重要的。

《特恩布尔报告》（FRC 在 2005 年修订）从责任、过程和审查等方面阐述了内部控制的原则。内部控制制度的责任在于董事会，董事会应当有效地减少因公司具体情况而产生的风险，包括舞弊风险（FRC，2005）。因此，实现内部控制的基础是风险的识别和管理。涉及三个步骤：

（1）根据其影响的重要性识别可分离风险。
（2）这种影响的可能性。
（3）旨在减少影响的政策的有效性。

这些因素可以以综合风险指数的形式组合和量化，使高级管理人员能够为缓解措施分配更多的资源。

为确保有效，内部控制应嵌入组织文化中，实现快速反应，并具有有效向高级管理层报告违反行为的机制。尽管组织文化可能是防止所有级别舞弊的有效保障，但是这些措施仍然容易受到高层管理人员舞弊行为的影响。

因此，史密斯关于审计委员会的报告补充了特恩布尔的要求。史密斯要求审计委员会应是一个由至少三名独立非执行董事组成的主要董事会下属委员会，这些成员每年必须至少召开三次会议。这些委员会的作用是审查和质疑与重大报告问题有关的行为和判断，如年度报告披露的清晰度和完整性。就波利·派克国际案而言，凭借其作为主要股东和首席执行官的主导地位，阿西尔·纳迪尔就能够凌驾于内部控制之上。然而，按照史密斯要求履行职责的审计委员会本可以对他的活动进行检查。

联合守则提出的治理机制的互补性可能会增强它们的有效性。但是，它们的采用不是强制性的：已经采取了自愿的、非法定的方法。适用于证券交易所上市公司的"遵守或解释"规则概括了这方面的要求。换句话说，公司可以决定不遵守，只要他们披露不遵守的原因。

（二）公司治理的国际视角

英国自 20 世纪 90 年代初开始实施公司治理改革，紧随其后的是一波金融丑闻。类似的改革虽然在美国也被提出，但却没有实施（Toms and Wright，2005）。21 世纪初，包括安然、世通、泰科、环球电讯等在内公司的一连串的会计丑闻，最终促成了新的调控和监督。与英国丑闻一样，高级管理人员犯下了美国所有的舞弊行为，因此 2002 年的《萨班斯-奥克斯利法案》（Sarbanes-Oxley Act）解决了公司治理中的相关薄弱环节。与英国的联合守则不同，萨班斯-奥克斯利法案要求遵守，而不是"遵守或解释"。高级管理层对财务报表的准确性负责，对违规行为给予重大的财务和监禁处罚（第 906 节）。

尽管如此，美国与英国体系还是有一些重要的共同点。2004 年，针对美国公司的舞弊行为，联邦储备委员会的监管权被扩大到包括审计。《特恩布尔报告》和《萨班斯-奥克斯利法案》在管理责任方面也有类似的内部控制要求（第 302 节和第 404 节）。在美国，审计委员会在《萨班斯-奥克斯利法案》以前就存在，但该法案进一步完善了它们的作用，规定了它们的成员资格和监督内部控制和审计程序的责任，包括监督外部审计师的任命。

自 20 世纪 80 年代末和 21 世纪初的会计丑闻浪潮以来，英国和美国的财务报表舞弊的发生率似乎有所下降。同时，公司治理规范的相同特征从那时起在包括日本在内的国家迅速传播。与此同时，公司治理监管的相同特征自那时以来迅速扩散到包括日本在内的国际机构。然而，美国/英国模式的主要功能不足以阻止 2011 年日本的重大舞弊行为。奥林巴斯丑闻进一步说明了防止高管舞弊所需的有效公司治理体系的特点。

案例研究 5.4

奥 林 巴 斯

日本仪器制造商奥林巴斯（Olympus）拥有许多治理功能，这些功能有望在安然事件后减少会计舞弊。该公司拥有各种各样的机构股东，其审计师在 2009 年轮岗（从毕马威到安永），董事会中有非执行董事，独立的个人担任董事长和首席执行官。

2011 年 10 月，在公司任职多年的迈克尔·伍德福德被任命为新的首席执行官。任命后，一名调查记者向伍德福德通报了一桩涉嫌影响公司的会计丑闻。伍德福德作出回应，要求委托普华永道会计师事务所调查这些指控。在董事长菊川纯一的鼓动下，董事会在伍德福德被任命不到两周后就解雇了他。

自 1985 年以来，引起伍德福德注意的问题不断累积。从那时起，由于广场协议（Plaza Accord）导致日元突然升值，奥林巴斯开始在海外资产上持续亏损，这削弱了其日本的出口。这些损失被一项涉及收购子公司的积极扩张战略所掩盖。这些新成立的集团公司被用来掩盖损失，这些损失被商誉的高估抵消了。这些指控最终被认定是真的，伍德福德后来被免除了责任。包括菊川在内的几位高管被证明有罪。高级管理人员的舞弊行为，在过去几十年中系统地隐瞒了损失，最终导致公司治理的严重失败。

资料来源：Aronson, 2012。

奥林巴斯的案例清楚地表明，尽管公司治理的重要特征名义上已经到位，但这些机制不足以约束已下决心的高管团队的行动。鉴于奥林巴斯盛行的等级制商业文化，董事长和首席执行官的角色分离无关紧要。菊川领导着这一等级制度，并要求其他高级管理人员给予足够的尊重，以限制伍德福德的选择，并对其进行解雇。事实上，菊川的动机一直是为了维护公司及其高管的荣誉和声誉。投资者也对菊川表现出强烈的尊重，他们更愿意相信他，并拒绝伍德福德的要求。尽管有商业文化的一面，菊川还是很容易对伍德福德提起诉讼，因为其他几位高管也参与了舞弊。其中还包括内部审计委员会负责人。此前的审计人毕马威（KPMG）在2009年被撤职，因为他们质疑奥林巴斯对一项重大收购的解释。奥林巴斯随后与新的审计公司安永建立了密切的关系。

总之，奥林巴斯案例表明，主要的公司治理机制可以减少但不能防止舞弊。所有重要的会计舞弊都有着共同的特征，无论是卡德伯利报告/联合守则还是萨班斯-奥克斯利法案之前或之后，其中最显著的是高级管理人员采取的旨在抵消其效力的行动。主要的替代方法是直接监管和法律制裁，下一节将详细讨论。

四、市场操纵舞弊与监管

早些时候有人指出，自世纪之交前后实行公司治理改革以来，会计丑闻有所减少。最近与特斯科（Tesco）有关的备受瞩目的丑闻（Martin，2016a）似乎是这种下降趋势的一个例外。与此同时，包括高级经理人在内的舞弊总数一直在上升，2008年金融危机后爆发了一系列舞弊行为。这些舞弊行为通常涉及金融市场滥用包括内幕信息和市场操纵。在英国，主要包括金融产品的错误销售和操纵市场利率，如伦敦银行同业拆借利率（LIBOR）丑闻（Ashton and Christophers，2015年）和外汇修正（如案例研究5.3所述）等。

（一）监管方法

对于旨在发展监管架构以减少此类丑闻发生的可能性的政府，可以采用几种通用方法。具体如下所述。

1. 经济（资本市场）效率

这种方法是基于这样一个论点，即在透明且有效的资本市场中舞弊更为困难。的确，经济学家完美有效市场的模型表明，舞弊是不可能的，因为所有市场参与者都是平等和充分知情的；因此，政府可以采取旨在提高市场效率的政策。由于确保所有投资者的知情权是不切实际的，因此提高透明度显然是可取的。即便如此，平等获取信息的理念仍然是纯粹市场解决方案的监管替代方案的基础。

2. 信托责任

这一原则赋予处于负责任的职位的个人对第三方的注意义务。因此，法律可以将此类责任赋予公司董事和投资专业人士。1980 年的《公司法》首次对有权获得未公布的价格敏感信息的个人违反信托义务的行为进行了处罚。

3. 信息连通性原则

这限制了有意与公司联系的特定个人的活动。联系人可以包括董事、高级职员和公司的专业顾问。这一群体被称为"分配管理责任的人"（person dispensing managerial responsibility, PDMR）。这些限制使共谋和内幕交易更加困难。例如，分配管理责任的人不能为了代表其进行交易而向第三方提供未发布的市场敏感信息。然而，从成功起诉的角度来看，如何确立连通性可能是个问题。研究方框中的例子，以及分析师对这些情况的反应是否会导致他们被定罪为内幕交易。

信息连通性与内幕交易

考虑下面的信息发现示例，以及每个案例中的个人是否应在持有此类信息的基础上立即执行市场交易：

（1）一位投资者利用多样化信息对一家上市公司进行调查，发现其存在明显的不一致之处，并怀疑该公司存在舞弊行为。

（2）一位分析师在一个偏僻的乡村小路遇到一辆撞坏的汽车，发现一家他投资的知名上市公司的首席执行官躺在地上，死了。

资料来源：Loke, 2006, pp 157-158。

在第一个例子中，投资者可以出售股票，而没有被定罪为内幕交易的风险，因为这项研究只依赖于公共领域的信息。简言之，任何不辞辛劳进行调查的人都可以发现被怀疑为舞弊的行为。此外，由于分析使用公共领域的信息，不太可能有足够的证据来证明舞弊。因此，投资分析师类型研究可以作为更详细和正式的调查的前兆。

在第二个例子中，出于同样的原因，分析师可以出售股票，而不会因为内幕交易而被定罪。首席执行官的死亡显然是市场敏感信息，但完全属于公共领域。再说一次，任何人都可以在任何时候发现。在这个例子中，分析师面临着一个道德困境：是按照正常的公民义务联系当局，还是在这样做之前，根据新的信息进行交易。

4. 信息均等原则

这是意在补充信息连通性方法。在英国，1993年《刑事司法法》首先引言了这一原则。同样，通过办公室、就业或职业，均等方法规定了信息的获取。并且，均等方法适用于诸如有关分配管理责任的人何时可以交易其公司股票的规则。董事买卖交易必须在七日内向伦敦证券交易所报告，具体情况在金融报刊上公布；在英国，《金融时报》和《投资者纪事》定期公布这些披露。

除了披露交易外，信息均等原则也限制了交易的进行。这里的重点是分配管理责任的人最有可能获得市场敏感的内部信息的时期。其中一项主要规定是，公司董事和其他分配管理责任的人不得在"封闭期"内进行股份交易，即在公布年度业绩或公布年度报告前60天。

《联合守则》的自愿条款反映了金融市场监管所采取的一般做法。在2008年全球金融危机前后，监管的特点反映了英国加入欧盟的更广泛的背景。根据1993年《刑事司法法》和信息均等规则，金融服务管理局（Financial Services Authority，FSA）于1997年成立，并作为金融市场的超级监管机构，负责监督新规则的实施。随后的2000年《金融服务和市场法》授权金融服务管理局实施行政制裁。这些措施包括谴责、直接处罚或罚款、赔偿，以及作为最后手段的刑事起诉。随着2005年欧盟市场滥用指令（Market Abuse Directive，MAD）的出台，进一步立法巩固了这一做法。欧盟市场滥用指令将信息滥用（等同于"内幕交易"）定义为：操纵而导致对市场的错误印象或市场常规用户认为扭曲市场的行为。

当然，这些规定都不足以防止，甚至在有些人看来，减轻了2008年全球金融危机的后果。正如我们所看到的，在2008年之前，公司治理规则充满了自愿主义的精神，并通过相对轻描淡写的管理法规得到了加强。

（二）有效管制的决定因素

2008年全球金融危机的一个经常被提及的原因是监管和监管者的明显失败。因此，一个重要的问题是，什么决定了有效的监管？这些决定因素可以包括监管者的独立性、他们的专门知识、他们的问责制、他们的效率，以及他们运作的体制环境。这些特征之间存在着潜在的冲突。例如，为了掌握必要的技术专长，监管者可能需要成为行业内幕人士，但是这样的人根据定义不可能是独立的。监管俘获（Stigler，1971）的概念说明了独立性是如何受到损害的。

具有狭隘、专注目标的内部团体通常规模小、凝聚力强、组织性强，而那些可能为更广泛的社会目标进行游说的更大、多样化的团体则相反。例如，公司可以游说立法者包括会计准则制定者提供良性或灵活的法规（Revsine, 2006, pp 261-262）。问责制（可能需要透明的治理和报告）与效率（可能需要秘密调查才能取得成功）之间也存在着权衡。制度环境也很重要，因为利益冲突和形式腐败可能影响监管机构的范围和组成。腐败程度和治理机构有效性的国际差异是相当大的，这些可参考透明国际（2016年）和世界银行（2016年）的年度调查进行评估。

金融服务管理局被视为缺乏独立性和责任感的监管机构的典范。它显然经受了一系列的失败，包括银行业危机、伦敦银行同业拆放利率的修正、金融服务的不当销售以及明显缺乏对舞弊者的惩罚。它于2013年4月被废除，并由向财政部报告的金融行为管理局（FCA）取代。金融行为管理局负责监督金融市场、企业行为、消费者保护以及对如伦敦银行同业拆借利率修正、错误销售和外汇修正（案例研究5.3）的调查。

外汇修正案例是"非法预先交易"的一个例子，它涉及交易者使用即将发生的客户交易或指令的知识为自己谋取利益。在此之前，投资者没有受到《2000年金融服务和市场法》的保护。法定市场滥用制度是指与以下两种情况有关的行为：在指定市场交易的投资；与投资有关的内幕交易，该投资价值取决于合格投资。外汇交易不构成合格投资，也不在指定市场上交易。

即便如此，舞弊的规模仍有必要由严重舞弊办公室（SFO）展开调查。严重舞弊办公室是一个独立的政府部门，负责调查和起诉最严重和最复杂的舞弊行为。金融行为管理局可决定将案件提交给严重舞弊办公室。虽然严重舞弊办公室不是监管机构，但就调查而言，其管辖权与金融行为管理局交叠。例如，2014年，金融行为管理局将外汇修正案调查提交给了严重舞弊办公室。但是，因未能建立足够的证据证明起诉是正当的，严重舞弊办公室随后于2016年3月停止了该案件调查（Martin, 2016b）。因此，问题来了：什么能阻止舞弊的发生？作为回应，银行已被勒令加强其IT程序并防止使用聊天室。在某些司法辖区，激励市场修正的奖金受到限制。

五、本章小结

本章探讨了从员工舞弊，由组织高层的高级管理人员实施的舞弊，到有权获得信息的个人进行的市场操作等各种情况。这些活动受到对销售、采购和支出，以及资产（包括存货、现金和无形资产）的内部控制机制的限制。通过提高金融市场的透明度和效率、法律制裁强制执行的信托责任的适用、行政法规强制信息均等，或所有这些的组合等，可以防止市场舞弊。正如全球金融危机和随后的金融丑闻所显示的那样，很难设计、执行和起诉市场滥用案件。同样，正如20世纪80年代末的英国和20世纪90年代末的美国的会计丑闻浪潮所表明的那样，强有力的首席执行官和高级管理人员很容易破坏内部控制和公司治理机制。

【参考文献】

Aronson, B E (2012) Olympus Scandal and Corporate Governance Reform: Can Japan Find a Middle Ground between the Board Monitoring Model and Management Model, *UCLA Pacific Basin Law Journal*, 30 (1), pp 93-148.

Ashton, P and Christophers, B (2015) On Arbitration, Arbitrage and Arbitrariness in Financial Markets and Their Governance: Unpacking LIBOR and the LIBOR Scandal, *Economy and Society*, 44 (2), pp 188-217.

Augur, P (2000) *The Death of Gentlemanly Capitalism: The Rise and Fall of London's Investment Banks*, Penguin, London.

FRC (2005) Internal control: Revised Guidance for Directors on the Combined Code, https://www.frc.org.uk/getattachment/5e4d12e4-a94f-4186-9d6f-19e17aeb5351/Turnbull-guidance-October-2005.aspx (last accessed 26/09/2016).

Grabiner, A (2014) *Bank of England Foreign Exchange Market Investigation*, Bank of England, London.

Gwilliam, D and Jackson R H (2011) Creative Accounting: The UK Experience, in (ed) M Jones, *Creative Accounting, Fraud and International Accounting Scandals*, Wiley, Chichester, pp 379-406.

KPMG (2016) Global Profiles of the Fraudster, https://home.kpmg.com/xx/en/home/insights/2016/05/global-profiles-of-the-fraudster.html (last accessed 27/09/2016).

Loke, A F (2006) From the Fiduciary Theory to Information Abuse: The Changing Fabric of Insider Trading Law in the UK, Australia and Singapore, *American Journal of Comparative Law*, 54 (1), pp 123-172.

Martin, K (2016a) Tesco Investigation: SFO Charges Three, *Financial Times*, 9 September.

Martin, K (2016b) SFO Closes Currency Investigation, *Financial Times*, 15 March.

OECD (1999) *Principles of Corporate Governance*, OECD, Paris.

Revsine, L (2006) Enron: Sad but Inevitable, in (ed) J Ketz, *Accounting Ethics*, Routledge, Abingdon.

Smith, T (1992) *Accounting for Growth: Stripping the Camouflage from Company Accounts*, Century Business, London.

Stigler, G J (1971) The Theory of Economic Regulation, *The Bell Journal of Economics and Management Science*, 2, Spring, pp 3-21.

Taylor, J (2011) *Forensic Accounting*, Financial Times-Prentice Hall, Harlow.

Toms, S and Wright, M (2005) Divergence and Convergence within Anglo-American Corporate Governance Systems: Evidence from the US and UK, 1950-2000, *Business History*, 47 (2), pp 267-295.

Transparency International (2016) International Corruption Perceptions Index, http://www.transparency.org/research/cpi/overview (last accessed 26/09/2016).

World Bank (2016) Worldwide Governance Indicators, http://info.worldbank.org/governance/wgi/#home (last accessed 26/09/2016).

第六章

专业过失

亚当·斯特朗

克里斯托弗·哈彻

一、引言
二、案件的初始阶段
三、合同或业务约定书
四、法规与专业
五、受索赔影响的共同领域
六、法务会计师介入的其他实例
七、专业赔偿保险公司的作用
八、本章小结

学习目标

本章的目的是让读者认识和理解：

- 专业过失是什么？它是如何产生的？
- 注意义务的重要性，以及专业人员商定的工作范围。
- 法务会计师在评估责任和量刑中的作用。
- 税务咨询案件中的审计师过失，以及过失的关键环节。
- 法规遵从的重要性及其实际应用。
- 专业人员可以是其特定专业的专家。
- 评估直接损失和间接损失。
- 专业赔偿保险公司在索赔中的作用。
- 涉及审计、税务过失，以及律师工作的案例。

一、引言

根据英国法律，专业过失可以发生在合同或侵权行为下。用外行话说，它可以被描述为：一个专业人员所从事的工作，而这个工作不符合一个拥有专业技能和专业知识的人所预期的标准。专业过失评估的关键是有关专业人员是否履行对客户的注意义务。确立专业从事的工作范围，以及专业人士在何种程度上向委托人履行了自己的义务，这也是至关重要的。

法务会计师以两种方式协助专业过失案件。他们被指示评估因被指控的专业过失行为而产生的量化问题，而在涉及会计师的个案中，他们受命协助评估有关会计师对他或她所作或没有作出的事情所负的法律责任的程度。因此，这是法律的一个领域，要求法务会计师协助处理量化问题，在某些情况下，还要求处理责任问题。对涉嫌专业过失行为造成的损失进行量化，遵循与其他英国民法案件相同的原则。必须确定受害方因有关专业人员的作为或不作为而遭受损失，然后的量化工作是评估由专业过失行为造成的损害程度。

在这个层次上，这些概念听起来很简单。在实践中，寻求确立专业人员的责任和评估由于该专业过失而遭受的损失，都是复杂、详细、耗时的工作。本章的大部分内容集中于法务会计师在会计人员过失案件中通常应承担的工作。凡涉及其他专业人员，如医师、银行家、工程师、测量师、律师或建筑师的案件，需要进行损失量化工作的，可以要求法务会计师提供协助。

二、案件的初始阶段

对于法务会计师会何时参与到会计人员过失案件中辩护，目前尚无定论。律师就案件的是非曲直向当事人提供咨询，将侧重于责任问题；如果相关专业人员没有责任问题，则进一步追查某一案件就没有动力。在这一点上，诉状律师和辩护律师需要就是否应承担注意义务，以及该义务的范围问题提供谨慎的指导。在会计师过失案件中，通常需要审查审计条款中的技术问题，或者是否存在侵权行为。这可能意味着法务会计师在相对早期的阶段就被带到了案件中。如果法律团队需要支持，以了解哪些会计或审计标准受到质疑，或者哪些税务立法、法规和指导正在发挥作用，那么对这些问题的建议将成为案件是否成立的不可或缺的一部分。

三、合同或业务约定书

会计师通常会将他们同意承担的工作编纂在委托书中，委托书是他们与相关客户的合同。法务会计师可以通过审查业务约定书并解释专业人员同意做什么，以及他或她不同意做什么来帮助法律团队。在客户认为他们要求会计师做什么，以及会计师认为他或她做过什么的看法上，往往存在着差距。许多案例归结起来就是将委托书上描述的专业人员要做的事情与实际做的事情相比较。即便如此，业务约定书也很可能没有明确指出专业人员在提供建议时将运用的技能、专业知识和经验。相比那些仅在税务部门工作2年的人来说，一个在审计工作上花费了30年时间的人，他们的技能、专业知识和经验会大不相同。在这一点上，法务会计师有可能准确地洞察完成商定的工作范围所需的技能组合。

四、法规与专业

接下来是监管问题。会计有财务报告准则（Financial Reporting Standards，FRSs）和公认会计准则（Generally Accepted Accounting Practice，GAAP）。审计有国际审计准则（International Standards on Auditing，ISAs）。这是对2006年《公司法》所载细节的补充。在税收方面，有越来越多的立法、法规和指导要遵守。在公司财务方面，有《2000年金融服务和市场法》《金融行为管理局资料手册》和指定专业机构的条例需要考虑。会计专业是一个法规雷区，非专业会计从业人员要跟上这些领域的发展，无疑是一个挑战。

即使是看似专业的区域也需要进一步细分。例如，在税务领域有直接税务专家和间接税务专家。直接税务专家可能是所得税方面的专家，也可能只是公司所得税专家。其他人可能将资本利得税或遗产税作为专业，而在更多的实践中，您可能会发现有人将自己视为印花税专家或资本减免专家。这是其他可以处理客户的预扣所得税返还的独立薪资团队的头等大事。在间接税方面，可能存在独立于海关税务专家的增值税专家——税务专家不一定是所有税务的专家。

在这样的背景下，我们可以理解过失的指控是如何产生的。客户的期望是，会计师就是会计师，并且必须更全面地了解会计、审计、税务、公司财务和业务风险及监管。事实上，专家的存在是有原因的，当客户征求意见时，会计师面临的一个关键挑战是认识到他们是否足以提供特定领域的最新建议，或者由其他具有专业技能的人提供建议更为合适。在这一点上，往往会出现过失行为，即专业人员未能认识到他们的技能、知识、专长或经验的局限性。他们没有应用"我不知道我不了解的是什么"的测试。了解其运作的监管框架是提供会计师专业服务的关键，理解所需的专门知识和经验也是关键，包括当工作超出了他们的专长或经验范围时，意识到他们需要其他具有专业知识的人参与。

五、受索赔影响的共同领域

（一）审计

审计过失是指审计过程中出现失误，出具的审计意见并不是本应该给出的意见。通常情况是，当本应出具有保留的审计意见时，对公司的财务报表给出了无保留的审计意见，但是反过来也可能发生，从下面的案例研究中可以看出。

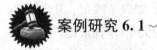

案例研究 6.1

审 计 过 失

在一个被指控的审计过失案件中，建筑业的一个公开股份有限公司声称，因为审计人员错误地给出了有保留的审计意见，使它遭受了合同损失，以及银行贷款的缩减。本案的法务会计工作涉及审查审计人员的审计档案和工作底稿，并根据国际审计准则的规定，就保留意见所依据的工作是否充分发表意见，如果不充分，那么在当时应该做什么其他的工作，可能会导致不同的结果。

确定审计师工作是否不足的关键是评估该审计师所遵循的审计过程，以及他或她是否遵守当时所有相关的公认审计标准（Generally Accepted Auditing Standards，GAAS）。审计是一项高度规范的服务，需要检查法定财务报表是否显示《公司法》中真实和公允的观点。国际审计与鉴证准则理事会（International Auditing and Assurance Standards Boards，IAASB）是国际会计师联合会（International Federation of Accountants，IFAC）的构成部分，负责公布国际审计准则（ISAs）。这些超国家的机构制定了审计标准，然后在当地司法管辖区进行调整使用。对于英国而言，国际审计准则（英国）是由财务报告理事会（FRC）发布的。

国际审计准则是强制性的，审计人员的目标是遵守这些准则。有些审计方案的发布者接受了国际审计准则的指导，并将其转化为实际的审计流程，以协助合规。所有审计师也会被安排定期进行质量保证随访。例如，英格兰和威尔士特许会计师协会（Institute of Chartered Accountants in England & Wales，ICAEW）和特许会计师协会（Association of Chartered Certified Accountants，ACCA）都是根据2006年《公司法》下的认可监督机构（Recognised Supervisory Bodies，RSB），设有负责检查审计师工作的质量保证机构。

法务会计在审计过失案件中的工作，归根结底就是评估被告审计人员的档案和工作，不但将其与国际审计准则和相关监管要求相比较，而且将其与在类似的业务需要审计时他或她期望看到的会计师在实践中所做的工作进行对比。迄今为止，只有国际审计准则和规章制度规范这项工作。它们是一个框架，并没有规定应进行的所有详细审计测试。审计测试的确切性质取决于相关业务的情况。审计是一项基于风险的服务，对财务报表可能存在错报风险的评估是审计工作的核心。

与普遍的看法相反，审计不是一个检查账户中每一笔交易和金额的过程。余额是按大小和性质来考虑的。突出强调对理解财务报表具有重要意义的内容。评估此类余额可能存在潜在错报的风险。设计并实施应对此类风险的审计工作。在审计过失案件中，了解针对特定风险领域的测试，并感受此类测试的结果是很重要的。

通常，当有审计失败的指控时，往往涉及会计中的判断，如股票减记、坏账或类似准备金。法务会计师将检查对这些领域进行的测试，以及收集的审计证据，但在通常情况下，是否赞同或反对审计师的观点，归根结底就是评估审计师是否恰当地行使了自己的判断。运用法务会计师在类似情况下的经验可能是一个关键因素，这就是为什么有从事审计的法务从业人员是重要的。这不仅仅是审计师是否已经应用了审计规则的问题，而是所做所为是否符合审计任务的一般经验的问题。归根结底，法务会计师是在自问，审计师所做的和他或她收集的证据是否支持给出的审计意见，或者是否应该给出不同的意见。

（二）审计过失案件中的量化

虽然审计过程受到高度管制，但过失索赔很难成功。对于法务会计师来说，很难评估责任，即是否发生了审计失败和给出了错误的意见，更不用说考虑给出不恰当的意见会导致哪些直接和间接损失。也许可以证明存在违约，但随后证明由于违约而造成的损失将面临自身的一系列挑战，特别是当常态是从审计师那里收到一份无保留意见的报告时。通常无保留意见的报告不会导致读者对审计报告提出质疑。评级机构等更广泛的市场往往不会对无保留意见的审计报告作出负面反应：这是意料之中的。因此，对客户而言，提供一份无保留意见的报告，即使是不合理的，也可能意味着"照常营业"，除非直到将来发生诸如破产等事件，将焦点重新放在审计意见上。

过去的案例是由声称依赖审计作为投资者保护手段的股东提出的，或是由第三方出资人提出的，他们声称自己依靠审计报告垫款。但是法院的判决，如卡帕罗工业公司诉迪克曼［1990］UKHL 2（Caparo Industries plc v Dickman［1990］UKHL 2）案，试图限制审计师应对其承担注意义务的人员类别。尽管苏格兰皇家银行诉班纳曼·约翰斯顿·麦克雷［2003］SC125（Royal Bank of Scotland plc v Bannerman Johnstone McClay［2003］SC 125）案等其他决定表面上似乎是为了扩大应向其承担注意义务的人的范围，但审计人员已制定免责声明，以限制其责任。巴克莱银行诉格兰特·桑顿英国有限公司［2015］EWHC320（Barclays Bank Plc v Grant Thornton UK LLP［2015］EWHC320（Comm））案中的决定提醒我们，免责声明可以保护审计师免受第三方索赔。

卡帕罗的决定表明，如果股东作为一个团体提起过失诉讼，成功的机会更大，因此在英国必须设法证明公司整体遭受了损失。当然，寻求对审计师采取行动的客户需要其法律团队，以及他们的法务会计师就如何处理索赔问题提供经过深思熟虑的建议。衡量损失可能是一项详细而复杂的任务，类似于评估利润损失、间接损失，甚至整个企业的损失。

（三）税收

尽管在公众心目中，审计可能是会计师工作最重要的领域，在努力工作以帮助维护公众对公开信息（即公司在公司注册处公开记录的经审计的财务报表）的信任方面，税收是会计师面临的更大的风险领域。

当第一次考虑税收时，这似乎是违反直觉的。与公认审计准则和公认会计准则相比，监管机构的公开声明要少得多。监管机构，如英格兰与威尔士特许会计师协会（ICAEW），确实就如何处理税务工作对会员的期望进行了编纂，但这主要集中在他们如何对待客户，以及如何和英国税务与海关总署（HMRC）相处上。更不用说针对具体技术问题的指引。其原因在于，主要的税收立法庞大，英国税务与海关总署颁布了自己的一套税收手册和指南，并对该立法进行了解释。然而，在许多情况下，仅仅是英国税务与海关总署的解释可能不符合其他税务专家的观点。

这是顾问之间许多争议的核心。税务是复杂的，在解释适用于客户特定情况的税务立法、法规和指南时，需要非常详细地了解问题。税收类似于医生治疗病人。医生诊所的全科医生通常是第一个看到患者出现特定症状的人，对于不太复杂或严重的疾病，他或她将应用一般实践知识成功诊断症状的根本原因，并相应地治疗患者。还有一些患者的症状复杂、严重或异常，使得全科医生可能觉得没有资格处理这些症状。他或她会将患者转给专家，要么立即到事故和急诊科进行紧急护理，要么将患者转给专门从事某一医学领域的医生。同样的过程通常也适用于税收问题。

在税务专业人士面前出现的许多日常问题都得到了很好的理解，对这些问题的建议也不存在问题。在其他情况下，可能适用的税务原则是如此复杂或不寻常，以至于提供税务建议的一般从业者可能没有足够的知识或经验，无法成功地向客户提供建议。

税务过失案件可大致分为两类：不遵守规定或不了解专业问题。在后一类中，客户和顾问之间可能就客户情况背后的事实存在争议，税务顾问说他们没有被告知全部事实，如果他们知道全部事实，则建议可能会有所不同。此外，在执行向客户提供的建议方面可能存在争议。客户可能会说他们遵循了专业人士的建议，尤其是当他们执行建议的顺序很重要时，但是税务专业人士可能会对这一点提出异议。

在税务过失案件中，最重要的是首先了解税务顾问根据业务约定书的条款将给予或负责的建议。然后，评估顾问是否按照约定的条款履行了其职责，这一点很重要。最后，重要的是要了解客户是否真的遵循了给出的建议还是做了其他不同的事情。

合规案例可能是清楚明确的。例如，个人纳税人通常会聘请会计师帮助他们编制年度自评税申报表。会计人员将运用他们所期望的专业技能，谨慎帮助客户编制纳税申报表草案。客户希望能够依靠会计师的专业知识来开展这项工作，这样当客户签署纳税申报表时，他或她可以满足于会计师的工作，即纳税申报表完整、准确，其内容符合税法规定。

当提供给会计师的事实和信息不足时，就会出现问题，这通常是在不遵守规定的情况下被告提出的观点，或者，更严重的是，当会计师就客户提供的特定事实或信息未能适用税法和相关认可指南时，就会出现问题。后一种情况是专业人士特别难以辩护的，尽管如果现行税法和认可指南对特定事实或信息的处理没有明确规定时，在客户签署相关纳税申报表之前向其客户提供这方面建议的专业人士可能会发现，成功地为专业过失索赔辩护更容易。

由于税法的庞大以及对立法的适用存在法律认可的不同观点，当协助客户完成纳税申报或就特定交易和可能适用的情况的税务处理提出建议时，一般从业者可能会遇到许多陷阱。有时，对于特定交易，如在进行公司重组时英国税务与海关总署会提供法定免税和清算程序，在这种情况下提供咨询的从业者最好使用此类清算程序。然而，通常没有顾问可以援引的"安全港"程序，无论他们是否已这样做了，他们都必须依靠商定的工作范围，以及他们在工作中应用的知识和专业技能。

同时提交的文件说明和工作文件，证明顾问的方法和对特定税务问题的思考是非常重要的。这些可以证明顾问识别了特定问题，仔细考虑了该问题，也许接受了专家的建议，并向客户解释了工作中的任何特定事项或风险。一份涉及这类问题的文件对于那些后来面临专业过失索赔的专业人员来说是无价的。同样重要的是，顾问必须表明他或她没有参与就某一特定问题提供建议，尽管客户声称有过失。

案例研究 6.2

过 失 指 控

对于法务会计师来说,重要的是要意识到可能没有明显过失迹象的情况。例如,在行动前阶段,经常咨询法务会计师。一个典型的场景是房地产开发部门,在那里,英国税务与海关总署可以质疑现场人员的就业状况。

在一个案例中,一名律师要求对针对会计师的指控进行审查。客户没有在其会计师陪同下参加英国税务与海关总署举行的会议。会议附随的备忘录记录了与被视为雇员的分包商的协议。英国税务与海关总署据此发布了雇佣税评估。客户的会计师介入,达成了与英国税务与海关总署的另一个解决方案,并减少了税款支付。然后,客户对会计师提起诉讼,不是因为解决问题所做的工作,而是因为从一开始就个人的就业状况提供的建议。律师要求进行诉前审查,以帮助他们评估责任。

对会计师与客户之间的业务约定书和会计师提出的费用记录进行了审查,以考虑首先商定了哪些工作,完成了哪些工作,以及随后给出的建议。似乎没有义务就从事开发工作的个人的就业状况提供建议,也没有提供工资单服务。

在事件发生后,客户聘请会计师协助获得更有利的解决方案,这一事实展示了利用客户业务和英国税务与海关总署惯例及实践的专业顾问的知识和专业技能的影响。似乎没有针对会计师的表面上证据确凿的案件,律师也得到了相应的建议。

(四)税收过失案件中的量化问题

税务过失案件的损失额评估原则与其他案件没有区别。这是客户因过失建议而遭受的损失。除了支付给原税务顾问的费用外,还需要评估附加税(加上任何罚款和利息)的影响。在某些情况下,这可能更清楚,例如,如果在过去的时间内,与英国税务与海关总署达成了不同基础的税收结算协议。损害赔偿的计算将包括由于原过失建议而支付或节省的税款,以及最终与税务机关商定的税务结算之间的差额。

但是,如果由于和英国税务与海关总署的最终结算的影响而减少了对其他业务机会,企业也可能遭受额外的损失。这可能意味着客户将承担额外的融资和利息成本,以支付更高的意外税单,或者使用现金储备,而现金储备则不能用于其他可能会在未来产生更高的回报的投资。在极端情况下,错误的建议可能导致未来更高的意外税单,从而导致企业破产,因此需要评估损失企业的价值,以作为损害赔偿要求的一部分。表面看来简单的最终支付的税款与最初支付或节省的较低数额的税款相比,似乎可以成为对失去的商机、失去的利润甚至整个失去的企业价值的评估。

六、法务会计师介入的其他实例

会计师的过失是法务会计师可以同时在责任承担和量化问题上加以协助的事项。如果被指控的过失是由另一名专业人员所犯,则无论是代表索赔人、被告人还是作为单一联合专家,法务会计师的参与通常仅限于损害的量化。本章前面提到了可能涉及相关索赔的专业人员的范围,下面的案例研究是涉及律师事务所的一个例子。这是基于一个实际案例,首先涉及确定责任,然后是量化。这个案件经过一个多月的审理,责任和量化各用了两周的时间来确定。

案例研究 6.3

估 值 争 议

本案涉及一家私人建筑和房地产开发公司的收购。买方无法筹集足够的资金来结算约定的收购款项,因此制订了延期付款安排,约 25% 的款项已结算,75% 的款项已延期。

买方原来是一名资产剥离者,在处置了全部具有实际价值的资产并扣除从被收购公司获得的款项后,仍未能结清第一笔延期付款。卖方对其法律顾问提出诉讼,因为他们未能就与递延收益有关的担保问题向他们提出适当建议。

协议购买价格约为 800 万英镑,其中约 200 万英镑已在收购完成时结算。另 200 万英镑由不动产担保,因此针对律师的索赔是剩余的 400 万英镑款项及相关费用。虽然协议价格约为 800 万英镑,但在完成时必须对公司进行估值,因为只有实际损失才能索赔,因此如果公司的实际价值仅为 750 万英镑,则只能索赔 350 万英镑加上相关费用。

双方均委派了估值专家,代表被告的专家估值为 380 万英镑,因此认为卖方完全没有损失。代表索赔人的专家认为公司价值为 680 万英镑。双方承认,800 万英镑的协议价格不切实际,但买方从未打算全额支付给公司。卖方非常乐意接受 800 万英镑的报价,因为这比他们的会计师所说的可能收到的报价高出了约 75 万英镑。两个专家的估值都得到不动产独立估值的支持。

该案已诉诸法庭,被告的基于净资产的估值,利用金融危机后的财产价值(而完成是在此之前),在两个主要方面被驳回:没有试图考虑基于收益的估值,事后证据也不应该用于房地产估值。法院更倾向于将索赔人基于收益的估值上调,以获得剩余现金余额,同时稍微减少所用收益的倍数,得出的价值接近索赔人的法务会计师的估值。

七、专业赔偿保险公司的作用

作为成员资格和/或持有执业证书的条件,几乎所有的专业机构都要求其成员拥有专业赔偿保险(professional indemnity insurance,PII)。作为专业赔偿保险的一个条件,专业人员通常需要报告任何已经引起或可能引起保单项下潜在索赔的情况。

这意味着专业赔偿(professional indemnity,PI)保险公司在很大程度上是专业过失索赔管理背后的驱动力,如要求指定特定专业过失律师处理索赔。人们的看法是,在保险公司的支持下,专业人士将拥有雄厚的资金来支付损失。事实是,专业赔偿保险公司将评估索赔,只要他们有正当理由,就会坚决抵制寻求和解的企图。即便如此,商业现实在案件进展中也扮演着重要的角色。

案例研究 6.4

对所承担工作的审查

这涉及公司清算人对董事提起的诉讼,根据 2006 年《公司法》之前实施的制度,其法律顾问和审计师购买其自有股份遵循提供金融援助的粉饰程序。该案围绕着什么是"金融援助",董事会和法律顾问采取的措施,以及审计师为确定董事会采取措施的适宜性而采取的工作是否适当等问题展开。在案件通过调解解决后,但在法务会计师被指派审查审计人员的工作之前,财务咨询问题从未受到质疑。

这项工作表明,审计师已经完成所寄予期望的一切,他们没有任何过错。审计师希望在庭审中对诉讼进行辩护,但他们的专业赔偿保险公司,以及法律顾问和董事的保险公司认为,辩护索赔的成本将大大高于促成调解和解的成本。任何一方均不承担责任,清算人只是要回了他们在提起诉讼时所承担的法律费用。

这个案子对审计师、法律顾问和董事们都是严苛的,但这表明 PI 保险公司可能对他们所保险的企业和个人有着非常不同的影响。

八、本章小结

专业过失是指专业人员从事的工作不符合具有该专业技能和专门知识的人的预期

标准。重要的是要确定相关专业人员是否对客户负有注意义务。确定专业人员从事的工作范围，以及专业人员在多大程度上识别该范围也是至关重要的。

法务会计师协助评估因会计人员的专业过失和责任所引起的量化问题。许多案例归结为委托书上说的专业人员将要做的事情与实际做的事情相比。法务会计师可以洞察完成商定的工作范围需要哪些技能组合。

对于非专业执业会计师来说，跟上他们期望遵守的所有监管发展可能是一个挑战。客户的期望是会计师就是会计师，必须知道所有的规章制度。实际上，对于所有会计师来说，一个关键的挑战是认识到他们是否能在某个特定领域提供建议，或者是否应该由其他具有专业技能的人提供建议。在这一点上，过失行为经常发生，即专业人员未能认识到他或她的技能、知识、专长或经验的局限性。

当给出的审计意见不是本应给出的审计意见时就发生了审计过失。法务会计师在审计过失案件中的工作涉及评估被告审计师的档案，评估是否违反国际审计准则和相关监管要求，以及是否与会计师在类似情况下面临类似业务时的实际工作相违背。在审计过失案件中，理解测试以解决特定风险领域以及了解测试结果应如何看待，是很重要的。这不仅仅是一个审计条例是否适用的问题，更是所做的工作是否符合审计任务的一般经验的问题。

评估一名审计师的责任是很困难的，更不用说考虑不恰当的审计意见会导致哪些直接损失和间接损失。在英国，重要的是在审计过失案件中表明公司整体遭受了损失。

对会计师来说，税收是一个风险更大的领域。税务过失案例可以是不遵守法规或不了解专业问题。同时提交的文件说明和工作文件非常重要，说明了顾问在特定税务问题上的方法和想法。税务过失案件的损失评估原则与其他案件没有区别。

法务会计师经常受理涉及非会计专业人员的案件，该类案件只注重损害赔偿的量化，这与法务会计师经常被要求考虑责任问题的会计师的索赔案件形成鲜明的对比。

PI保险公司在很大程度上是专业过失索赔管理的推动者。如果索赔是可以辩护的，PI保险公司将坚决抵制寻求和解的企图，但商业现实也将发挥作用。

第七章
估 值

布瑞恩·斯彭斯
克里斯托弗·哈彻

一、引言
二、价值的概念
三、一般估值原则
四、估值方法
五、本章小结

学习目标

在本章中,我们将研究有限公司的估值、其他业务结构及其利益。本章旨在让读者理解:

- 价值概念。
- 一般估值原则。
- 估值方法。

一、引言

对企业进行估值更像是一门艺术,而不像是一门科学,因为价值是一种意见表达。事实上,有人说,股票的价值是可以据理力争的,因此通常更恰当的做法是将股票的价值表述为在一个价值范围内,而不是指定的一个精确数字。毕竟,估值师通常不是交易当事人,也没有能力达成协议并因此决定价格。因此,估值师应向双方或可能需要估价的其他人提供一系列价值,在这些价值范围内,根据其专业意见,可能会达成交易。

如果买方、卖方、法院或其他机构依赖估价,他们希望得到保证,即估值师的意见是在经过深思熟虑和事实的基础上理性地达成的。然而,一些评估师采取了算术和非常刻板的方法,这可能导致相关问题被忽视了。

二、价值的概念

(一) 价值概念分类

价值有几个不同的概念,包括:
(1) 账面价值。
(2) 重置价值。
(3) 所有者价值。
(4) 市场价值。
(5) 遇险价值。
(6) 公允价值。
实例7.1应该有助于区分这些概念。

 实例7.1

乔 的 汽 车

乔驾驶同一辆汽车已经11年了。他平均每年行驶11 000英里,并使汽车保持良好的工作状态。他购车支付了15 000英镑。如果他今天换同一款汽车的话,他将支付24 000英镑。汽车价格指南显示他的汽车目前价值只有1 000英镑。

这辆车对乔（其业主估价员）来说，其价值可能介于价格指南建议的 1 000 英镑的市场价值和他为此支付的 15 000 英镑的成本之间。乔将必须用 24 000 英镑来换一辆全新的汽车——替换为新的价值。找到买家，选择和安排替换，以及改变保险都会给他带来不便。如果这是一辆企业拥有的车辆，很可能会有一个"账面"或"净账面"价值——稍后将会对此有更详细的讨论。

可悲的是，乔报废汽车后，情况发生了变化。现在他不能卖这辆车，不能用它，他必须和他的保险公司谈判。他的保险公司告诉他汽车的价值是 800 英镑，并支付给了他。这是市场价值还是贴现的市场价值——贴现是因为他处于一个弱势的谈判地位，接近遇险价值？如果他在事故发生前卖掉，他得到的会超过 800 英镑吗？如果没有损坏，他可能会以 1 200 英镑找到一个买家。他知道这一点，因为他过去经常开车经过一个车库，那里有一辆标价相同的汽车在展出——但却花了六个月时间才卖出。双方都应该满意的价值在 800~1 200 英镑（可能是 1 000 英镑）——这是一个潜在的公允价值（详见下文）。

~~~~~~

这说明有不止一种方法来看待价值，任何东西的价值都取决于时间、买方和卖方各自的需求，以及所出售资产的状况。在每一笔商业交易中，双方心里都有一个自己的价格。如果卖方的可接受价格等于买方的可接受价格，则达成交易。在没有实际交易的情况下，估值技巧就是找到共同点。

如果商品有现成的市场，通常可以在不太困难的情况下确定价格。举例来说，以住宅房地产市场为例，其中最能反映房地产价值的指标是同一地点的类似房地产最近售出的价格。如果买方发现要求的价格太高，他或她可以寻找一个更便宜的供应商。

市场力量将调节价格，使任何差异通常很小或发生在不同的时间段。如果买方找不到更低的价格，他或她将被迫以卖方的要价购买。如果一个买家确实找到了一个更低的价格，第一个卖家会发现他或她销售的更少，并且必须降低价格来促进销售。这就是开放市场的机制。但是，如果没有市场呢？如果一个估值师被要求对一个不打算出售，也没有买家敲门的企业进行估值，那该怎么办？这种情况经常发生——如必须对配偶的私人公司或企业进行估值的离婚案件，需要对本年度或以前年度的股份进行估值的税收案件。出于财政（税收）目的的估价不同于商业估价，因为税收估价在很大程度上取决于自 19 世纪以来发展起来的判例法；这种估价需要了解相关判例法。在这种情况下，估值师被迫假设存在一个开放的市场，买方和卖方将运用预期合理人试图促成交易的知识与理性来达成交易——这是"假设的公开市场价值"——一个由判例法发展而来的概念，其中大部分涉及税务评估。

假设的公开市场价值被用于对许多私营企业的估值，如由于私人公司限制其股份转让，或已开始的离婚法律程序。事实上，很可能没有立即或可预见的实际销售。

（二）公允价值

现在是一个更仔细地审视"公允价值"概念的好时机。这通常出现在股东协议或公司章程中，例如："审计师应计算股票的公允价值……"。[1]

实例 7.2

股票公允价值举例

一家公司已发行股本为 90 股的普通股，每股 1 英镑，由弗雷德·史密斯、乔·布洛格斯和约翰平均持有。没有一个股东真在公司工作：他们只是投资者。约翰决定出售自己的股票。如果他向弗雷德出售 15 股，向乔出售 15 股，由于没有人控制，可能会出现对峙，但如果约翰只向弗雷德出售，那么弗雷德将拥有 60 股股份和控制权。为了了解选择对约翰股票价值的影响，让我们提出一些可能的数值。

假设公司全部价值为 120 000 英镑——即其"整体"价值。如果所有 90 股股票都有买家，公司将以 120 000 万英镑的价格出售。每份 30 股股票按比例计算为 40 000 英镑（120 000 英镑除以 3）。这个值几乎没有实际意义。

如果约翰想卖给一个局外人，如果允许的话，他将按股份的等比价值折价销售，因为他没有控制权，买方也不会在他无法控制公司事务时支付全部等比价值。买方要求采用折扣（比如这个例子中的 60%）。约翰可能希望得到 40 000 英镑，但更可能的是，他只得到 16 000 英镑（40 000 英镑减去 60%）。这对他们每个人来说都是一样的——作为一个小股东，他们不太可能在假设的公开市场基础上获得超过 16 000 英镑。一个局外人不会为私人公司的少数股权支付全部价值。

然而，如果约翰不是卖给局外人，而是卖给弗雷德，如果乔不愿收购约翰的任何股份，那么弗雷德将获得控制权：他将拥有总计 90 股中的 60 股——66% 的股份。持有该公司 66% 的控股股权可能会带来更小的折扣（例如，本例中的折扣为 20%）。因此，弗雷德的新持股价值约为 63 360 英镑（120 000 英镑×66%减去 20%）。通过收购约翰的 30 股股份，弗雷德的股份增加了一倍，并且获得了公司的控制权，他的股份价值将从 16 000 英镑上升到 63 360 英镑。他拥有的股票数量增加了一倍，投资价值增加了两倍多，而约翰的无影响力的股份将获得超过 16 000 英镑的收益。所以买卖双方都应该高兴。

---

[1] 在这种情况下，"公允价值"一词的使用不一定等同于会计准则中的概念。

公允价值的概念力求将弗雷德的部分增值分摊给出售股东约翰。毕竟，约翰被认为是一个理性的人。他将意识到，通过向弗雷德出售自己的股份，弗雷德获得了控制权并导致较小的折扣，而"绝对"控制权则带来了溢价。在现实中，对最终支付价格的谈判不可避免。

三、一般估值原则

虽然涉及的是公司和股票估值，但应用的一些估值方法同样可用于对合伙企业或个体户进行估值。然而，为了方便起见，将探讨公司或股票价值，且具体而言，将探讨非上市股票（未在认可证券交易所上市的股票），因为这类股票将具有现成的市场价值，在正常情况下不需要单独估值。

当对私人股份有限公司进行估值时，必须牢记股份是什么。股份是"一揽子权利"，你在一家特定公司拥有的股份越多，你拥有的权利就越多。你拥有的权利越多，你就越能控制公司的行为、经营方式和股息发放。这些权利通常在股东协议、公司章程或公司法中规定，任何估值开始时的一项重要任务都是获取、阅读和理解与股东出售其股份有关的规定。

假设一家公司发行了 100 股普通股。如果有人拥有超过 75 股的股份，他们就拥有对公司的绝对控制权。他们可以任命和解雇董事，设定股息，最重要的是，可以通过特别决议，解散公司，而不必担心受到质疑，当然，根据 2006 年《公司法》第 994 节，这将受不公平偏见申诉的约束。如果有人持有 50 股以上的股份，他们有控制权，但没有其他股东的支持，他们不能通过特别决议。如果他们持有 25～50 股，他们被称为"有影响力的少数股东"。他们可以阻止一项特别决议。如果他们的股份少于 25 股，他们就是"无影响力的少数股东"。

控制是估值的核心——控制得越多，股票的相对价值就越大。换言之，如果你没有绝对的控制权，预期你的利益会打折扣。尽管如此，最近的一些离婚案件表明，法院准备不考虑折扣，将公平原则应用于配偶少数股权的估价。

一些估值包含所谓的"控制溢价"，如果收购这些股份的结果是为股东提供对公司的控制权，则会增加股份或大宗股份的附加价值。从上面可以看出，事实上控制水平是不同的。

虽然不可能提供实践中可能需要的每种估值的示例，然而本章中的案例研究可能有助于理解这一过程。

四、估值方法

这里有几种方法用来评价私营企业。最常见的是：
(1) 未来可维持收益。
(2) 净资产。
(3) 贴现现金流量。
(4) 股息收益率。

前三种方法通常用于股息收益法不适用的对控股权益、公司全部股本或少数股权进行估值。后一种通常仅限于在可以采用这种方法的情况下对少数股权进行估值；这通常需要支付股息的历史记录。

如果需要对单个股权进行估价，则估价人需要在选择上述方法中的一种或一种组合之前，考虑股权带给所有者的权利。审查公司章程和股东协议是很重要的。在理想状态下，两种或两种以上的方法会产生相似的估值，但情况并非总是如此。

还有一些专门用于特定业务类型的方法：
(1) 经常性总费用乘以乘数——有时用于会计师、律师和测量师等专业服务公司。
(2) 场地费——用于度假别墅和大篷车公园，市场场地费乘以可用场地（场地）的数量。
(3) 房价——适用于以每个房间的市场价格乘以房间数量的酒店。

评估师需要了解当前的做法以及市场利率的趋势。在进一步讨论这些方法之前，对以下术语的简要解释可能是有用的。
(1) 资本化系数或乘数：与收益相乘的系数，得出这些收益的资本价值。
(2) 参照公司：与被评估公司紧密相关的公司。
(3) 收益增长：预期收益每年增长的比率。
(4) EBIT：息税前利润。
(5) EBITDA：息税、折旧和摊销前利润。
(6) 整体价值：被估值公司全部已发行股本的价值。
(7) 未来可维持收益（future maintainable earnings，FME）：买方期望能持续到未来的收益价值。
(8) 市盈率（P/E ratio）：证券交易所的股票报价除以每股收益（earning per share，EPS）。例如，发行了 1 000 股股票，公司的收益为 500 000 英镑。每股收益为 500 英镑。如果股票报价为 2 000 英镑，则市盈率为 4，即 2 000 英镑除以 500 英镑。

(一)计算未来可维持收益的方法

未来可维持收益(FME)方法旨在确定公司在可预见的未来能够维持的收益金额。然后,以该金额乘以一个代表未来几年收入的因子就是买方可以考虑购买的价值,换言之,购买者正在考虑其收益将偿还原始投资的期限。该因子通常被称为市盈率(价格/收益)、资本化系数或乘数。

历史上,以税后利润确定该收益;然而,最近对收益法的修改是使用息税前利润(利息和所得税前利润)和息税、折旧及摊销前利润(利息、所得税、折旧及摊销前利润)。前者实际上忽略了企业的融资方式,而后者则试图确定接近其净现金流的企业核心交易利润。息税前利润和息税、折旧及摊销前利润可能并不总是评估小企业的合适方法,因为这些企业的购买者对税后可分配利润感兴趣。然而,有理由将其应用于大型私人公司,尤其是那些被其他公司收购的对税前交易利润和现金流的概念更为看重的公司。收购控制权的大公司将拥有自己的税收结构、融资安排和会计政策,一旦收购,这些政策将适用于目标公司。因此,在这种情况下,税后利润可能不是最重要的。

在使用税后利润、息税前利润,或息税、折旧及摊销前利润方法时,通常会对报告利润进行调整,以消除任何异常交易,并承认这一事实,即在私人公司中,管理层和员工报酬可能不等同于由非家庭成员管理和经营的公司。此外,私人公司的董事股东也可以通过股息的方式获得报酬,以节省目前不适用于股息的国民保险税。有时,企业经历了环境变化——一次性大批量销售、产品技术的转变或大型细分市场的消失。在计算可维持收益时,需要确定并考虑这些变化。

根据经验,基于收益的方法应在以下情况下优先使用:
(1)该公司是一家持续经营的公司,并且可能会继续经营下去。
(2)最近有盈利。
(3)如果在公开市场上估值,公司的资产将超过未来交易利润现金流的现值,从这个意义上说,公司的资产并不丰富。

调整后的过去利润,特别是最近一年的利润,通常被认为是估计未来盈利能力的合理基础。然而,应该强调的是,如果确实有任何预测可能的话,过去不一定是预测未来的可靠基础。这一点尤其适用于损益不同的情况。应认真小心。

股票估值的黄金法则是估算为未来收益支付的价格。买方获得企业未来的潜在利润,过去的利润可能无法反映未来的情况。在通常情况下,估值师依赖于算术推导从过去利润中得出未来收益,而没有充分考虑未来可能发生的情况。小型企业的收购者对目标公司的盈利增长潜力感兴趣。购买股票的个人希望得到保证,未来几年在他们的管理下会有税后利润,从中他们可以获得股息。利润预测可以起到帮助作用,但很少有小企业定期编制利润预测。预测（如有）需要进行严格评估——是否采用与法定财务报表相同的会计政策进行编制？过去的预测是否可靠？它们所基于的假设是否有效？等等。在看待预测时，尤其是当股票或公司即将出售时，需要保持一定程度的怀疑。

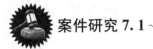

案件研究 7.1

婚姻诉讼估值

本例为刚刚成立的公司以 33.33% 的权益进行估值，用于婚姻诉讼。公司还有另外两个享有平等股东权的股东，他们与被估值的权益持有人一起，全职工作。唯一完成的财务报表的净资产为 600 000 英镑，包括 20 000 英镑的超额坏账准备。税前利润为 180 000 英镑，扣除董事薪酬后仅为 30 000 英镑（因为董事主要通过其持有的股份以股息的形式获得"报酬"），一次性支出为 15 000 英镑。已确认剩余现金余额为 150 000 英镑。资产净值（net asset value，NAV）可通过将超额坏账准备（20 000 英镑）加上资产的账面净值（600 000 英镑）得出，为 620 000 英镑。

计算未来可维持收益价值（future maintainable earnings value，FMEV）需要获得调整后的利润。在缺乏预测、预计等情况下，决定只考虑最新的可用财务信息。基于税后利润的估值被认为是最合适的。三名名义董事/管理层薪酬为 165 000 英镑，包括雇主的国民保险税。所得税前调整利润见表 7.1。调整后的税前利润应进行纳税调整（假设为 20%），其税后利润为 64 000 英镑（80 000 英镑－16 000 英镑）。

相关指数表明，约 8.0 的倍数是合适的，结果未来可维持收益价值为 512 000 万英镑（64 000 英镑 × 8.0 英镑），应增加 150 000 英镑的剩余现金余额，产生约 662 000 英镑的价值。综上所述，资产净值为 620 000 英镑，而经盈余资产调整后的未来可维持收益价值为 662 000 英镑。两者之间的差异可以解释为商誉。

表 7.1　调整后的税前利润

报告的税前利润	180 000.00
加：	
超额坏账准备	20 000.00
一次性支出	15 000.00
	215 000.00
减：	
董事/管理层薪酬调整	
（£165 000－£30 000）＝（£135 000）	－135 000.00
调整后的税前利润	£ 80 000.00

假设 660 000 英镑被认为是整个公司的适当价值，33.33% 的利益可以简单地作为三

分之一计算，即 220 000 英镑。然而，这是基于准合伙的假设，没有适用少数股权折扣。如果采用了折扣，并且50%被认为是适当的水平，则利益将降至 110 000 英镑。

1. 利润的真实水平

评估师必须掌握企业的真实利润水平，由于不寻常的会计政策或一次性收入或支出，真实利润可能不同于损益表中所显示的金额。因此，需要对会计政策进行严格评估：股票的价值如何，股票减记是否有效，或者它们只是隐藏利润的手段？是否确认了坏账和呆账？是否有足够的准备金？企业环境有变化吗？这些因素会影响盈利能力，而决定其价值的往往是企业的盈利能力。买方通常希望使用自己的会计政策来重新表述目标公司的业绩，以帮助确定目标公司的报价。

在得出未来可维持收益值时，许多评估人员对公司的结果进行加权。例如，在没有可用预测的情况下，评估师可以将过去三个财政年度的加权平均数视为可维持收益的最佳指标，最近一年的权重为3，最早减到1。

2. 市盈率或资本化系数/乘数的选择

毫无疑问，这是私人公司估值师面临的最大困难。与上市公司不同，很少有可靠的指数能够记录私人公司股票销售的调整后利润和资本化系数，仅仅因为它们是私人的。

选择资本化系数的传统方法是查看业务运营所在地的相关部门的富时指数。寻找一家似乎最接近私人公司的公共有限公司，并在尽可能接近估值日的日期选择其市盈率。对所选比率进行更详细的检查（例如，通过考虑《投资者年鉴》中的报告），以确定影响市盈率的任何特殊因素——收购其他业务、财务报表中的特殊项目等。然后，对所选市盈率打折，以反映被估值公司的规模，以及私人公司股票没有现成市场的事实。25%及以上的折扣并不罕见。

这种"参照公共有限公司"方法的问题在于，通常很难找到真正具有可比性的公共有限公司：公共有限公司通常是具有全国或国际影响力的大型公司、企业集团，或具有多元化产品系列和成熟的管理团队的公司。相比之下，私人公司通常由同一人拥有和管理，有一个本地市场和一个或两个产品或服务。他们通常是"生活方式"型公司——本质上更多的是一份工作，而不是一个可销售的企业。这并不是说这种方法不应用于私人公司的估值，私人企业估值师可以通过多种渠道（有时是收费渠道）找到适用于收益的适当资本化系数或"乘数"，包括：

（1）PCPI——德豪（BDO）私人公司价格指数。

(2) BVB 见解——经营评价基准有限公司公布的数据和分析。

(3) SMEVI——英国 200 集团中小型企业估值指数。

(4) PERDa——前沿联盟的市盈率数据库。

当从这些信息来源中选择乘数时需要谨慎,因为:

(1) 每个指数可以使用不同的收益来源——息税、折旧及摊销前利润;税前利润;税后利润;息税前利润等。

(2) 使用的收益可能与实体财务报表中的报告一致,未必反映了估值师可能对报告利润作出的调整。

(3) 没有提供有关未来收益或收益增长的信息。

(4) 多半没有提供有关已包含在索引中的公司的信息。

毫不奇怪,基于这些指数的估值可能会受到质疑,理由是这些指数不接受审查;然而,考虑收益率可能有帮助。15%的税前收益率(可能被认为适合盈利的中型公司)相当于 6.67 的税前乘数和 8.33 的税后乘数。20%的收益率导致税前乘数为 5.0,税后乘数为 6.25;对于小规模或高风险企业,通常采用 25%的收益率,其税前乘数为 4.0,税后乘数为 5.0。

有时根据预期回报率进行估值可能是合适的。买家可能知道,投资安全的资本债券可以获得 5%的回报。预计私人企业投资的回报率会更高,比如说 15%。因此,税后收入为 15 万英镑的公司价值为 100 万英镑:15 万英镑除以 15,再乘以 100。

在决定乘数时,对企业进行 SWOT 分析通常很有帮助——其优势、劣势、机会和威胁——买方无疑会考虑这些。小企业资本化系数通常在税后利润的 2~10 倍范围内,而对于大公司来说,"10+"更为常见。

归根结底,资本化系数的选择是一个专业判断问题。因此,上述内容应仅视为指导。重要的是,用于估值计算的收益和收益倍数具有相同的基础。例如,税前收入应使用税前乘数,而税后收入应使用税后乘数。这将在案例研究 7.2 加以说明。

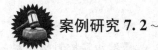
案例研究 7.2

中型私人公司

本案例研究的是一家中等规模的私人公司,两个各占 50%股份的股东发生争论,其中一个想辞去董事职务并出售其股份。股东协议规定,对成员按比例进行估值时,不应使用折扣或溢价。已收到对全部股本进行估值的指示。这是一个真实的估价和争议案例,其中的细节已因客户保密而更改。

在这种情况下,估值师必须考虑"准合伙人关系"的概念,该概念是在埃布拉希米诉韦斯特伯恩画廊有限公司案([1973] AC 360,[1972] All ER 492,[1972] 2 WLR 1289)中确立的。从本质上讲,本案考虑的情况是,公司的经营是为了全体成员的利益，而不是为个别股东。通常，但并非总是如此，这类公司起源于一个预先存在的合伙企业，其利润按照合伙协议中规定的比例（或在没有协议的情况下平均分配），没有因缺乏控制而折价，也没有控制合伙企业股权的溢价。因此，如果准合伙企业被认为存在，则个人持有的股份按发行总股份价值（"整体价值"）的比例进行估值，无折扣或溢价。

这一概念对法院来说是一个法律问题，而法务会计专家不必就公司是否是准合伙人发表意见。但是，专家应在公司作为准合伙人和公司不是准合伙人这两个基础上提供估价以协助法院。

回到案例研究中，该公司为建筑行业提供设备，过去五年营业额和利润持续增长。该公司经营的物业目前归公司所有，其中一部分出租给其他企业。留存股东将亲自购买该物业并将其出租给公司。

评估的依据有两种：息税折旧摊销前利润（见表 7.3）和息税前利润（见表 7.4）。第一步是为每种方法建立适用的市盈率/资本化系数。

（1）市盈率/资本化系数的选择

201×年2月28日，公司经营所在行业的富时指数子行业市盈率为 −7.66，与 201W 年2月28日 −9.63 的市盈率相比没有显著变化。这一子部门的市盈率由于一个或多个亏损公司而明显倾向于负数。将这一子部门比率用于估价是错误的。

201×年2月28日，伦敦股票交易所替代投资市场（AIM）的同行业上市公司的市盈率为：

$$
\begin{array}{ll}
\text{ABC 有限公司} & 7.49 \\
\text{DEF 有限公司} & -37.91 \\
\text{GHI 有限公司} & 6.63
\end{array}
$$

该指数再次受到一家亏损公司的扭曲。然而，这两个正比率比较相似。因此，为了便于说明，选择了 7.1 的平均值。

由于市盈率是以公开市场上出售的小股为基础的，因此向下调整所选市盈率是合理的，以反映私营公司没有公开市场的事实，同时向上调整以解释附加到控制性权益上而不是小股上的溢价（控制性溢价）。这些调整的幅度取决于交易的具体情况。请注意，虽然只有 50% 的股份被出售，但买方将获得 100% 的控制权。

在上述基础上，计算 100% 股份出售的市盈率为 7.5，即

$$7.1 \times 75\% \times 1.4 = 7.5$$

作为 ABC 公司和 GHI 公司的平均市盈率，减去 10% 到 25% 的折扣（比如 25%）加上 40% 的控制溢价。

通常，上市公司公布的市盈率基于税后利润。因此，应将计算得出的 7.5 的市

盈率转换为税前比率，以便进行同类事物的相互比较。假设实际税率[1]为18%，相应的税前市盈率将为6.15，即税前目标市盈率。如果市盈率与私营企业各种指数所报的市盈率相似，则将对我们选择市盈率产生重大影响。私人公司市盈率如表7.2所示。

表7.2 可比收益乘数

来源	息税前利润乘数	税息、折旧及摊销前利润乘数
UK 200		6.1
BDO PCPI		9.5
BVB		7.0
PERDa	7.0	

对于息税、折旧及摊销前利润乘数，上述指数中所含公司的调查表明，它们的营业额和利润比案例研究公司高出许多。上述息税、折旧及摊销前利润乘数的平均值为7.5，将其降低以反映案例研究公司规模较小的情况，比如说5。

选择乘数6作为合理和谨慎的资本化系数，用于调整后的息税前利润。作为对比，15%的税前利润率转化为6.7的息税前市盈率，即15%的倒数——100除以15。这是在调整后的目标市盈率6.15和PERDa报告的息税后利润市盈率7之间的范围。

(2) 估值计算

表7.3 用于估值的息税、折旧和摊销前利润调整

	2016	
	英镑	英镑
每个账户的税前利润		1 727 997.00
加回：		
利息	54 593.00	
折旧	259 402.00	
摊销	210.00	
		314 205.00

---

[1] "实际税率"是指公司税的实际费用占账户报告利润的百分比。

	2016	
	英镑	英镑
估值调整：		
租金收入	−96 682.00	
留存股东租金	−250 000.00	
		−346 682.00
克罗纳董事薪酬，包括 NIC	−126 318.00	
董事薪酬＋每个账户的 NIC	316 000.00	
		189 682.00
非经常性法律费用*	70 000.00	
非经常性物业费用*	21 414.00	
		91 414.00
调整后的息税、折旧和摊销前利润		1 976 616.00

(续表)

*这些是公司向留存股东转让房产所产生的费用。这些费用不会在未来发生，因为房产将归个人所有。

将5乘数乘以调整后的息税、折旧和摊销前利润1 976 616英镑，得出9 883 080英镑的估值。

表7.4 用于估值的息税前利润调整

	2016	
	英镑	英镑
每个账户的税前利润		1 727 997.00
应付利息		54 593.00
调整：		
应付租金	−250 000.00	
应收租金损失	−96 682.00	
董事报酬	189 682.00	
非经常性姓项目：		
法律及专家费用	70 000.00	
物业费用	21 414.00	
		−65 586.00
调整后的息税前利润		£ 1 717 004.00

如上文所述，6可以看作是息税前利润合理和谨慎的乘数。根据上述数字，基于息税前利润的估值为10 302 024英镑（1 717 004英镑乘以6）。因此，整个股本的估值似乎在990万英镑和1 030万英镑之间，比如说1 000万英镑。

作为最后一道检查，审慎的估值师将确保净资产价值（净值）不超过收益估值。资产净值包括按当前价估值的房产是440万英镑，因此收益估值是首选。最终，双方同意对整个公司的估价为1 100万英镑。

（二）净资产法

净资产法忽略了企业可能产生的未来现金流。取而代之的是，这种方法以下两者中的一个为基础，在给定日期以资产减去负债对企业进行估值：(1) 分拆或强制出售基础，其假设资产必须出售；(2) 持续经营基础，其假定资产不会被出售，但要在公开市场的基础上，在有意愿的买方和有意愿的卖方之间进行估价。净资产法通常适用于：

(1) 该公司不是一家持续经营的公司，可能会被清盘，其资产会被零星出售。

(2) 该公司是一家持续经营的公司，但资产充裕——其净资产的现值超过其交易产生的未来现金流的现值。房地产投资或开发公司就是与这种方法特别相关的典型。审查当地租金收益率通常有助于估价。

(3) 已发生损失，导致未来可维持收益无法可靠地量化。

如果寻求持续经营价值，应将已公布财务报表中资产的账面净值替换为其当前市场价值。这可能是非常重要的，如房地产资产按成本或者更早的估价计入。

（三）贴现现金流法（DCF）

贴现现金流法（discounted cash flow method，DCF）实际上将企业未来的现金流视为最重要的，顾名思义，对这些现金流应采用折扣，以反映他们将在未来收到。因此，该理论是合理的，但在应用这种估值技术时，还面临着一些实际问题。

贴现现金流法通常只用于大公司，因为许多小公司没有预测现金流可以加以考虑。即使一家公司有时在未来的许多年里可能会有这样的预测，这些预测有多可靠？估值需要一定程度的专业判断，而不仅仅是数字游戏。要用到的贴现率的选择增加了这种方法的复杂性。虽然贴现现金流法有其支持者，但有些估值师不愿意将其视为可行的选择，他们认为还有更合适的方法。

（四）股息收益率法

股息收益率法通常用于对少数股权进行估值。由于缺乏控制，少数股东通常不能够领导企业事务；只有依靠股息作为回报。然而，股息由董事会决定，少数股东通常无权任命董事或影响其决定。

股息收益率法的难点在于私营公司不必努力维持股息的上升趋势。从历史上看，有些公司多年来不支付股息。而最近，股息更受青睐，主要是出于税收原因，作为业主经理的报酬形式。所支付的股息与其说是投资回报，不如说是对公司管理服务的报酬的合理避税。因此，在实践中可以使用股息收益率的场合往往是有限的。

1. 企业价值

企业价值的概念源于这样一个事实，即过分依赖于孤立的收益，可能无法提供适当的价值。假设两家公司过去的盈利和未来的预期收益相同。一家公司将其所有利润作为股息分配，另一家公司则在企业中保留大量利润。前者负债净额为 1 万英镑，后者净资产为 100 万英镑。在纯盈利的基础上，两家公司的估值可能是相同的。采用企业价值法应确保后者的净资产得到更高的价值。

2. 盈余资产

盈余资产的概念在许多方面与企业价值相同。假设两家公司过去的盈利和未来的预期收益相同。前者的现金余额为 50 万英镑，其中 20 万英镑超出公司的正常现金流要求；后者没有此类盈余资金。在纯盈利的基础上，两家公司的估值相同，这是可行的，但其中一家有多余的现金可以用于其他用途，而估值相同，这似乎又不合逻辑。因此，对盈余资产的调整似乎是合乎逻辑的。

3. 少数股权折价

如果要估值的权益是少数权益，即低于 50%，则对整体价值应用折扣以反映缺乏控制可能是适当的。折扣的应用是专业判断的问题，根据估值的性质，可以从英国海关与税务总署、《85 号规则》或家庭律师协会的《家庭律师一览指南》获得大致指导。

HMRC 之前在其手册中提供了在正常活动过程中可接受的不同利息规模的折扣指南。《85 号规则》同样非常简单，因为折扣率是从 85 中扣除股份/利息价值的结果。家庭法律师协会的表格提供了一系列不同利息规模和不同税后利润水平的系数，从中可以获得折扣。这些都不能提供明确的指导，但可以作为评估考虑的起点。

最后，少数股东权益折扣不见得总是适当的，因为案例法引入了准合伙的概念，即企业，即使是有限公司，也更多地以合伙的方式经营。例如，一家公司，由三个各占 33.33％的同等股份组成，其决策是基于集体协议。如果法院判定存在准合伙方案，少数折扣可能会受到限制或完全取消。

五、本章小结

估值不是一门精确的科学，单独计算过去的结果往往是不够的，因为专业判断是最重要的。估值专家之间关于股票价值的分歧最常见的原因是：

(1) 未来收益的计算。
(2) 使用的资本化（P/E）系数或乘数。
(3) 应适用于整体价值的折扣（如有）。

理智和妥协可以解决任何僵局；然而，法院参与其中并非没有失例。由于需要专业判断，因此很少有正确的评估答案；这就是为什么数值的范围往往比绝对值更合适的原因。

第八章

审计和财务报告

比-利恩·丘

一、引言
二、什么是财务报告
三、什么是审计
四、财务报告如何与审计联系在一起
五、审计师的职责、权利和义务
六、法务会计师如何介入
七、审计过失
八、财务报告过程中的问题
九、法务会计师的工作
十、本章小结

学习目标

本章旨在让读者理解：

- 英国的财务报告和审计要求。
- 专业背景。
- 财务报告和审计要求如何相互作用。
- 法务会计师如何应对这种互动带来的挑战。

一、引言

在过去的二十年里，全球范围的公司倒闭使得审计行业受到严密的审查，对审计师的诉讼日益增多。此类诉讼的一个共同点是，审计师未能识别错误或误导的财务报告，从而导致利益相关者的损失。本章探讨了这一趋势，以及法务会计师在这一背景下所扮演的角色。

本章首先简要概述英国的财务报告和审计要求及其相互作用，以提供一个背景框架，然后探讨法务会计师如何发挥作用，解决由这种互动产生的一些更具挑战性的问题。在本章中，我们不会详细介绍舞弊，因为它在第四章和第五章中已有介绍。

二、什么是财务报告

简而言之，财务报告是一个编制报表的过程，该报表向不同的利益相关者披露一个实体的财务状况，利益相关者的范围涵盖从管理层到投资者，再到政府组织。关于财务报告编制的规则因国家而异，编制的规则涵盖了计量基础、法律和通常旨在帮助财务报告的读者形成经济判断的披露要求。

在英国，财务报告准则被称为公认会计准则（GAAP），由财务报告理事会（FRC）制定，其应用是强制性的。此外，财务报告理事会认识到，特定行业部门可能需要更详细的指导，该指导以操作规程建议声明（statements of recommended practice，SORPs）的形式，由行业或部门的适当机构编制并提供。以公认会计原则为基础制定专门标准的部门，包括银行、保险、教育、慈善和社会住房部门。英国各实体可选择根据英国公认会计准则或欧盟通过的《国际财务报告准则》（IFRS）[1] 编制财务报告，但其证券在受监管市场交易的公司除外，这些公司必须依据欧盟采用的国际财务报告准则编制财务报告。

英国的所有公司和有限责任合伙企业（limited liability partnerships，LLPs）必须每年向公司注册处提交财务报告（年度报表）。这些年度报表的格式和内容必须遵守

---

[1] 国际财务报告准则包括国际会计准则委员会发布（或采用）的标准和解释。它们包括国际财务报告准则、国际会计准则和国际财务报告准则解释委员会或前常设解释委员会制定的解释。欧盟采用的国际财务报告准则是指根据欧盟第 1606/2002 号条例在欧盟范围采用的国际财务报告准则。

适用的会计准则以及 2006 年《公司法》[1]中规定的法定披露要求。"会计期间"是指报表的编制期间，对于年度会计，"会计期间"一般为 12 个月，最多可以变更为 18 个月。在英国，不要求在特定的日期编制年度报表。[2]

格式和披露要求因实体而异，小型和微型实体可获得格式和披露豁免，在编写之日的相关临界值[3]如表 8.1 所示。这些临界值定期增加，本章所列的临界值仅适用于 2016 年 1 月 1 日或之后开始的"会计期间"。

表 8.1　适用于格式和信息披露豁免的公司规模临界值

规模	营业额	总资产	员工数量
微型实体	£632 000.00	£316 000.00	10
小型实体	£10 200 000.00	£5 100 000.00	50

在撰写之日，英国公认会计准则包括六个标准：

财务报告准则第 100 号（FRS100）：财务报告要求的适用。

财务报告准则第 101 号（FRS101）：当集团母公司根据欧盟采用的国际财务报告准则编制公开的合并财务报告时，英国子公司减少披露的框架。

财务报告准则第 102 号（FRS102）：适用于英国和爱尔兰共和国的财务报告标准，包括仅适用于小型实体的 A 部分。

财务报告准则第 103 号（FRS103）：保险合同。

财务报告准则第 104 号（FRS104）：中期财务报告。

财务报告准则第 105 号（FRS105）：适用于微型实体的财务报告准则。

表 8.2 总结了英国公认会计准则制度下不同规模实体可适用的会计标准。董事会负责在规定的会计准则框架内确定最适当的会计处理方法。

此处详述的会计框架仅适用于 2015 年 1 月 1 日或之后开始的会计期间，由于财务报告是对历史事件的描述，因此值得注意的是，法务会计师开展的大量工作很可能需要采用旧的英国公认会计准则报告制度，其详情载于财务报告理事会的网站上。[4]

---

[1] 其中包括《2008 年大中型公司和集团（账目和报告）条例》（SI 2008/410），《2008 年小公司和集团（账目和董事报告）条例》（SI 2008/409），以及《2012 年公司和有限责任合伙企业（账目和审计豁免和会计框架变更）条例》（SI 2012/2301）所提出的该法修正案。其他尚未制定的法规也适用，但可以选择；在编写之日，这些法规是《2016 年有限责任合伙企业、合伙企业和集团（账目和审计）条例》《2015 年公司、合伙企业和集团（账目和报告）条例》和《2013 年小公司（微型实体账目）条例》。有关现行立法的最新信息，请参阅 www.legislation.gov.uk。

[2] 与财务报告期固定在某些日期和期间的其他司法管辖区不同。

[3] 2006 年《公司法》第 382 和 384A 节。

[4] www.frc.org.uk。

表 8.2　英国公认会计准则制度下的会计标准选择

	财务报告准则 105	财务报告准则 102 第 A 部分	财务报告准则 102	财务报告准则 101	国际财务报告准则
微型实体	X	X	X	X	X
小型实体		X	X	X	X
非小型实体，无需适用国际财务报告准则			X	X	X
适用国际财务报告准则的企业					X

三、什么是审计

实质上，审计是对基础数据和记录的独立、客观和系统的审查，旨在确保组织机构对其财务报告声明的有效性。审计完成后，审计师发布报告，确认所开展的工作范围、遇到的任何限制，以及对法定授权的声明进行确认。审计的作用是就财务信息的稳健性为那些委托服务的人提供一个独立的意见。

审计过程取决于"重要性"概念，该概念基于这样一种理论，即每个报告实体都有特定的金额、交易或余额，这些金额、交易或余额由于其遗漏或错报会导致读者对这些财务报告产生错误的判断。在审计过程中，小于重要性水平的误差和遗漏的净影响被认为是如此之小，以至于不能合理预期其遗漏或错报会影响用户的经济决策。根据英国报告准则的指导原则，"重要性取决于根据周围环境判断的遗漏或错报的大小和性质。"[1]

审计专业术语中的"法定审计"和"非法定审计"是有区别的：在英国，根据法律规定，所有法人实体都有义务每年公开提交一套财务报告（年度报表），该报告可通过向公司申请或直接从公司注册处获得。[2] 除下文详述的某些法定豁免外，这些年度报表必须接受审计，此谓"法定"审计。非法定审计是由管理层决定的审计，并不是法律或法规所要求的审计，但非法定审计通常被视为良好的实践或具有与出资人约定的特定范围。

英国的审计受财务报告理事会的国际审计准则（英国）（ISA UK）、国际质量控

---

[1] 财务报告准则 102，第 2 节。
[2] 也可通过公司网站测试版获取：www.companies house.gov.uk。

制准则（英国）（ISQC UK）和修订后的道德准则（Revised Ethical Standard，ES）约束。此外，法定审计必须符合公司法的要求。这些准则适用于 2016 年 6 月 17 日或之后开始的财务报告审计。与财务报告准则一样，审计、质量控制和道德准则也随着时间的推移而不断修订，对于法务会计师来说，了解所审查报表期间有效的相关准则至关重要。

（一）审计豁免

公司法案允许小型实体免于审计。[1] 要归类为"小型"，实体必须满足表 8.1 中规定的三个标准中的两个。如果该实体属于下列任何类别，[2] 则无论是否满足规模标准都不能豁免：

(1) 上市公司。
(2) 集团中规模不小的子公司。
(3) 授权保险公司、银行、电子货币发行人、ISD 投资公司或可转让证券集合投资计划（Undertakings for Collective Investment in Transferable Securities，UCITS）管理公司。
(4) 从事保险活动的公司。
(5)《1992 年工会与劳资关系（综合）法》（C.52）第 117（1）节中定义的特殊登记机构，或该法第 122 节或《1992 年劳资关系（北爱尔兰）令》（SI 1992/806（NI 5））第 4 条中定义的雇主协会。

在法定审计中，利益相关者被假定为实体的股东或成员，这在直接发给实体成员的审计报告中得到反映。法定审计报告旨在就报告期内报告主体的管理情况向成员提供公正的保证。因此，审计师必须就年度报告的真实性和公平性形成独立意见，评估报告是否按照相关立法和报告准则编制，并说明董事报告中提供的信息是否与财务报告一致。

非法定审计的范围可以灵活得多，最终审计报告的措辞将取决于审计师的聘用条款。至少，非法定审计报告将详细说明所开展工作的范围，以及审计师对所提交财务信息的结论。如果认为有必要，还将指定有权依赖报告的利益相关者。

自从引入审计以来，在公众认为审计师的责任和审计师本身认为他们的责任之间一直存在着一个认知差距，尤其是在舞弊、持续经营和内部控制的关键领域（见表 8.3）。[3] 在审计发展的初始阶段，审计程序涉及审查每一笔交易，目的主要是证明

---

[1] 2006 年《公司法》第 477 节。根据《公司法》第 480 和 482 节的规定，受公共部门审计的休眠公司和非营利公司也可以豁免。
[2] 2006 年《公司法》第 478 和 479 节。
[3] 审计质量论坛审计目的工作文件："期望差距"，2006 年 2 月 14 日。

没有发生舞弊。多年来,随着判例法和法规的建立及业务的拓展,法定审计的作用已从舞弊检查转向在"合理"水平上提供保证;也就是说,已经审查过正在对外公布的财务报告足够准确,不会误导财务报告的读者。判例法和立法进一步规定,由于审计报告是提供给成员的,因此法定审计师只对成员负有谨慎义务。[1]

表 8.3 期望差距

公众期望	审计师
财务报告的编制和列报是审计师的责任	财务报告的编制和列报是管理层的责任
审计程序包括对报告中所有项目的 100% 检查,因此对报告期内实体 100% 的交易、系统和控制流程提供保证。无保留审计意见为财务报告的准确性和完整性提供了绝对保证	审计程序旨在合理保证财务报告不存在重大错误和舞弊。审计无意提供绝对保证,也不保证财务报告的完整准确性
审计旨在识别和检测舞弊行为	审计程序并不是专门为识别和检测舞弊而设计的
无保留审计意见保证了实体的财务可行性和偿付能力	无保留审计意见提供了消极保证,即审计师没有发现任何迹象表明持续经营概念被管理层不当地应用,但没有对实体持续的财务偿付能力提供积极保证

在现行的法定审计监管标准下,审计报告根据审计过程中获得的证据,就董事提交的财务报告是否真实、公正地反映了实体的事务,是否根据适用法律在所有重要方面进行编报,表达了审计师的意见。

年度报告要求包括如下财务和非财务信息:

(1) 管理层关于会计期间的战略、业绩和活动的叙述性报告。
(2) 资产负债表、损益表、现金流量表和股东权益表。
(3) 支持所提供财务信息的相关附注和披露。

对于非法定审计,提供的保证将取决于审计业务的范围,但原则上,非法定审计报告保证报告所附的财务信息是相当完整和准确的。

---

[1] 苏格兰皇家银行诉班纳曼·约翰斯顿·麦克雷等人(2002 年),OHCS,2002 年 7 月 23 日。

四、财务报告如何与审计联系在一起

(一) 识别和确认管理层会计处理的适当性

管理层对财务报告标准的选择和解释反映在提交给审计师以供其审计的财务报告中。理想的状态是,事情到此为止——管理层持续选择并始终如一地逐年应用最适合该实体的财务报告标准和会计处理方法,且该标准和会计处理方法与同一行业的所有其他实体保持一致;由此不会出现任何问题。实际情况是:管理层将采用最符合其目的和目标的会计方法,通过偏向于最大化利润和推迟支出,以更好地反映实体的交易业绩或确认信誉;选择会计政策以减少税收;通过资本化政策来改进资产负债表,给人以稳定的印象;或者通过尽早确认收入,呈现高收入的诱人景象。

能够识别和确认管理层会计处理的适当性,以确保财务报告能够合理反映被审计单位的业绩,是审计工作面临的最重大挑战之一。通常,这是对审计师的职业判断要求,由于英国财务报告标准的应用主要是基于原则,而不是基于规则,因此在年度报告编制过程中需要一定的选择和判断。

(二) 持续经营

法定审计中的另一个需要关注的领域是,董事有责任在年度报告中确认公司自报告批准之日起至少12个月的持续财务可行性("持续经营"假设)。由于这一事项必须在董事会报告中记录,因此构成财务报告的一部分,审计师必须根据当时的普遍情况,运用判断来确认董事持续经营的假设是否合理和适当。

五、审计师的职责、权利和义务

审计师工作的核心是编制审计报告。在法定审计中,审计报告需要以审计师意见的方式确认:[1]

---

[1] 2006年《公司法》第495和496节。

(1) 年度报告真实、公允地反映了公司或集团在财政年度结束时的状况和损益；已根据相关财务报告框架妥善编制；并已根据《公司法》和《国际会计准则条例》第4条（如适用）的要求妥善编制。

(2) 战略报告（如果有的话）和董事报告中提供的信息与财政年度的报告一致。

(3) 董事薪酬报告的可审计部分已根据《2006 年公司法》（如果是上市公司）编制。

(4) 遵照《披露指南和透明度规则》，独立公司治理声明中提供的信息与报告一致。

法定审计报告还明确了审计师负有注意义务的对象，即 2006 年《公司法》第 16 部分第 3 章中规定的公司或有限责任合伙企业成员。该特别声明限制了审计师对选择依赖审计报告的任何第三方的责任。

在编制审计报告时，审计师有权查阅被审计单位的账簿和记录，以形成其审计意见；公司或其董事对上述任何权利的限制可能导致审计报告有所保留。审计范围事先以书面形式约定，构成被审计单位与其审计师之间的合同。这反过来又导致审计师承担因合同责任、侵权责任或公司法规定的法定责任而产生的诉讼风险。根据公司法规定，如果审计师"故意或不计后果地导致第 495 条（审计师关于公司年度报表的报告）下的报告在任何重大方面包括任何误导、虚假或欺骗……"的事项，将导致新的犯罪。[1]

审计师没有义务发现舞弊行为，也不会自动疏忽以至于没有发现舞弊行为。所需的谨慎标准是普通熟练的审计师行使合理的谨慎和技能。在诉讼中，过失证据必须以事实为基础，并始终取决于案件的具体情况。

审计师的注意义务是对审计报告的提交对象负责——在法定审计中，即被审计实体的成员。根据班纳曼案的法院判决，[2] 以及随后公司法对该原则的编纂，只要审计师在审计报告中陈述了同样的情况，他就没有对第三方的注意义务。

《公司法》禁止豁免审计师在审计过程中因疏忽、违约、失职或违反与公司有关的信托而承担的任何责任。[3] 但是，这一普遍禁止也有法定例外，[4] 其中规定公司可以与其审计师就此类责任签订责任限制协议，前提是该协议符合《公司法》关于其条款和公司成员授权的要求，并且公司可向其审计师提供赔偿，以避免其在成功抗辩程序中或根据《公司法》获得救济时承担任何责任。

---

[1] 2006 年《公司法》第 507 节。
[2] 苏格兰皇家银行诉班纳曼·约翰斯顿·麦克雷等人（2002 年），OHCS，2002 年 7 月 23 日。
[3] 2006 年《公司法》第 532 节。
[4] 2006 年《公司法》第 532 至 538 节。

六、法务会计师如何介入

财务报告用于各种不同目的：银行使用实体的财务报告来确定其信誉；供应商将其作为公司不存在不良信用风险的保障；潜在客户和员工可以利用它们来保证自己的财务生存能力和业务的长远发展；投资者利用它们来保持对所做投资的信心；竞争对手和监管机构将其用于基准测试；买家将其作为潜在目标收购尽职调查的一部分。受众和对财务报告的使用是多种多样的。

财务报告标准尽管有所解释，但在不同实体之间建立某种程度的可比性和一致性，以及为财务报告使用者提供一定的确定性非常重要；年度报告影响着无数的决策过程。因此，在审计和财务报告过程中存在许多潜在的缺陷，最明显的是在涉及任何判断因素的领域，或者在基于报告中被视为"事实"的依据而作出决定的领域。一般来说，这些将分为两类：（1）审计师未能正确执行审计程序，导致发表错误的审计意见；（2）管理层未能按照相关法律要求和财务报告使用者的需要编制能够提供合理、准确信息的财务报告。

在这两类失败中，法务会计可以在很多层面发挥作用：调查对审计师不称职或疏忽工作的指控，并对合理称职的审计师在相同情况下所做的工作进行比较；调查并量化报告实体对舞弊性或欺骗性会计的指控；确定任何一种情况下的损失金额，包括被调查行为导致的间接利润损失。除调查工作外，还可要求法务会计师作为报告实体和审计师的专家证人，或对抗报告实体和审计师的专家证人。下一节将更详细地说明这是如何在实践中展开的。

七、审计过失

在过去的二十年中，客户和第三方针对审计师的过失提出索赔，其引人注目的案件越来越多。在大多数情况下，这些案件都是于庭外和解的。

为了说明这一点，有必要指出的是，审计过程中存在不足或发布错误的审计意见并不罕见。英国的审计质量监督主体是财务报告委员会。在其最新公布的年度报告中，[1]财务报告委员会指出，33%的审计工作需要改进或重大改进。影响审计质量的三个最常见问题是：

---

[1] 审计质量检查年度报告 2014/15，财务报告委员会，2015年5月29日。

（1）在审计判断的关键领域，如减值测试和房地产估价，对假设的适当性提出质疑的不足。

（2）在包括收入确认在内的许多审计领域执行的程序不充分或不适当。

（3）未能充分识别对审计独立性的威胁和相关保障措施，并将其适当地传达给审计委员会。

在英国，源于法律中的一个被称为"公司的面纱"的基本概念，业主管理的企业受到与公众持股公司相同的审计条例的约束，因此其审计过程面临更多的挑战。"公司的面纱"的概念有效地将公司的人格与股东的人格分离开来，保护股东不承担公司的债务和其他义务。作为这一概念的必然结果，业主经理以公司董事的身份采取的所有行动都必须有利于公司。

对于业主管理的企业，有时很难让业主企业家记住，企业被认为是一个独立于他或她自己，且具有自身的决策过程的实体。例如，虽然董事的个人支出在公司的财务记录中没有容身之地，但公司资金用于支付个人支出在业主管理的企业中很常见。请记住，审计报告是为法人实体成员的利益而编制的，并在董事会的指导下审查法人实体的活动和财务绩效。因此，在业主管理企业的情况下，审计报告为股东在报告期内的行为提供了保证。

在通常情况下，业主管理企业的审计师也将参与咨询工作，如提供记账及公司和个人的税务建议。虽然道德标准规范了这类情形，并建议了可采取的措施，以保障审计师的独立性和客观性，但这可能使审计师面临在执行审计过程中独立性不足的指控，尤其是道德标准涵盖了感知的，以及实际的独立性和客观性。同时请注意，审计师必须同时遵守财务报告理事会的道德标准和他们自己专业机构的道德声明。

八、财务报告过程中的问题

管理层有责任在编制实体年度报告时选择和应用适当的财务报告准则，目的是对实体在相关会计期间的结果进行"真实和公允的反映"。此外，管理层确认报告实体的财务偿付能力。

重要的是要了解管理层在提交年度报告时所做的如下声明：

（1）财务报告包括实体的所有交易。

（2）存在资产和负债，并以适当的价值记录。

（3）该实体对其财务报告中包含的所有资产拥有合法所有权。

（4）该实体的所有负债均已正确核算和披露。

（5）财务报告附注是根据相关的公认会计准则或国际财务报告准则，以及2006年《公司法》正确编制的。

在英国，长期以来在财务报告领域有将实质优先于形式的传统，从而使会计准则中的规则解释更加灵活。在其他国家，例如美国，会计准则的应用更具强制性，须严格遵守规定。因此，法务会计师被要求确定会计解释是否合理应用，如果不合理，则计算错误造成的损失金额。

灵活运用会计准则与舞弊会计之间存在着细微的差别。由于舞弊在第四章和第五章中有更详细的介绍，本章只讨论非舞弊活动引起的冲突（有关英国和美国两个司法管辖区之间采用不同收入确认会计准则所产生冲突的示例，请参阅案例研究8.1）。

在确定了可以请法务会计师协助进行调查的领域之后，我们现在来谈谈法务会计师将执行的实际工作。

九、法务会计师的工作

从法务会计的角度调查经审计的财务报告时，法务会计师将关注财务报告委员会提到的关键不足，并根据他们自己的审计过程经验开展工作。该审查大致可分为三个重点：规划阶段、实地调查阶段和完成阶段。具体来说，对审计过失的法务调查将涉及对以下问题作出回答（参见案例研究8.2，关于审计过失情景下开展的工作）。

（一）规划阶段

（1）审计师和被审计单位之间的审计合同包括哪些范围？是否符合所需的道德标准？
（2）审计事务所手册和审计准则规定了哪些程序和工作？
（3）审计计划是否充分？

（二）实地调查阶段

（1）是否追踪了上一年的问题？
（2）董事在判断方面是否寻求技术建议？
（3）对审计范围、抽样和对控制依赖作出了哪些判断？
（4）获得了什么样的证据来支持审计结论？
（5）审计公司采用了哪些文件编制标准，包括电子审计文件的使用？

（三）完成阶段

(1) 审计判断的关键是什么？如何解决这些问题？
(2) 关于管理层的偿付能力声明，审计师获得了哪些证据？
(3) 审计师和管理层之间的沟通过程是怎样的？

法务会计师在审计案件中的参与侧重于专家证人方面，协助法院确定被告审计师与胜任的同行相比是否以合理的谨慎和技能履行其职责。审计和财务报告问题经常与诉讼情况交织在一起，形成了法务会计的一个分支，该分支很大程度上依赖于专家会计师的个人经验和专业知识。在英国尤其如此，它强调更灵活的、以原则为基础的报告。

 案例研究 8.1

财 务 报 告

一个共同的争议领域是收入确认。收入确认的一般原则是，只有当所有权的风险和回报（包括与所有权有关的经济利益和管理参与）实质上已转移给买方时，收入才应在实体的财务报告中确认。当销售涉及多个组成部分、可变对价或许可证时，收入确认就变得更加困难，因为风险和回报转移的临界点变得更加具有不确定性。

惠普（HP）与奥托诺米（Autonomy）公司的纠纷提供了一个引人入胜的例子，说明了财务报告标准的判断性应用的重大影响，以及其解释的复杂性。在本案例研究中，我们只关注案例的财务报告，忽略所谓欺诈、欺骗、管理不善和专业过失的其他各种因素。[1]

总部位于美国加州的国际 IT 公司惠普在 2011 年以 111 亿美元收购了总部位于英国的软件公司奥托诺米。不到一年后，惠普宣布减记其收购的 88 亿美元，其中 55 亿

---

[1] 读者可能会有兴趣注意到惠普-奥托诺米公司交易的进展情况及其现状：从惠普 2012 年发布的差异公告开始，惠普股东对惠普管理层提出了几项股东投诉，涉及奥托诺米公司收购和随后的影响。2013 年，由伦敦严重舞弊办公室（SFO）、美国司法部和证券交易委员会在英国和美国分别调查了惠普-奥托诺米交易。财务报告理事会也效仿，宣布对奥托诺米公司财务报告的编制、批准和审计进行调查，涵盖惠普声称的舞弊会计期间，并对当时的审计师的作用进行了详细审查，德勤一贯明确否认知晓奥托诺米公司财务报告中的任何会计不当行为或虚假陈述。严重舞弊办公室于 2015 年宣布，它放弃调查的基础是"没有足够的证据证明对指控的某些方面有现实的定罪前景"，但在其他方面，对调查的管辖权已移交给正在进行调查的美国当局。惠普高管同意与投资者达成和解，放弃对美国公司现任和前任高管的索赔，以换取惠普对前奥托诺米公司管理层提出索赔，惠普高管解决了 PGGM 提出的索赔，但显然还（转下页）

美元的减记归因于奥托诺米的"会计不当、虚假陈述和披露失败",据称这导致了惠普对该交易的估值过高。惠普指责奥托诺米前管理层在2009年第一季度至2011年第二季度期间,通过销售低利润硬件并将其记录为高利润软件许可收入,以及"不适当地加速"对没有销售给最终用户的增值经销商(value-added reseller, VAR)销售进行确认,欺诈性地推高了销售额。

继本披露之后,由惠普所拥有的奥托诺米公司提交了2011年报告并进行了重述比较,以调整2009年和2010年涉嫌的会计不当行为,报告的收入锐减,利润和营业额分别从1.057亿英镑和1.756亿英镑降至196万英镑和8130万英镑。根据重述报告,这些错误与主要交易子公司收入和成本的确认有关,而子公司交易结果的重述对控股公司的投资产生了不利影响。

在辩护中,前奥托诺米公司首席执行官林奇博士引述了奥托诺米公司采用的国际财务报告准则(强制要求,因为奥托诺米公司是一家总部位于英国的公开上市公司)和惠普采用的美国公认会计准则在收入确认方面的不同处理,以反驳惠普对错误会计处理的指控。众所周知,美国的会计准则更基于规则,有严格的应用要求,而国际财务报告准则更基于原则,允许在应用中作出一定程度的判断。遗憾的是,由于会计处理方法的不同而导致的收入水平差异的更详细的细目并未公开——惠普坚持认为,这些差异主要是由于虚假陈述造成的,而不是会计准则应用上的差异。[2]

林奇博士在奥托诺米公司报告网站上发表的一封公开信中坚持认为,惠普正在掩盖这样一个事实,即国际财务报告准则(IFRS)与美国公认会计准则(GAAP)对收入确认的财务报告标准差异只会影响收入确认的时间,而不会完全影响收入确认的准确性。林奇博士进一步声称,适用于奥托诺米公司所有销售的收入确认政策由德勤在同一时期进行了适当的审查和确认。德勤自此事件开始以来一直坚称,其不知道奥托诺米公司财务报告中存在任何会计不当或虚假陈述,这表明它确实在进行审计工作的同时审查并确认了销售收入确认的适当性。

仔细研究软件收入确认的相关会计准则,即奥托诺米公司应用的国际会计准则和惠普应用的操作规程声明97-2,我们可以看到,这些准则本质上是相似的,都是基于所有权的风险和回报是否从奥托诺米公司转移到客户的基本原则。关键似乎是在这些风险和回报何时,以及是否转移的问题上存在分歧。惠普显然认为,没有足够的证据证明某种程度的合同能够得到认可,然而奥托诺米公司对所有权的转移采用了不同的

(接上页)有一项索赔尚未解决。最新的状况是,美国政府指控奥托诺米公司的前首席财务官苏肖文·侯赛因(Sushovan Hussain)存在网络欺诈和阴谋,"向奥托诺米公司证券和惠普的买家和卖家隐瞒奥托诺米公司业务的真实表现、财务状况和增长前景",而在英国,惠普则以51亿美元起诉侯赛因和林奇,指控他们"会计造假"。反过来,林奇博士以1.6亿美元的名誉损失向惠普提起反诉。英国的案件定于2018年在伦敦高等法院审理。

[2] https://www.scribd.com/document/239402516/Addendum-to-HP-.

解释。

需要法务会计师提供意见,以建立可接受的收入确认实践规范,并量化奥托诺米公司先前管理层由于误用此类标准而采取的行动可能造成的损失。在撰写此文时,该案仍未得到解决,随着案件在法庭上的审理,结果如何将是一件有趣的事情。

案例研究 8.2

审 计 过 失

阿尔法贝塔(Alphabeta)有限公司是一家专门从事网络安全解决方案的软件公司。公司已成立三年,其产品仍处于研发阶段,接近但尚未推出。公司的资金是通过政府补助、私人基金和银行融资实现的。公司创始人、唯一董事和大股东、A. 布朗博士,具有计算机科学和工程背景。阿尔法贝塔公司正针对银行业和金融业开发一种突破性的网络安全产品。

该公司的年度报告由史密斯、琼斯和辛格审计,这是一家由特许会计师组成的小型三人合伙企业。审计合伙人史密斯先生从大学时代起就一直是布朗博士的朋友。史密斯、琼斯和辛格每月为阿尔法贝塔公司提供记账服务,并负责根据史密斯先生的概述,编制并提交公司的增值税申报表、工资表和公司税务申报表,以及研发税收抵免申请。史密斯、琼斯和辛格还负责对阿尔法贝塔公司获得的赠款进行认证。

自从公司成立以来,阿尔法贝塔公司每年都发生亏损,因为它把所有可用资金投入到它的研究和开发活动中。史密斯先生每年都会为公司的年度报告签署一份无保留意见的审计报告。2015 年 7 月,阿尔法贝塔向公司注册处提交了最新经审计的年度报告。同年 12 月,阿尔法贝塔公司的主要供应商之一伽玛(Gamma)有限公司提出对公司进行清算。在清算过程中,清算人对史密斯、琼斯和辛格提出了专业过失索赔,并指示一名专家证人确认对阿尔法贝塔公司的审计是否符合一名相当称职的审计师的标准,更具体地说,就阿尔法贝塔公司财务可行性开展的审计工作是否充分进行确认。

在调查史密斯、琼斯和辛格的工作中,专家证人承担下列责任:

(1)审查阿尔法贝塔公司和史密斯、琼斯和辛格之间的审计委托书,以确定进行审计的范围、条款和条件。

(2)对史密斯、琼斯和辛格进行的道德考量进行审查,以确定是否存在对其独立性和客观性的威胁或感知到的威胁。

(3)审查审计工作文件,以确定所使用的重要性水平是否适合业务风险,以及公司的审计制度和流程是否得到充分遵守。

（4）审查在审计过程中发现的所有经调整和未经调整的错误，以及史密斯先生在调查审计团队提出的未决问题方面的后续行动。

（5）审查史密斯先生对阿尔法贝塔公司采用的持续经营假设的审计，包括获得的证据的质量。

专家得出的结论是，审计过程存在重大失误，导致年度报告错报超过200万英镑，包括已发生但未计提的费用，以及根据英国公认会计准则的要求错误核算的赠款收入。审计小组没有彻底调查审计实施中发现的错误，或者史密斯先生在最终确定时也没有跟进。史密斯先生对持续经营假设的审查完全依赖于预测数据，包括基于错误的历史财务数据和布朗博士对持续融资的口头保证。史密斯先生没有遵守相关的道德标准，并采取任何措施确保有足够的保障措施来保证他在提供审计和非审计服务方面的独立性和客观性。

十、本章小结

财务报告准则解释的灵活性和范围为管理层提供了操纵实体财务结果的机会。具有编制和审计财务报告经验的法务会计师有助于理解和解释最终的财务报告。此外，从事专业过失案件的法律专业人士可以聘请经验丰富的会计师或审计师充当专家证人。

全面了解财务报告准则和监管环境，以及专业会计师应遵守的专业法规和标准，对于寻求参与审计和财务报告违规调查的法务会计师来说是必要的。

第九章

犯 罪

安得烈·唐纳森
亚当·卡尔弗特

一、引言
二、法务会计师在刑事诉讼不同阶段中的作用
三、刑事案件中适用于法务会计师的技能和技巧
四、网络犯罪
五、本章小结

学习目标

本章旨在让读者理解：

- 法务会计师可能被委派参与的刑事检控事项范围。
- 法务会计师可能参与的刑事事项的阶段。
- 网络犯罪增长领域的基本知识。

一、引言

刑事案件的公诉人或者辩护人可以指定法务会计师。但是,当被指定为专家证人时,法务会计师要注意到他或她的首要职责是向法院负责,该项委任将受《刑事诉讼规则》第 19 部分的约束。法务会计师还应当知道,提交法院的任何报告都需要符合规定的格式,并具有适当的专家声明和事实陈述。

二、法务会计师在刑事诉讼不同阶段中的作用

在刑事诉讼中,法务会计师可能参与的任何案件都有四个不同的阶段:
(1) 诉前调查。
(2) 起诉和审判之间。
(3) 审判。
(4) 定罪后赔偿和没收,通常依据 2002 年《犯罪所得法》。

在进行此类工作之前,法务会计师将需要对构成他或她将从事的工作的各种法规有一个理解,这些法规将包括但不限于《1968 年盗窃法》《2006 年舞弊法》《2002 年犯罪所得法》,以及他或她的日常工作熟悉的《公司和破产法》。法务会计师需要了解法律援助机构的要求和施加的限制,在公营资金案件中担任辩护时,该机构授权律师支付法务会计师的费用。

(一)诉前调查

在处理财务调查时,法务会计师可能是任何调查小组的重要成员。本节中的评析适用于国家执法机构(如警察),或企业和个人通过自诉进行调查的事项。

法务会计师可以在案件的早期阶段介入,可以是企业意识到自己可能因犯罪活动而蒙受损失时。一般来说,在开始调查之前,会计师应该质疑他或她是否拥有或有权获得从事该项工作的相关技能。尤其是,法务会计师必须确信他或她了解:
(1) 围绕此类调查的监管制度,包括但不限于《1984 年警察和刑事证据法》和

《2000年调查权条例》。

(2) 成功进行调查性访谈所需的技能。

(3) 证据连续性问题。

(4) 是否需要人力资源或计算机取证专家的支持。

(5) 他/她是否有足够的资源来进行此类调查,特别是当任务具有时效性时。

尽管法务会计师应充分了解执行这项工作的监管环境,但值得注意的是,一般而言,他们将由律师和/或执法人员指导其履行职责的要求。

法务会计师在诉前阶段的角色可能会有所不同,这取决于个案的需要,法务会计师既可以作为事实证人,也可以作为专家证人。二者的关键区别在于,事实证人只能就其在随后的调查中所见或所发现的情况提供证据,证据以证人陈述的方式提供;专家证人是指因其技术专长和经验而被指示在法庭上解释证据,以及在其技术专长和经验的范围内对证据发表意见的人。专家证据通常是在《刑事诉讼规则》第19部分规定的规则范围内通过提交报告的方式提供的。以下案例研究说明了这些差异。

案例研究 9.1

法务会计师作为控方事实证人

一家政府机构正在调查一系列破产法犯罪。法务会计师作为调查小组成员介入案件,提供会计证据以支持对主管的起诉。调查还查明了构成舞弊部分的破产从业人员的共谋行为。除了为案件提供一系列证人证言外,法务会计师还支持案件中指定的专家证人的工作。法务会计师在两次审判中提供了证据,导致8人被定罪,其中包括被监禁3年半的破产从业人员。

案例研究 9.2

法务会计师作为控方专家证人

警方正在调查一名被怀疑是毒品团伙头目之人的一系列抵押贷款犯罪。法务会计师被要求提供一份关于会计证据的报告,该会计证据可能反驳抵押申请中所包含的信息。与律师讨论后,确定洗钱指控是适当的。法务会计师准备了一份全面的专家报告,嫌疑人在审判前认罪。

为控方工作的法务会计师要意识到，他们的报告和可能的所有工作文件，包括所有谈话的记录，可能会向被告方披露。

（二）起诉与审判之间

在刑事诉讼这一阶段，法务会计师通常被指定为如上所述的控方或是辩方的专家证人。通常的程序是，法务会计师将提供一份可能会得到另一名法务会计师回应的专家报告。届时很可能会召开专家会议，以缩减最终将提交法院审理的问题。

无论是代表起诉还是辩护，通常都会要求法务会计师考虑一系列独立的证人陈述和/或证物。如果这些证物是由检方提供的，则无论在案件中是作为"已使用"还是"未使用"公布，这些证物都将被包括在向法庭提交的文件中。被告方没有义务公布其所有文件。无论文件来源如何，当发表意见时，法务会计师都需要运用他们的判断力来评估他们对面前所呈现的证据的重视程度。他们考虑到的任何文件都应该列入他们的报告中。法务会计师也应该知道，他们应该记录和解释他们在发表意见时所做的所有专业假设。

从辩护的角度来看，不需要向控方提供法务会计师的报告，因此法务会计师的作用可能是：

（1）告知被告有关财务证据是否支持或者不利于被告。

（2）提供资料，以支持律师对检方证人进行盘问。

（3）提供符合刑事诉讼程序规则的报告，这可能导致法务会计师被要求在陪审团面前出庭作证。

法务会计师不仅可以被指示尝试挑战控方，还可以被用来帮助证明提议的辩护不合适。并用来支持律师的意见，即适当的行动是进行早期认罪，以获得早期认罪允许的减刑；或证明犯罪金额低于检方所认定的金额，因此在最终判决上可减轻。

如果将报告提交法院，法务会计师应始终注意，他们的证据将提交给可能来自非财务背景的陪审团成员。因此，他们应该尽可能避免使用财务语言，并以外行人能够理解的清晰和连贯的方式陈述他们的意见。

如以下案例研究所示，法务会计师所需要的技能和知识，其类型将因个案而异。

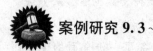
案例研究 9.3

义 工 会 计

C是一名慈善机构的义工会计，他被指控滥用职权，利用慈善基金牟取个人利益。他的辩护是，所有的钱都被妥善地核算了，慈善机构没有损失。法务会计师的报告显示，慈善机构的资金亏空，而 C 的解释没有得到财务证据的支持。在随后与律师举行的一次会议上，双方一致认为，法院审理的证据表明，C 可能在即将到来的审判中被判有罪。C 在听取建议后作出认罪的决定，因此在宣判时，相比继续接受全面审判并被判有罪，C 受到法院较为不严厉的对待。

案例研究 9.4

投 资 者

N 被控经营一项欺诈性投资计划，导致一系列投资者损失了 1 150 万英镑。法务会计师被要求提供一份报告，详细说明与投资时相比投资资产的价值，以及从投资基金中提取的供 N 个人使用的款项。虽然报告大体上是有益的，但律师认为不应在庭审中使用，最好将其用于交叉询问。然而，法务会计师确实希望这份报告中的图表能放在陪审团面前，因为这些图表有助于更好地说明他认为真实发生的事情。

案例研究 9.5

轮胎仓库经理

B 是一名轮胎仓库的经理，他被指控偷盗雇主的东西。他承认自己偷窃但他不接受被盗金额的指控，因此召开了听证会来评估他盗窃的价值，以便量刑。法务会计师能证明盗窃的金额被夸大了，因为雇主操作会计系统的方式有缺陷，因此欺诈的价值被大大夸大了。最终，B 被判缓刑并避免了监禁。

案例研究 9.6

外卖餐馆老板

W 是一家外卖餐馆的老板。餐馆所在的大楼上面有一套公寓，有人发现房客将公寓用作妓院。W 被控参与和受益于妓院的经营管理：对他不利的主要证据是他银行账户中的现金存款大大超过了向 HMRC 申报的从外卖业务中获取的利润。法务会计师的调查发现,现金存款是由于未能披露业务的所有利润而导致的,专家报告计算了这些利润的水平和未申报的税款。该报告随后被用作与 HMRC 达成和解的基础。当这件事告上法庭时,大家一致认为轻判更合适。W 承认有罪并获得非监禁判决。

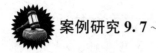

赌　　徒

L 被指控洗钱,因为他被认为与一个重要的毒品团伙有关联。L 解释说,控方认为的毒品交易收益实际上是他赌博和财产投资的收益。法务会计师出具了一份支持 L 解释的综合报告。经过漫长的审判,包括法务会计师作证五天,陪审团接受了 L 的解释,他被判无罪。

上述案例研究突出了法务会计师需要展示的技能范围,包括:
(1) 了解和询问不同的会计程序包。
(2) 了解不同企业经营和管理的方式。
(3) 向非专业人员提供信息。
(4) 了解税收问题。

在分析起诉证据时,专家也可以作为辩护团队的成员。这项工作可能超出了他或她的专家证据的范围,但可以使律师成功地质疑起诉案件的各个方面。

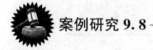

邮局工作人员

当发现 X 所工作邮局中的钱柜出现金额短缺时,她被控偷窃。尽管证据看似确凿,法务会计师还是能够识别邮局调查员在工作中的缺陷。在与律师讨论之后,控方提出了一些问题,旨在突出这些缺陷。虽然这些问题没有得到回应,但对个人的指控被撤销。

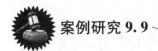

案例研究 9.9

涉嫌投资欺诈

S被起诉与房地产投资失败后出现的损失有关。辩护认为这是一个诚实的计划,只是因为无法控制的情况而失败了,但由于他管理投资的方式,其失败的具体原因还不清楚。一名法务会计师受命调查S的辩护。在调查过程中,法务会计师确认,控方在准备证人证词时没有采取适当的行动。在与诉状律师和向法院进行陈述的律师讨论后,指控被撤回。

案例研究 9.8 和案例研究 9.9 都表明了在调查,以及对潜在犯罪行为的起诉中了解最佳方案的重要性。法务会计师能够对调查中的不足之处提出他们能够提出的建议,从而导致起诉中止。

法务会计师应当始终意识到,他们也许掌握了可能与其委托者提供的相悖的信息。在这种情况下,他们必须立即向那些委托者指出,并讨论如何专业性地处理任何后续问题。

(三)审判

刑事审判与民事审判有着显著的区别:
(1) 裁决是由陪审团作出,陪审团在法律问题上受法官指导。
(2) 陪审团通常无法获得证人证词和专家报告。
(3) 几乎所有的证据都会被看到或听到。

从专家的角度来看,他或她将在诉状律师指定的辩护律师的询问下将调查结果作为"主要证据"提出。需要接受质证的是这些证据。这与民事案件形成了鲜明的对比,民事案件的主要证据通常仅限于向法院提交专家报告,因为所有当事方,包括法官,都将在盘问前查阅该报告。

在实际审判中,法务会计师可以两种方式发挥作用:除了提供口头证据外,他或她还可能被要求在审判过程中向律师提供建议。在审判过程中,证据将从证人处听取,法务会计师在得出其专业意见时将考虑证人陈述。根据我们的经验,律师要求法务会计师听取口头证据,并就可能与该证人和随后的其他证人的交叉询问有关的领域提出建议,这并不罕见。在法庭开庭期间和之后,可能还需要对证据进行调查,以了解之后的询问。

（四）定罪后的赔偿和没收，通常依据 2002 年《犯罪所得法》

1.《犯罪所得法》的目的是什么？

《犯罪所得法》（Proceeds of Crime Act，POCA），是一项旨在禁止犯罪分子使用其犯罪活动所产生的资产、追回犯罪所得、瓦解和制止犯罪行为的法令。《犯罪所得法》在很大程度上取代了其他一些具有类似目的的法规。自 2010 年以来，通过没收、民事追回、现金扣押和课税四种追回方法，共查获 7.46 亿英镑以上的犯罪资产（截至 2013—2014 年）。同期，价值超过 25 亿英镑的资产被冻结，犯罪分子无法获得这些资产，9 300 万英镑返还给受害者。[1]

尽管《犯罪所得法》允许其他包括民事追回和现金扣押等不需要定罪的方法，但起诉后的诉讼是最常用的方法。起诉后的诉讼包括《犯罪所得法》约束的没收令和赔偿令，但本章主要集中于没收令。赔偿令是一个法律问题，但在作为没收程序构成部分的情况下，法务会计师需要了解这些问题。法务会计师的工作最有可能集中在定罪后的没收上，对《犯罪所得法》这一部分的理解是在这一领域开展任何工作的基础。

2. 确定法令的《犯罪所得法》的关键部分

为发出没收令，法院首先必须裁定被告在符合某些技术标准的刑事法院进行的诉讼中被定罪；检察官要求法院根据该部分进行审理，或者法院认为这样做是适当的。为确定是否有必要对被告发出没收令，法院随后必须作出以下决定：

（1）被告是否有该法规定的犯罪的生活方式。
（2）如果已确定他或她有犯罪的生活方式，接下来必须确定他或她是否从他或她的一般犯罪行为中获益。
（3）如果确定他或她没有犯罪的生活方式，则必须确定他或她是否从他或她的特定犯罪行为中获益。

这些被称为"生活方式条款"。一旦法院确信被告确实从其一般犯罪行为和犯罪生活中获得了经济利益，法院必须确定该利益的可收回金额，并作出没收令，要求被告支付该金额。法院可以假定，在被告人的一般犯罪行为开始后，被告人收到、持有、使用或获得的所有财产都有责任根据《犯罪所得法》进行追偿。被告人的一般犯

---

[1] https://www.gov.uk/government/uploads/system/uploads/attachment_data/file/317904/Fact-Sheet_-_Overview-of-POCA-2-.pdf.

罪行为被认为始于本案诉讼开始六年前,即所谓的"相关日期"。

另一项关键相关立法是《2015年严重犯罪法》。这被广泛视为对《犯罪所得法》的更新和修正,其中最重要的更新是:

(1) 要求在没收程序中列出已知的任何第三方利益的细节。
(2) 加强对不执行没收令的监禁刑罚。
(3) 使资产在调查中更快、更早地冻结。
(4) 大大缩短了法院给予罪犯执行没收令的时间。
(5) 扩大《犯罪所得法》中的调查权,以便在发出没收令后就可以追查资产。

3. 法务会计师如何在适用《犯罪所得法》的案件中提供协助

一旦确定有没收令,由于被告被认为从其犯罪中获得了经济利益,法务会计师可以帮助计算该经济利益。任何一方都可以利用法务会计师证明或反驳:

(1) 被告被定罪的事项是否含有经济利益。
(2) 经济利益的金额。
(3) 一般犯罪的金额,如果适当的话,尤其要审查支持该利益计算的假设。
(4) 《犯罪所得法》定义的被告可用资产数量。
(5) 如果被告委托,检查控方的计算。

虽然这种定罪后程序的确定是由上述法定条款规定的,但现在已有一个实质性的符合对法令理解的判例法体系,法务会计师应在一定程度上熟悉这些判例对他或她承担的工作的影响。

归根结底,法务会计师在这个工作领域的作用可能归结为:评价和评估似乎是他或她犯罪行为后果的被告的收入或资产。这个工作的难易在很大程度上取决于所提供信息的可用性和质量。通常法务会计师面临的最大的挑战是:从他或她提供的信息中评估什么是相关信息,什么是不相关的信息。

虽然经济利益的金额通常是在导致定罪的审判过程中确定的,但偶尔也有可能存在争议的领域。同样,要求法务会计师检查的内容要因案例不同而有区别,已通过一系列案例研究进行分解和说明。

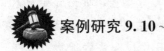

案例研究 9.10

渔 夫

J是一艘渔船的船长,作为一个进口了市值超过5 000万英镑的可卡因团伙成员,他被判有罪并被监禁了24年。检方没有让他从毒品中得到任何利益,但他们发现,有大量的无法通过向英国海关与税务总署提交的纳税申报表加以解释的银行存款。法务会计师能够证明申报表是正确的,所有的存款都代表了捕鱼业的合法营业额。因此,没有发出没收令。

4. 经济利益的金额

如果被告被定罪的罪行不属于自动触发《犯罪所得法》附表2所列"犯罪生活方式"假设的罪行,则该被告的罪行必须满足某些其他标准,包括超过5 000英镑的经济利益。尽管如上所述,在审判过程中通常会确定导致定罪的经济利益,但有时可能会面临挑战。

案例研究9.11

批 发 商

T是一名批发商,因提供安全标记方面有缺陷的商品被判有罪。检方声称,因为存在犯罪活动,因此适用生活方式条款。法务会计能够从会计记录的重构中证明,安全标记不足的商品的价值低于5 000英镑,因此生活方式条款不适用。因此,T的没收仅限于出售货物的价值。

5. 审查假设下的利益计算

即使生活方式条款适用,检察机关使用的假设也需要受到质疑,以确定这些假设的适当性。

案例研究9.12

服 装 批 发 商

S是一名服装批发商,被发现在经营场所有假冒商品。检方指控,诉讼开始前六年的营业额构成了公司的犯罪收益,金额约为1 000万英镑。法务会计师能证明,S供应的大部分货物来自少数制造商,这些制造商确认他们只供应合法的货物。法院一致认为,从概率来看,没有证据表明有假冒商品供应,因此接受了这样的解释,即这些货物是作为几年前购买另一家企业库存的一部分而获得的。因此,没收仅限于发现的假冒商品的零售价值,约1 300英镑。

即使假设不能被推翻，也有可能查看每个单独的交易，以证明它们不是犯罪收益。

案例研究 9.13

会 计 师

在因盗用珠宝商的钱而被定罪后，最高法院指控 M 在六年内从犯罪行为中获益接近 375 000 英镑。法务会计师证实，由于会计错误和无根据的假设，这个数字被法院夸大了。结果是，案件以承认的刚刚超过 30 000 英镑的盗用而了结。

6. 评估被告可用资产的数额

一旦确定了特定和一般犯罪行为的利益金额，法院必须根据被定罪被告可获得的资产价值来评估其将作出的没收令的金额，因为除非法院认定资产已被隐藏，否则没收令不能超过这个数额。因此，可能会要求法务会计师查看这些资产的价值，包括公司股票的估值，或者可能包括个人用来担保贷款的证券的估值。

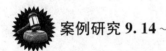

案例研究 9.14

职 业 赌 徒

A 是一名职业赌徒，涉嫌持有可卡因而获利超过 220 万英镑。可卡因的进货价格为 1 200 英镑；其余的利益来自存入其银行账户的款项。最高法院声称，这些资金代表被告的犯罪活动，应构成被告利益的一部分。法务会计师确认，存入这些银行账户的款项来自他的职业赌博，职业赌博的规模非常大：一个赌注（赌输一次）就超过 35 万英镑。因此，被告银行账户中的所有款项均被视为来自其赌博活动，法院对被告的利益进行了评估，估价为 1 200 英镑。尽管声称被告的资产超过 25 万英镑，法务会计师还是发现了对某些不属于他的资产的指控。A 被责令支付 1 英镑。

根据定义来证明，隐藏资产，对于被告来说是最复杂。简单地说，你如何证明你没有检方找不到的东西？案例研究 9.15 和案例研究 9.16 展示了可能的方法。

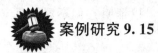

公司主管

R是一家被发现非法逃避垃圾填埋税的垃圾公司的主管。检方指控,从公司提取的金额超过40万英镑的款项被他隐藏起来,可用于执行没收令。R说这些钱已被用来支付购买公司已经回收利用的废金属和其他货物。法务会计师能够证明有会计记录证实R的解释。检方看过法务会计师的报告后,承认没有隐藏的资产。

工资结算员

E因向虚构的雇员支付报酬而被判犯有一系列盗窃雇主资金罪。检方不接受她没有任何可以用来满足没收令要求的资产。法务会计师能证明,犯罪所得全部用于从商业街零售商处购买商品,没有剩余的值钱的资产。检方接受了法务会计报告的意见,并同意了一项象征性的没收令。

7. 检查检方的计算

根据我们的经验,检方在《犯罪所得法》事项中的大多数文件都将由一名经认可的财务调查员编制,该调查员可能很少或根本没有接受过会计培训。但是,有时检方可能会指定自己的法务会计师,或者在可能的情况下,使用具有会计资格的人员。

税务会计师

B被判犯有一系列税务欺诈罪,在随后的《犯罪所得法》诉讼中,据称,通过特定和一般犯罪行为,他获益超过1 200万英镑。在调查本案的基本问题之前,法务会计师已确认存在总计超过12万英镑的算术错误和价值为13.7万英镑的附表中的重复计算错误。

案例研究表明了法务会计师可能接触的没收事项的范围，并强调在这些事项中可能需要解决的法律和技术问题的范围。

（五）《犯罪所得法》听证会

法务会计师应意识到，虽然《犯罪所得法》听证会是刑事诉讼程序的一部分，但它在很大程度上不同于在陪审团面前进行的初审：
（1）重点有所改变，承担责任的是被告而不是检方。
（2）根据"发生概率"作出决定。
（3）裁决是由法官独自作出的：没有陪审团。

三、刑事案件中适用于法务会计师的技能和技巧

案例研究强调了法务会计师需要展示的技能范围，包括：
（1）了解他或她在诉讼中的角色。
（2）分析并汇总大量数据。
（3）理解和询问不同的记账程序包。
（4）了解不同业务的运作和管理方式。
（5）进行适当的会计计算。
（6）了解侦查和起诉潜在犯罪行为的最佳做法。
（7）以适当的方式向非专业人员提供信息。
（8）了解税收问题。
如果担任专家，法务会计师还需要：
（1）运用自己的判断来权衡证据。
（2）使用估值技术（见第七章）计算被告犯罪活动产生的业务金额。
（3）使用并记录基于经验的适当专业假设。
关于判决中证据的重视问题，必须记住，一旦被告被判犯有不诚实的罪行，法院很可能对他或她的证据不加以重视。关于《犯罪所得法》的说明，这一点尤其重要。因此，法务会计师必须尽可能仔细审查并追溯到支持性文件，因为检方将要求，对于任何他认为而被告说不是犯罪资金的来源，都要有明确而有说服力的证据。

四、网络犯罪

虽然网络犯罪可能是现代世界面临的威胁中最重大的变革,预防和侦查网络犯罪通常由该领域的专家来处理。法务会计师需要了解这些问题,因为这些犯罪的结果可能会构成他或她正确从事事项的背景。

网络犯罪有两大类:网络依赖型和网络使能型,网络依赖型犯罪又有两种。这些是法务会计师最不可能直接涉足的领域:非法侵入计算机网络(如黑客攻击),破坏或降级计算机功能和网络空间(如病毒和 DDoS 攻击)。

网络使能型犯罪是传统犯罪,可以通过使用计算机扩大其规模或扩大其范围。与依赖型犯罪不同,网络使能型犯罪可以不使用计算机而犯罪。例如,使用电子邮件来帮助盗窃资金或敲诈个人和公司。

网络犯罪分子可能为了舞弊目的而寻求获取个人和财务数据。网络使能型数据窃取是任何有关舞弊讨论的组成部分。有价值的数据形式包括:

(1) 个人信息:姓名、银行信息和国民保险号码。
(2) 公司账户。
(3) 客户数据库。
(4) 知识产权。

一旦理解了犯罪的"网络"要素,该事项将被视为与法务会计师从事的任何其他任务一样。

五、本章小结

本章旨在探讨法务会计师可以协助的刑事案件类型。法务会计师接受的委托将严格取决于每个案件的个别事实和委托人的要求。鉴于法务会计师可能参与处理的案件范围广泛,他或她必须理解其在诉讼程序中的角色,并了解与案件有关的法律和判例法。

希望法务会计师在任何情况下都会了解会计实务,了解不同业务的运作和管理方式,并详细了解与本案有关的财务问题。如果是专家,法务会计师还需要利用其判断对证据给予适当的重视,并根据其培训和经验使用和记录适当的专业假设。

需要注意的是,虽然法务会计师需要了解相关法律,但他或她不负责向客户提供法律咨询。专家证人不能就事实作出裁决:这是法院的职权范围。理想的情况是,法务会计师由律师委任,该律师具备刑事法律方面的资格和训练。

第十章

商业纠纷

凯特·哈特

一、引言
二、法务会计的作用
三、总体因素
四、利润损失
五、间接损失
六、股东和合伙纠纷
七、公司交易后的纠纷
八、终止商业代理协议
九、强制征购令
十、本章小结

学习目标

本章旨在让读者理解：

- 法务会计师在商业纠纷中的作用。
- 因果关系、减轻和事后证据的概念。
- 最常见的量化损失的方法。

一、引言

在本章中，我们将探讨法务会计师介入商业纠纷的情形。法务会计师在这方面的工作可以是极其多样的，其范围从企业估值，研究在买卖协议条款下应采取何种会计处理，到量化利润损失。因为不可能详细考虑到涉及法务会计师的每种商业纠纷类型，因此我们在这里着重讨论最常见的类型：

(1) 利润损失索赔。
(2) 间接损失。
(3) 股东与合伙企业的纠纷。
(4) 公司交易后的纠纷。
(5) 商业代理协议的终止。
(6) 强制征购令。

涉及民事索赔的法务会计师也会介入针对舞弊、专业过失和破产相关事项。我们在本章中不讨论这些主题，因为它们是单独章节（分别是第五、第六和第十二章）的主题。

有一些适用于大多数而不是所有商业纠纷的首要考量因素。这些因素包括因果关系、减轻和事后证据的使用。我们将在下面讨论这些考量因素和法务会计师的作用，然后再进一步更详细地考虑不同争议类型。

二、法务会计的作用

卷入商业纠纷的双方都可以聘请法务会计师。索赔人有责任证明和量化遭受的损失时，其证明通常是在法务会计师的协助下进行。或者，可以指定法务会计师协助辩护索赔并确定弱点和反驳理由。如果法务会计师有与索赔人和被告一起工作的经验，这对客户是有帮助的。丰富的经验有助于形成无偏袒的观点，并使法务会计师能够提前识别和预测具有潜在挑战的任何领域。

三、总体因素

(一) 因果关系

因果关系的法律概念要求原告确认所遭受的损失是由被告造成的。虽然造成损失的原因最终是一个法律问题,但这是一个介入商业纠纷的法务会计师需要考虑的领域。当被告参与其中的事件碰巧发生损失时,常常会提起索赔。然而,时机的巧合性并不一定意味着是被告的行为造成了损失。

 实例 10.1

网站内容复制损失

A 公司已经证明两年来每月的营业额都在增长。该公司在 6 月份开始注意到其月营业额下降,并发现 B 公司一直在从其网站复制内容。A 公司向 B 公司提出索赔,但 B 公司成功地进行了辩护,理由是损失并非由其行为(并非非法行为)造成。A 公司未能投资新技术跟上谷歌搜索算法的步伐,在支付模式方面,也没有适应市场驱动的需求。B 公司及其竞争对手都进行了大量投资,因此提高了月度销售额和市场份额,损害了 A 公司的利益。

重要的是,法务会计师应考虑因果关系,并在早期阶段与委托律师或客户讨论,以确定索赔是否值得进行,以及是否需要进行任何会计分析来证明因果关系。

因果关系是通过"要不是"测试来解决的。简而言之,这个测试问:"要不是 x 的存在,y 会发生吗?"如果答案为否,则因子 x 导致了结果 y。在考虑"要不是"立场时,法务会计师应查看现有的证据,以证明如果被告的行为没有发生,结果会有所不同。同样重要的是解决外部因素,例如:

(1) 竞争对手活动。
(2) 季节性或异常天气条件。
(3) 市场趋势与发展。
(4) 更广泛的经济效益。

提示

在考虑"量化"之前先思考"因果关系"并准备就客户对事件的解释提出质疑。注意巧合而非因果事件。

（二）减轻损失

索赔人有减轻其损失的义务，并且不能追回如采取合理的措施而可避免的损失。索赔人采取的行动以及未能减轻损失的行为是辩护的一个简单攻击点，也是指示律师和法务会计师都应该考虑的问题。法务会计师对索赔人业务的理解将有助于解决或从实际角度质疑减轻措施。

（三）事后证据

事后证据在量化损失中的使用或限制可能会对总额产生重大影响，这点将在本章相关部分讨论。然而，在现阶段，值得注意的是，法务会计师需要在所有涉及索赔的方面仔细考虑这个概念。重要的是要注意事后证据和减轻损失之间的相互作用，通过事后证据，可以采取不同的行动来减轻损失。然而，为减轻损失而作出的决定只能依据当时的情况来考虑。

例如，如果知道第三方违约后不久，手机制造商意外地进入清算程序，那么量化企业根据与第三方签订的为手机生产组件的合同而产生的利润损失是没有意义的。在这种情况下，损失可能是由于违反合同造成的，但事实上，销售给手机制造商的利润在未来是不会产生的。

再举这个示例，如果，由于不公平偏见的要求，在违约前不久，有必要对少数股东在零部件制造业务中的股份进行估值，那么无须考虑随后的清算（假设在较早的日期没有预测到这一点），这样做是适当的。在这种情况下使用事后证据会人为地降低在相关日期的估值。

（四）同期文件

在证明损失方面，最有说服力的证据形式是同期文件。事件后的记忆总是因当事人之间的商业关系破裂而受损，而事实本身往往也是有争议的。然而，公司没有考虑到诉讼需要准备或维持其财务和其他公司记录,并且可能没有时间或资源以法务会计师需要或期望的格式准备信息。因此,法务会计师可能有必要准备独立的分析,以量化所遭受的损失。如果在造成损失的事件发生后无法合理地整理财务信息,则双方最好同时发表声明或保存会议记录或其他相关通信。

(五)量化损失的方法

在计算许多商业纠纷的损失时,法务会计师必须考虑"要不是"被告的行为索赔人本应有的财务状况。"要不是"和实际财务状况之间的差额等于所遭受的损失。这与考虑因果关系时采用"要不是"测试的要求直接相关。

四、利润损失

利润损失索赔通常与违约或侵权行为(民事过错)有关。在法院可以对原告作出损害赔偿裁决之前,必须确信被告的所谓不当行为已经发生。这通常被称为认定责任。评估损害赔偿请求的金额通常被称为确定数额。

尽管在责任问题上如在审计过失的情况下也可能需要协助,但法务会计师通常协助的是确定索赔金额。在所有情况下,建议原告的法律顾问在诉讼的早期阶段寻求法务会计师的意见,因为情况可能是,有强有力的理由证明被告的责任,但索赔人几乎没有损失。代理被告的法务会计师可能会在程序的后期介入,并在研究索赔的优缺点以及是否有替代方法中计算价值总和。

尽管早期参与有好处,但法务会计师通常只参与诉讼的后期阶段,因为这被视为成本管理的一种方式。然而,这可能会适得其反,因为给了法务会计师足够的时间充分考虑相关问题。在某些情况下,法务会计师的早期参与有助于解决问题。

(一)评估金额

确定利润损失索赔金额的方法取决于造成损失的情况以及索赔人企业的性质。重要的是,法务会计师必须充分了解索赔人企业,特别是其财务业绩和状况,以便了解和评估在此背景下的索赔。

法务会计师需要收集、分析和解释与索赔相关的信息,以评估数量(见表10.1)。应考虑所有相关信息,包括支持索赔和不支持索赔的信息。法务会计师不能局限于考虑财务信息，在许多情况下，其他证据对损失的量化至关重要。

表 10.1　利润损失索赔信息来源

内部证据		
财务	财务报告	
	管理账户	
	预算/预测	
	薪金/工资数据	
营销	市场规模和份额信息	
	销售预算/计划	
	营销策略	
	客户沟通，如询问、取消、投诉	
生产	生产制造能力	
	加班时间表/加班详情	
	库存记录，包括报废详情	
	任何质量控制问题的细节	
其他	其他董事会会议纪要	
	与监管机构的沟通	
外部证据		
多方面的	竞争对手分析	
	人口数据	
	新闻报道	
	市场规模信息	

对于法务会计师来说，考虑索赔期间以及索赔前后的相关信息都非常重要。利润损失索赔可能与其数据和信息容易获得的过去一段时间有关。然而，它也可以涉及未来一段时间的损失，对于这段时间，假如可行的话，需要考虑预测和/或其他预测性信息来源。法务会计师需要考虑这些信息的合理性，包括它是如何生成的，以及基本的假设，以评估在多大程度上可以依赖这些信息。

> **实例 10.2**
>
> **涉及市场份额增长的索赔**
>
> 公司要求索赔未来利润的损失，理由是公司本应实现 25% 的年平均销售增长。根据现有市场信息预测，如果在未来五年内每年不减少 10% 的话，公司运营的整体市场将保持不变。该公司的索赔表明，其市场份额将在五年内从 2% 增加到 10%。公司之所以能够在这段时间内增加市场份额，可能有特定的原因，法务会计师需要质疑和调查这些原因。

（二）损失计算

在收集和分析相关数据后，法务会计师就可以准备计算损失。损失是指索赔人实际取得的利润与如果不是被告的过错本应取得的利润之间的差额。损失计算的起点通常是确定销售损失的金额。然后，就需要考虑适用于这些销售的相关利润率（见图 10.1）。

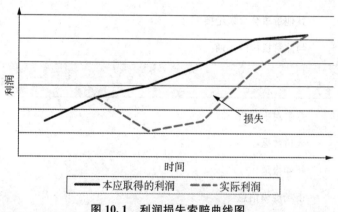

图 10.1　利润损失索赔曲线图

利润损失索赔通常按毛利润水平计算。这种方法假定索赔人不会产生与损失收入相关的销售成本，但依然会产生间接成本。如果不是这样，如销售成本是固定的，损失金额将以损失的收入为基础进行计算。如果某个独立的业务部门不能继续运营，损失金额可能基于净利润进行计算。在某些情况下，整个企业都已亏损，例如，由于被告的行为而被迫进行清算。在这种情况下，损失通常等于整个企业的价值。

 实例 10.3

计 算 损 失

A 公司在与有关定制机器模具的供应中遭受合同违约。A 公司根据合同约定，就本应卖给 B 公司的 100 个机器模具的利润损失提出索赔。在这 100 个机器模具中，40 个已经制造出来，这些模具不能卖给其他客户。因此，利润损失等于尚未生产的 60 个模具的毛利润和已经制造的 40 个模具的毛收入的总和。

有关索赔人实际收入和实现利润的信息应轻易能得到。然而，这往往并不是"要不是"情景下本应实现的收入和利润。法务会计师需要考虑索赔人可以合理实现的利润。通常，考虑不同可能情景下的系列预测比单一结果更合适。

（三）节省和浪费的费用

索赔人不应被置于比如果没有被告过错情况下更好的处境。因此，法务会计师需要考虑索赔人是否节省了其他与损失收入相关的销售可变费用之外的费用。例如，如果索赔人因错误行为而节省了部分固定费用，则需要从计算的损失中扣除这些费用。

 实例 10.4

节 省 费 用

一家公司的办公室发生了灾难性火灾，必须搬迁到另一个地方。这家公司在搬迁期间无法经营。公司就其无法经营期间的利润损失提出索赔。公司在损失期间节省了大量的日常开支，如租金、费用、光和热，因此在计算损失时应扣除这些节省的日常开支。

 提示

> 许多利润损失索赔中都有些节省费用。识别和处理这些节省的费用，同时降低索赔金额，将证明法务会计师相较于法院的独立性。

索赔人还可能产生如果不是被告的过错而本应避免的额外费用。只要能够合理地确定这些费用不会在"要不是"情景下产生,这种浪费的费用就应加在利润损失索赔中。浪费费用的示例包括因提供有缺陷的产品而购买替代产品的成本,或因被告未能按时交付而租用设备的费用。

索赔人的索赔通常包括对由于处理不当行为及由此产生的争议而浪费管理时间的索赔。很难量化所花费的时间,也很难证明索赔人由此而遭受的任何相关损失,因为管理时间往往是企业无论是否存在不当行为都会发生的固定成本。但是,如果管理时间因不当行为和争议而显著地变化,以致对不受争议影响的业务领域的绩效产生影响,则可以证明已经遭受了损失。

五、间接损失

自2008年全球金融危机以来,针对主要结算银行的索赔数量有所增加。这包括付款保障保险和利率对冲产品(interest rate hedging products,IRHP)的不当销售,伦敦银行同业拆借利率和外汇操纵,以及对陷入困境企业的不公平对待。这导致了金融行为监管局(FCA)对银行和其他金融机构的行为进行了大量的审查,并导致了政府的审查,如汤姆林森银行贷款实践报告。

原告客户和被告银行均聘请了法务会计师协助量化索赔,尤其是银行行为造成的间接损失。在这种情况下,间接损失等于当索赔人使用了因涉嫌不当行为而向银行支付的额外款项情况下,企业可能产生的利润。因此,计算损失的原则与利润损失索赔的原则相似,但提出索赔的起点是索赔人被剥夺的资金。

 实例 10.5

不 当 销 售

一家房地产投资公司建立了一个租赁资产组合,产生了租赁收入,并从资本增值中获益。房地产投资组合被杠杆化,作为贷款的一个条件,公司被要求订立利率对冲产品协议。调查发现,该公司被错误地出售了利率对冲产品,同时公司收到了银行根据利率对冲产品支付的基本赔偿金以及利息。公司对间接损失提出了进一步的索赔,声称如果利率对冲产品没有错误出售,该笔利率对冲产品额外款项将被用于进一步扩大其投资组合。购买额外的房产会产生额外的租金利润,并在损失期间增值。

在准备间接损失索赔时,重要的是要考虑可用的证据,如同期商业计划或其他战略文件,以证明索赔人会采取其声称的行动。外部证据也是一个重要的考虑因素。例如,如果索赔是基于公司能够购买 50 套房产,但事实上市场证据表明,在损失期内只有 40 处房产可供购买,则索赔人遭受的损失不可能超过 40 处房产。企业能力和行业业绩可能具有特别重要的意义。

六、股东和合伙纠纷

股东和合伙企业之间的纠纷通常发生在相关各方之间的沟通和信任中断之后。这些通常被称为"公司离婚"的争端在本质上可能变得尖锐和个性化,特别是当同一个家庭的成员牵涉其中时。最常见的指控是根据 2006 年《公司法》第 994 条规定的不公平偏见。虽然这项立法不适用于合伙企业,但也可能在合伙企业纠纷中提出类似的指控,尽管这些指控将取决于现有合伙协议的条款。

股东和合伙企业纠纷的具体情况可能有所不同,但通常包括以下一项或多项指控:

(1) 未能尽心尽力履行要求的义务。
(2) 排除成员参与业务。
(3) 对企业和/或其资产的控制和滥用。
(4) 转移企业资产(包括客户)。

在股东纠纷中,法务会计师在量化由此产生的损失之前可能参与证明不公平偏见事实上已经发生。在索赔人为少数股东而非董事或被排除在企业之外的情况下,这可能很困难。在这种情况下,对相关财务信息的获取可能极其有限,法务会计师可以参与提出信息请求或者协助申请具体披露。

实例 10.6

报 酬 索 赔

在一家建筑和房地产开发公司的三个平等股东兄弟姐妹之间的纠纷中,有人指控,其中两名股东获得过多的报酬,他们利用公司资源从事私人物业工作,且公司未支付股息。法务会计师被聘请来量化从公司获得的报酬和其他利益,以及公司就董事个人拥有的物业承担和支付的费用。

在证明了所谓的损害行为已经发生后，法务会计师将需要量化由此产生的损失。通常的结果是，索赔人希望被解除股东或合伙人的资格，并获得其股份或企业份额的公允价值。因此，在调整被告行为的财务影响后，法务会计师将被要求对被指控的不公平行为被视为发生之日所涉及的企业进行估价。因此，法务会计有必要：

(1) 根据市场价格调整支付给董事的报酬。

(2) 消除个人支出计入营业支出的影响。

(3) 假设事实上与姊妹公司签订的合同是与相关公司签订的。

(4) 将利润率调整为反映获得的商品和服务的实际成本，而不是支付给姊妹公司的夸大成本。

(5) 将两个公司的财务结果汇总为一个公司（例如，当交易从一个共同拥有的企业转移到一个少数股东没有利益的公司时）。

如果有争议的行动已经发生了一段时间，"解除"这些行动就变得更加困难，可能必须作出假设。

在对过去某个时间点进行估值时，法务会计师必须注意避免估值受到估值日后发生的行动和事件的影响。这可能会造成实际困难，因为准备企业估值所需的信息是实时的，而不是追溯性的。此外，法务会计师很难忽视重大事件，如英国 2016 年 6 月决定退出欧盟的影响。

由于不公平损害索赔的索赔人是少数股东，因此通常会在应用折扣后对少数股东进行估价，以反映少数股东缺乏控制权。法务会计师应与他或她的指示律师讨论这一点，因为在某些情况下，法院将下令在不打折的基础上进行估价。法院还可以裁定公司当时是准合伙企业，在这种情况下，不打折的估价可能是适当的（见第七章，进一步讨论少数股东折扣）。

七、公司交易后的纠纷

在买卖全部或部分业务后，公司交易后的典型纠纷包括交易决算纠纷和违反保修索赔。在交易完成前任命一名具有咨询能力的法务会计师有助于减少交易完成后争议的发生率。

具有交易相关争议经验的法务会计师可以指出买卖协议（sale and purchase agreement，SPA）的缺陷，并通过查看财务定义、财务保证和交易决算政策和程序对购买价格的影响，找出最大化应收对价或最小化应付金额的机会。

一旦进行了公司交易，法务会计师通常会参与随后发生的任何财务纠纷。建议可以是以咨询形式，也可以是以专家身份。

（一）交易决算纠纷

交易决算是许多买卖协议的要求。它们不是一套标准的账目，而是一份文件，用于显示目标企业在完成日期的净资产（或其子集）。交易决算被用作完成时调整买方应付价格的手段。根据买卖协议的具体条款，如果净资产超过买卖协议中的目标值，买方将向卖方支付额外款项；如果净资产低于目标值，卖方将弥补差额。这意味着交易决算可能对目标企业的最终应付价格产生重大影响，为双方之间产生分歧提供了余地。

根据盈利能力支付计划条款，在支付到期时可能出现类似的分歧。盈利能力通常用于弥合卖方和买方之间的价格预期差距，并参照交易后预定期间内目标企业的利润向卖方提供延期付款。

法务会计师可以被任命为专家，以确定争议项目的价值或担任其中一方的顾问。专家确定过程包括以下关键步骤：

（1）对争议项目的识别和认同。
（2）双方提交的详细说明争议事项的书面材料。
（3）有回应对方意见的机会。
（4）法务会计鉴定。

要记住的关键点是，与公司交易有关的任何争议都是通过参考买卖协议来确定的。买卖协议将规定应采取的具体会计政策和程序，并可以规定专家会计师应遵循的程序。即使在定义不寻常的情况下，也应遵循买卖协议中的定义，不得有任何变化。

债务可以定义为包括贷款、透支、任何中断条款下的到期金额、养老金负债、准备金和客户存款。现金可以定义为银行存款、手头现金以及备用现金。

最典型的分歧包括股票估值、坏账准备和收入确认。在编制竣工账目时，应在多大程度上考虑事后证据，这也可能是一个分歧的领域。如果买卖协议中没有规定，法务会计师将需要采取并准备证明自己的观点。

提示

> 在决定采用适当的会计处理时，请务必参考买卖协议。买卖协议规范争议，即使双方同意的表述也不能产生"公平"的结果。

对于法务会计师来说，最困难的领域通常出现在对会计政策层次的解释上，该会计层级是制定交易决算的依据。层级通常由三个元素组成，通常可规定按照以下要求编制交易决算：

(1) 买卖协议规定的个别项目的具体会计政策。
(2) 目标企业以前在其历史财务报表中采用的会计处理方法。
(3) 英国公认会计准则（英国公认会计实务）。

具体的会计政策通常优先于其他两个要求（一致性和英国公认会计准则）。如果有一个明确的层次结构，无论是按照上面列出的顺序，还是项目2和项目3颠倒，法务会计师都清楚地了解编制交易决算应采用的依据。但是，当项目2和项目3合并时问题就会出现了。

 实例 10.7

会计政策层次不清

交易决算应在"与上一年一致且符合英国公认会计准则"的基础上编制。备件库存以前被估价为每单位1英镑，比每单位的可变现净值高20%。对于专家来说，面临的难题是：一致性处理把备件估价为每单位1英镑，但这不符合英国公认会计原则，英国公认会计原则将备件估价为每单位80便士。

实例10.7不可能符合买卖协议的要求。在这种情况下，专家可能需要就协议的解释和涉及的具体条款的解释寻求法律意见。虽然乍一看，公司账目不太可能包含不符合公认会计原则的项目，但事实上这很常见。账目的编制通常依据一定程度的重要性原则，然而在交易决算纠纷中没有重要性概念，尤其是在参考目标净资产数据进行逐磅调整的情况下，每磅都很重要。

在大多数情况下，除舞弊或明显错误的情况外，由法务会计师确定争议的解决方案是最终的和最具有约束力的。专家决策者的决定是否合理将根据买卖协议规定或双方另行的约定来判断。

（二）违反保证

保证是买卖协议中关于企业的声明，即除非披露函中有规定，销售公司所述是真实的。违反保证并不构成违约，尽管买方有权因违反保证而要求损害赔偿。财务保证可大致归类为涉及目标企业或其整体账目的一般性保证；或与目标企业或其账目的特定部分有关的特定保证。

实例 10.8

一般保证和特定保证

一般保证
- 账目真实、公正。
- 账目的编制与前几年一致。
- 自账目编制日起,业务无重大不利变化。

特定保证
- 固定资产价值是指建设的合法成本。
- 自账目编制日起,客户未发生损失。
- 任何供应商没有超过所有采购总额的 25%。

法务会计师通常会参与证明存在违反保证的行为以及量化由此造成的损失。在某些情况下,相同的索赔可以在一般和特殊保证下提出——在大多数情况下,根据特定保证提出的索赔比根据一般保证提出的索赔更容易证明或反驳。这是因为一般保证通常更主观。

合理索赔损失是所保证的企业价值与违反保证下所确认的企业真实价值之间的差额。在大多数情况下,所保证的企业价值将是为公司支付的价格。然而,如揭露所示,情况并非总是如此。

如果买方已经知道真实情况,那么所保证的企业价值和真实价值之间没有差异,因此没有损失。如果买方支付的金额超过所保证的企业价值,则在量化损失时,该价值可能会降低,买方可能无法收回超额部分。

实例 10.9

保证索赔价值的计算

购买价格＝1 100 万英镑

保证价值＝1 000 万英镑

真实价值＝800 万英镑

损失＝200 万英镑(保证价值与真实价值之差)

买方可能超额支付了 100 万英镑。但是,如果在购买前知道违反保证,那么保证价值将等于 800 万英镑的真实价值,不会有任何损失。

在确定存在违反保证的情况下,评估违反对目标企业的影响,以确定违反是否影响了企业的价值,这一点很重要。如果交易谈判中采用的估值模型对企业价值没有影响,则不会有损失。

 实例 10.10

违反保证但不遭受损失

一家能源公司收购了一家总部位于亚洲的目标企业。它担心为赢得生意而行贿,因此寻求在这方面的保证。收购完成后,发现有行贿。然而,付款是在过去,购买价格是参照未来预期现金流计算的,因此没有损失。

对于涉及保证索赔的法务会计师来说,更广泛地审查买卖协议,而不是简单地查看索赔项目的特定保证,这一点很重要。担保、卖方提供的赔偿以及交易决算机制之间经常存在一些相互作用。许多买卖协议都有最低限度的条款,在这些条款之下不能提出索赔。

与本章开头讨论的事后证据和缓解的一般主题有关的论据经常困扰有关保证争议。此外,法务会计师面临的一个实际困难是在收购完成一段时间后可获得的信息。收购人通常会对目标企业采用的会计政策进行变更。这会影响法务会计师对不同时期财务结果进行比较的能力。在这种情况下,法务会计师必须对报告的财务结果进行必要的调整,以确保在类似的基础上进行比较。

八、终止商业代理协议

商业代理发生终止时,如果终止违反1993年《商业代理(理事会指令)条例》(以下简称《条例》),代理人可以要求赔偿经济损失。损害赔偿请求的依据是《条例》第17条,损害赔偿可以是赔偿(基于机构商誉的价值)或补偿(支付上限为一年的平均收益)。

在英国,继朗斯代尔 t/a 朗斯代尔代理诉霍华德和哈勒姆有限公司[2007] UKHL 32案之后,任何索赔都默认是赔偿。但是,在协议中有特别规定的情况下,索赔应以补偿为基础进行赔偿。一般来说,赔偿要求通常高于补偿要求。

法务会计师可以代表索赔人评估索赔的是非曲直,或帮助制定索赔。或者,法务会计师可以帮助被告质疑和评估索赔的合理性。

（一）赔偿要求的量化

商业代理终止时的赔偿金额，按照终止时该代理业务的市场价值计算，该计算基于第三方在终止时可能合理预期支付的金额。市场价值将根据业务估值原则确定，最有可能是基于如第七章所述的收益倍数。

赔偿要求的量化可能很困难，特别是因为没有现成的代理业务市场，也没有关于此类业务支付价格的报告细节。虽然双方应能就代理人过去应收取的收入达成一致，但代理成本的量化是一个常见的争议领域。由于多个代理机构，共享开销等公共资源，以及作为代理人的个人的存在等，情况往往变得复杂。法务会计师需要确定合理的分摊此类费用的依据。

（二）补偿要求的量化

对商业代理人的补偿，根据《条例》第 17 条，有必要证明：
(1) 代理人为委托人带来了新的客户，或者显著增加了与现有客户的业务量。
(2) 委托人继续从这类业务中获得实质性利益。
(3) 补偿的支付是公平的，已考虑到所有情况，包括代理人损失的佣金。

补偿金在欧盟比在英国更普遍。补偿的计算比赔偿的计算更主观，法务会计师须考虑在代理人可能实际影响的期间（通常为 2~3 年，但可能更长，视情况而定），从新客户/增加的业务与老客户中收到的总佣金的价值。考虑到提前收取损害赔偿金，需要对未来收入进行折现。在英国，可能有必要扣除代理人在产生这些佣金时可能发生的费用。穆尔诉皮雷塔 PTA 有限公司［1999］1《全英报告》174 中采用了这种方法。但是，其他欧盟国家采取了不同的做法，通常对权益进行调整，即对代理人产生的费用或委托人因代理关系而获得的其他利益进行的调整，而不扣除费用。

按上述规定计算的金额需要与《条例》第 17 条所指的上限进行比较。这相当于根据协议终止前五年或协议期（如果更短）从委托人处获得的一年的平均收益。

九、强制征购令

强制征购令（compulsory purchase order，CPO）允许授权机构在符合公共利益的情况下，未经业主同意而收购土地或房产。赔偿金应支付给受强制征购令影响的个人或企业，法务会计师很可能参与量化与搬迁有关的索赔损失（与企业搬迁相关的成本，以及可能产生的任何临时利润损失），或很少涉及的清盘损失（企业无法实际搬迁至其他场所且必须清盘时遭受的损失）。

有争议的强制征购令由土地审裁处处理。处理强制征购令下索赔的法务会计师应熟悉土地审裁处所遵循的具体规则。但是，从广义上讲，损失的量化在很大程度上遵循了本章前面关于利润损失和第七章关于企业估值所讨论的原则。其他发生的费用，如搬迁费、裁员费或或清盘管理费，可通过参考第三方发票相对容易量化。

由于索赔通常是提前的，在强制征购时应支付赔偿金，法务会计师很少或根本没有机会利用事后证据计算损失利润。索赔人减轻其损失的义务仍然存在，例如，以最大限度地降低成本和潜在利润损失的方式进行索赔人业务的搬迁。

十、本章小结

法务会计师在商业纠纷中的作用是多种多样的。尽管如此，在所有情况下都需要考虑一些共同的主题：因果关系、减轻和事后证据。

损失的量化涉及"要不是"测试的应用。这项测试要求法务会计师考虑"要不是"因为被告的行为原告本应有的财务状况。"要不是"和实际财务状况之间的差额等于所遭受的损失。

本章介绍了法务会计师在商业案件中的参与情况，涵盖以下具体类型的索赔：

(1) 利润损失索赔。
(2) 间接损失。
(3) 股东和合伙企业纠纷。
(4) 公司交易后的纠纷。
(5) 商业代理协议的终止。
(6) 强制征购令。

介入民事索赔的法务会计师还会涉及舞弊、专业过失和破产等相关事项，本书的其他章节包括了这些内容。

第十二章

婚姻案件中的法务会计

凯特·哈特

一、引言
二、离婚程序
三、表格 E——起点
四、企业估值
五、资产分割
六、收入
七、追溯性估价
八、资产追踪
九、复杂的资产持有结构
十、抚养费变更
十一、本章小结

学习目标

本章旨在让读者理解：

- 离婚程序和法务会计师的作用。
- 企业估值和流动性。
- 资产分割。
- 可持续收入。
- 不太常见的参与领域（追溯估值、资产跟踪、复杂资产、抚养费变更）。

一、引言

在本章中，我们研究法务会计师在婚姻案件中的介入。婚姻案件适用家庭程序规则。除了使用不同的法律框架外，婚姻工作还面临着一系列的挑战。离婚通常会受到情感上的指控，一方当事人可能会怀疑另一方当事人的行为有意损害夫妻的经济状况，有时这是有根据的。法务会计师通常不会卷入个人指控和争论，认识到这些问题并加以调整，以处理与工作相关的信任问题，这一点很重要。

本章首先概述了离婚过程以及法务会计师的参与。其次，继续讨论了法务会计介入的关键领域：企业估值、资产分割和可持续收入。最后，还讨论了其他不太常见的参与领域，如追溯估值、资产跟踪、复杂的资产持有结构以及抚养费变更的应用。本章结束时，读者将全面了解在解决婚姻诉讼的财务问题中法务会计师的价值。

二、离婚程序

在婚姻破裂之后，离婚诉讼中的主要关注领域之一将是双方能够达成的财务和解的条款。有许多方法可以实现这一点：

（1）双方之间的非正式协议。

（2）调解，涉及各方之间的会议和公正的调解人，该调解人促进各方之间的和解，但不作出决定。

（3）仲裁，当事方指定一名独立的仲裁员来监督程序——实际上是一个私人的、精简的法庭程序。

（4）涉及三次听证和规定程序的法院程序——首次指示任命听证会、财务纠纷解决听证会和最终听证会。

（5）合作法，各方都有自己的法律顾问，双方试图通过庭外圆桌会议解决争议并就问题达成一致。

如果涉及的个人资产和收入相当简单且易于理解，离婚程序可以在会计师的协助下进行。然而，如果提供的信息很复杂，或者经营性资产由一方或双方所有，则可能需要聘请法务会计师。

（一）法务会计师的作用

概括地说，法务会计师在婚姻案件中的作用是澄清当事人的财务状况。婚姻纠纷可能由于复杂的所有权和/或组织结构和收入来源，或纯粹是双方之间缺乏信任而变得混乱。因为对情况有了更好的了解，法务会计师的参与可以使一方或双方有信心达成财务和解。

法务会计师的参与可以是轻触式的，也可以是详细的。不管案件的复杂程度如何，为了心平气和，任命一名咨询会计师审查财务信息并确保没有遗漏任何重要信息可能是明智的。法务会计师可以被任命为以下任何角色：

(1) 当事人指定顾问（PAA）。
(2) 当事人指定专家（PAE）。
(3) 单一联合专家（SJE）。
(4) 影子专家。

法务会计师所从事工作的性质将根据具体的任命类型而有所不同。当事人指定顾问通常在"幕后"进行工作，由于没有向法院报告的要求，咨询工作可以以更非正式的方式进行。当担任当事人指定顾问时，法务会计师可能会被要求专注于有利于客户案件的事项，因此他或她需要警惕咨询角色转变为要求独立的专家角色的情况。

对于当事人指定顾问来说，提醒律师不要损害他们的客户以便考虑和解决问题是很重要的，特别是当当事人指定顾问成为当事人指定专家时。当事人指定专家由离婚的一方指定，以告知法院有关他或她的专长的事项。单一联合专家在婚姻案件中非常普遍，由双方一致同意任命，任命单一联合专家的目的是提高效率和降低成本。从理论上讲，鉴于双方均同意指定，它还应该能缩小分歧的范围。

在离婚案件中一个常见的误解是，法务会计师有能力获取私人信息，如银行对账单或按揭贷款单据。事实上，法务会计师依赖于当事人提供完整、准确、可靠的信息。如果一方决定妨碍法务会计师的工作，则法务会计师只能向法院解释其行为的影响，以供其考虑。如有需要，法务会计师应注意依赖双方提供的信息。确保所依赖信息的准确性不是法务会计师的职责，而且通常也不可能做到这一点。然而，法务会计师应该以专业的怀疑态度对待这些业务，并应在适当和相称的情况下获得支持性证据，包括获得第三方确认书。

（二）法务会计师的工作成果

法务会计师的工作将取决于委托的性质，可以采取以下形式：

(1) 报告。
(2) 信函。
(3) 电子邮件。
(4) 计算。
(5) 讨论。
(6) 参加调解/协作会议。

如果被任命为专家，则需要一份正式报告，包括根据家庭诉讼规则第 25 部分向法院作出的声明。根据《家庭诉讼规则》第 25 部分的规定，指示单一联合专家的任何一方都可以在收到报告后 10 个工作日内进一步询问法务会计师，以澄清报告。

如果法务会计师由一方以顾问身份所指定，则成果形式可能更为非正式，如信函、计算、电子邮件或必要的讨论。为避免产生不必要的费用，咨询任命很少要求提供正式报告。如果双方通过调解或合作会议寻求达成协议，则法务会计师出席来解释事项应该是有益的。这在其中一方对财务和商业事务知之甚少的情况下尤其有帮助：法务会计师的存在有助于使双方处于同等的地位。

（三）处理离婚的现实问题

在许多离婚案件中，双方都打算友好地进行。然而，在婚姻破裂的同时，如果不是在开始时，那么在这个过程中的某个时刻，信任也会出现破裂。如果这对夫妇的资产包含了他们在婚姻期间建立和经营的企业，则各方对资产的分割均会产生情感兴趣，而且很难确定一个切实可行和公平的方法。

重要的是，法务会计师要得到明确的指示，列出他或她需要评判的事项。这些要点，也只有这些要点，应该在报告或其他成果中加以解决。如果任命的是单一联合专家（SJE），当指示专家时，双方应就指示达成一致。如果无法达成一致，那么各方可能需要提出自己的指示。两套指示不太可能产生高效或经济的程序，并可能使财务纠纷听证会上的问题难以解决。这是因为不同的指示可能导致作出不同的假设和得出不同的结论。法官不知道哪个更现实，可能很难在这两种选择中作出选择。

如果司法会计师被任命为单一联合专家，则必须始终表现出独立、透明和公正。在实践中，这包括从成果中不偏袒一方的明显行动，到确保与当事方的所有信函都复印给过程双方的顾问。

 提示

为了保持独立性，作为单一联合专家的法务会计师应避免被卷入个人谈话中，并严格遵守其指示。

（四）费用

在离婚案件中，费用是一个非常敏感的问题。双方正在分拆他们的全部财富，离婚所引起的费用耗尽全部婚内财产。个人不能收回个人支出增值税，这意味着专业费用的增值税必须由个人负担。

法院经常对法务会计师收取的费用设定上限。有时这些上限是恰如其分的，有时不是。在后一种情况下，法院似乎更关心的是价格而不是得到正确的答案。鉴于太过紧缩可能对质量造成影响，法务会计师应仔细考虑是否接受指示。

单一联合专家的工作费用通常由离婚双方均摊。然而，法院有时会命令一方全额支付法务会计师的费用。支付费用的方式在法务会计师的受托权限内有规定。法务会计师希望双方有足够的资金在开工前支付费用。

三、表格 E——起点

离婚协议达成财务协议的第一步是双方备制一份表格 E，记录双方的财务资产和负债。表 11.1 对其进行了汇总。

表 11.1 表格 E 汇总

表 E	
资本	£
不动产和个人资产	X
负债和资本利得税	(X)
企业资产	X
其他资产	X
资产总值	X
收入	£
就业	X
自主创业	X
国家福利	X
其他来源	X
未来 12 个月的预计净收入	X

填写表格 E 就是按照对应项进行填空，表格附有证明文件。双方披露的信息往往很简短。因此，每一方都有机会通过问卷调查就另一方表格 E 提出问题。这是法务会计师能够提供协助的第一阶段。调查问卷的目的是解决诸如信息缺失、需要澄清的披露、表格 E 中的不一致，以及任何所需的附加信息等问题。

在这一阶段，法务会计师的作用是确保就财务事项提出正确的问题。调查问卷需要针对手头的问题量身定制，并从实际、成本和风险敏感的角度进行探讨。对于表格 E 表面上不清楚但法务会计师可以通过参考支持性文件了解的信息，没有必要提出问题。调查问卷通常提供的信息量很多，审查反馈的过程可能是耗时的。不必要的问题会带来以下风险：

(1) 重要信息被埋没和忽视。
(2) 激怒应诉方，导致他或她不太愿意透露信息，进一步打破当事人之间的信任关系。
(3) 增加双方的成本，耗尽整个婚姻储备。

法务会计师应考虑整体呈现的信息，以便充分了解表格 E 中详述的财务状况，而不是孤立地评估各个方面。表格 E 的不同部分之间通常存在显著的相互影响，这可能导致所提供的信息不一致。例如，如果表格 E 披露了企业资产，法务会计师应在表格 E 别处其他地方看到与企业资产有关的其他条目。相关的披露可能包括出售或转让所持股份时资本利得税负担，以及与从公司获得或与公司所欠资金有关的董事（经理）的贷（放）款账户的资产或负债。

 **实例 11.1**

识 别 资 产

琼斯先生拥有 XYZ 有限公司，这是他几年前成立的一家盈利公司。公司成立时，琼斯先生借给公司 5 万英镑。这笔款项尚未偿还给琼斯先生，因此除了就他在公司的股票价值确认一项资产外，琼斯先生还应确认一笔应偿还给他的借出款资产。

（一）非企业资产和负债

1. 不动产及资本利得税

在表格 E 中，双方必须披露所有不动产的价值，包括家庭婚姻住宅、任何度假屋，以及双方直接拥有的租赁和/或商业不动产。未偿还抵押贷款以及处置不动产应缴纳的任何资本利得税需要扣除。

法务会计师无法对不动产进行估值，不动产估值应由双方指定的人员，如鉴定人或房地产代理进行。但是，税务会计师（或具有税务相关知识的法务会计师）可以协助审查和计算资本利得税负担。请注意，如果不清楚个人的完整纳税历史时，可能有必要作出假设，并将其明确传达给指示方。

2. 养老金和其他资产

法务会计师除了理解所呈现的财务信息之外，几乎不涉及对表格 E 审查的领域。在拥有股票期权的情况下，法务会计师可以审查期权计划的细节，并就期权的价值以及行使期权或处置股票时可能产生的税务负担提供建议。

（二）企业资产

表格 E 的一个重要争议点通常是企业资产的估值。在通常情况下，也许是因为股票没有现成的市场，一方会赋予既定的盈利企业零值。在其他情况下，不参与业务的一方可能从不可持续的情境中获益，因此可能会认为企业的利润远高于实际情况。双方对企业价值的看法可能存在很大差异。

确定上市公司股票市值的过程很简单，因为公布的信息很容易获得。但是，对于业主管理企业或其他私人有限公司的股东来说，没有公开的信息，因此很难就价值达成一致。在通常情况下，正是表格 E 的这一层面促使当事人去获取法务会计师的协助。

可以聘请法务会计师就与经营性资产有关的下列事项发表意见：估值、流动性、资产划分和可持续收益（下文讨论）。在某些情况下，法院可能认为将企业视为不具有适用于所持股份的可分离价值的创收工具是适当的。在通常情况下，个人为了税收目的而通过有限公司进行经营，但其实际上是一名自营商（如为许多客户提供服务的顾问）。然而，如果企业的所有者从未将其视为具有单独可识别价值的资产，则有时将企业归为零价值，因为离婚的所有者被视为构成企业价值的关键。

依赖于所有者的企业很可能具有与所有者不同的实体价值。为了获得这一价值，可能有必要解决继任规划问题和/或通过一项获利安排出售企业。

四、企业估值

第七章讨论了企业估值的方法。然而，在婚姻诉讼期间考虑企业的估值时，应当强调以下四个方面：

(1) 公司是否为可分离的外贸公司？
(2) 什么是个人资产，什么是企业资产？
(3) 公司治理相关文件中是否对估值提出了任何限制？
(4) 少数股东持股是否应实行折价？

如上所述，公司的成立对于个体经营者来说是很有吸引力的，因为这是一种获得报酬的节税的手段。在这种情况下，公司的收入可以附属于个人，因此如果将公司股票估值为超过公司资产的价值，将有效地提前资本化个体经营者的未来收益。如果从公司获得的收入也在表格 E 中披露，就会导致重复计算收入。在这种情况下，重点应该放在公司和个人预期获得的收入上。

通常，法务会计师会对一方或双方都参与其中的业主经营的企业进行估值。在业主管理的企业中，个人资产和经营性资产之间的区别可能变得模糊。法务会计师必须识别这两者，包括为计算企业市场价值进行必要的调整。个人资产应在表格 E 中单独披露。企业以一方或双方的不动产进行经营而未支付租金的，有必要调整市场租金。

实例 11.2

夫妇双方拥有的商业地产

贝尔先生和夫人拥有 ABC 有限公司。他们还拥有公司经营用的地产。ABC 有限公司年利润为 3 万英镑，但不向贝尔夫妇支付租金。该物业的市场租金为每年 4 万英镑。因此，如果公司支付市价租金（如出售给第三方），则每年将产生 1 万英镑的亏损。

公司的评估基准，可以由公司章程或者股东协议规定；公司章程也可以对股份转让作出限制。例如，公司章程范本的表 A 包括"董事会可拒绝登记未缴足股款的股份转让给未经批准的人，并可拒绝登记公司拥有留置权的股份转让"。在离婚当事人拥有的公司里，这不太可能成为问题，但如果存在其他不相关的股东，则可能会产生影响。向离婚当事人提供建议的人应确保在一开始就审查有关公司的法定文件，因为这可能会影响所从事的工作和向法务会计师发出的指示。

一方持有公司发行股本少于 100% 的，可能有必要对股份的价值进行折扣以反映少数股东对从公司获得的任何财务回报缺乏控制的事实。剩余的股份可以由离婚另一方、家庭成员、与公司管理层有联系的其他各方或者无联系的个人持有。剩余股份可由一人或多人持有。所有这些因素都需在确定适用的折扣时加以考虑（折扣的概念已在第七章中讨论过）。

公司股份为离婚双方所有的，法院可以认定不宜折价处理。这可能是因为法院认定公司是准合伙企业，或者是因为采用低于合并持股比例价值被认为是不公平的。

实例 11.3

夫妻企业中的少数折扣

布朗夫妇各自拥有一家公司 50% 的股份。单独持有 50% 的股权通常会有折扣。然而，如果对布朗夫妇采用折扣，他们的权益之和将少于公司的总价值，而事实上，加起来，他们拥有 100% 的股份。可以说，作为董事总经理的布朗先生应该准备为布朗夫人的股份支付溢价，以获得完全的控制权。然而，布朗夫人不太可能接受折扣，布朗先生也不可能准备支付溢价。在得出结论时，法务会计师不仅要考虑估值理论，还要考虑实际情况。

（一）税收

法务会计师有必要了解可能影响公司估值的税务事项。如果没有对税务问题进行核定和评估，未记录的负债可能会导致资产估值过高或表格 E 上的负债申报不完整。当业主经理未能充分区分经营性资产和个人资产时，未记录的纳税义务经常被确认为估值程序中的一部分。

例如，如果向一个客户提供咨询服务，并且被估值的公司被一方用作节税的收入获得方式，则英国海关与税务总署可将其视为就业收入。IR35 反避税立法可能意味着公司在就业税和国家保险缴款方面有未记录的负债。对于企业使用和开发但由双方拥有的不动产，个人拥有的资产增值可能会给他们带来应纳税的增加。一旦确定了企业的价值，就有必要考虑股票出售或转让的税务后果，否则会夸大婚姻资产，并且一方可能因产生额外的税务负担而处于不利地位。如果法务会计师参与考虑资产分割，如下文所述，还需要考虑其他重大税务事项。

（二）流动性

可能会要求法务会计师对公司的流动性作出评价，并要求法务会计师就如何获取资金用于现金结算提供咨询意见。这一过程的主要目的是了解能否取得资金，同时确保公司能够继续经营。

审查公司流动性的重点领域是现金、债务和任何可为额外借款提供担保的资产。

现金余额超过营运资本需求的公司很可能具有相对流动性,能够为股东的现金分配提供资金。然而,一个现金很少的公司仍然可以通过固定资产或流动资产的担保借款来为分配提供资金。

实例 11.4

举 债 能 力

A 公司和 B 公司是两个不同婚姻纠纷案件的标的,两个公司各自的价值为 400 万英镑。两家公司都拥有价值 200 万英镑的资产,而 B 公司拥有与这些资产相关的 180 万英镑债务(见表 11.2)。双方希望了解公司是否拥有可为借款提供担保的资产。

表 11.2 资产示例

	A 公司 (千英镑)	B 公司 (千英镑)
资产	2 000	2 000
相关债务	—	−1 800
资产净值	2 000	200

由于更强的资产头寸,A 公司有能力获得借款,而 B 公司没有。这是一个高层次例证,可能是 B 公司可以通过其他方式筹集资金。B 公司的利润很可能明显高于 A 公司,因为估值相同,但 B 公司的资产基础比 A 公司差。虽然 B 公司无法为资本分配提供资金,但由于其较高的盈利能力,可能会持续从公司获取更多收入。

关于公司流动性,有许多实际问题要考虑。考虑的问题将根据具体情况而有所不同,但可能包括以下内容:
(1)流动资金需求可能是季节性的。
(2)融资须经其他董事同意和信贷申请。
(3)借款增加将增加公司应付利息,这需要负担得起。
(4)除非有股息免除,公司为使各方能够获得资金而宣布的股息将支付给所有股东。

获得资金或出售资产可能需要考虑税收影响。公司应就出售剩余资产所得的收益缴纳公司税,股东应就收到的股息收入缴纳所得税。如果确定企业没有可获得的流动资金用于达成的财务结算,则有必要考虑双方今后可能获得的收入。这将在下面讨论。

五、资产分割

(一) 税务影响

可能会要求法务会计师就分割当事人资产的方法提出建议。在进行这样的活动时,法务会计师需要考虑建议的实用性,包括任何一方在企业中所扮演的角色,并确定实现干净分割的方法。通常,法务会计师能够提供最大帮助的领域是处理不同资产分割方法的税务影响,就最节省税收的方法和可获得的减免和选择提供建议。

在处置股份时,处置方(卖方)可能会获得资本收益。该收益是购买价格与处置时的市场价值(如果是关联方)或销售收入(如果是非关联方)之间的差额。收益取决于卖方应付的资本利得税。

实例 11.5

资产分割实例

戴先生和戴太太共同拥有 A 公司和 B 公司,A 公司的价值是 B 公司的数倍。戴先生是 A 公司的总经理,而戴太太经营 B 公司。A 公司经营多年来一直盈利,拥有经营场所;B 公司成立于两年前,虽然盈利,但在很大程度上依赖戴夫人带来的新客户,以及夫妻共同拥有的房地产运作。之前的婚姻家庭几乎没有什么平等可言。

在夫妻之间分割资产时,双方显然希望各保留一家公司。然而,A 公司和 B 公司价值之间的差异意味着戴太太可能需要其他资产,如现金或不动产,以便达到公平的解决方案。

可能会要求法务会计师对最节省税金的资产分割方法发表意见,法务会计师也应同时考虑到实际和商业方面的因素,如建议的现金流影响和当事人彻底划清界限的愿望。

(二) 可获得的减免

有一些减免可以减少或推迟应缴纳的税款:企业家减免(entrepreneurs' relief,

ER）和延期选择。企业家减免适用于在公司运营中起作用的股东。在满足一定条件的情况下，企业家减免可以降低资本利得税的税率。必须满足的主要条件是：

（1）卖方拥有超过5%的普通股资本和表决权。

（2）他或她是公司的高级职员或雇员。

（3）处置时已满足上述条件一年以上。

（4）公司是贸易公司或贸易集团的控股公司，没有实质性的非贸易活动。

针对企业家减免的应用，目前有终身1 000万英镑合格资本收益的限制。在处置股份时，卖方是公司的雇员或管理人员，这一点很重要。鉴于双方之间的个人困难，在婚姻纠纷中，通常会有压力或愿望要求一方尽早辞去董事一职，以促进公司的顺利运营。然而，这可能会显著增加后续处置股票时应缴的税款。在征求相关专业意见前，建议当事人不要采取行动。

如果股份以低于市场价值的价格转让，双方可选择延期，将收益推迟至接受方处置时确认。在此之后的日期，资本利得税应针对转让日期的价值与资产最终处置价值之间的差额支付。如果卖方在最初转让股份时有资格获得企业家减免，但接受方在最终处置时不具备资格，这项减免将基于全额资本收益而丧失。

应注意的是，在分居纳税年度，英国海关与税务总署认为双方之间的资产转移无论对价如何，其收益为零，损失为零。因此，此类转让不产生资本利得税。

（三）经营性资产分割方法

如果双方持有一家公司的股份，则有许多不同的方法可用于双方之间转让股份：

（1）将股份从一方转让给另一方——视为在分居年后按市场价值转让，并作为卖方的资本收益征税（资本收益税）。

（2）公司回购股本——公司购买股份，收益作为资本收益征税。

（3）公司回购所得股份——公司购买股份，但收益作为收入（股息）征税。

（4）成立一家控股公司以收购一方的股份——作为资本收益征税，尽管需要满足某些条件。

或者，双方可以将其股份出售给第三方并退出企业。虽然这种情况在离婚案件中很少见，但从企业处置中获得的现金是流动资产，很容易在双方之间进行分割。当然，企业的处置会对双方未来可能产生的收入产生影响。

（四）行动顺序

采取行动的顺序可能会对应付税款产生重大影响。表11.3总结了如果贸易企业价值400万英镑,且双方拥有平等的所有权情况下应缴纳的税款。一方向另一方出售价值200万英镑的股份时,应纳税总额在20万英镑至185万英镑之间。[1]

表11.3 股份出售或转让应纳税额示例

协议	应纳税额	承担方
1. 符合企业家减免条件的销售	£200 000.00	卖方
2. 不符合企业家减免条件的销售	£400 000.00	卖方
3. 符合收入购买条件的股份回购	£745 225.00	卖方
4a 由需要从公司获得资金的剩余股东购买		
为方便购买的利润提取	£1 450 121	买方
销售符合企业家减免条件	£200 000	卖方
合计	£1 650 121	
4b 由需要从公司获得资金的剩余股东购买		
为方便购买的利润提取	£1 450 121	买方
销售符合企业家减免条件	£400 000	卖方
合计	£1 850 121	

提示

法务会计师应确保其自身的税务知识是最新的——立法经常改变——并且他或她能胜任手头的任务。

(五)转让不动产的税务影响

如果公司拥有不动产,可以将其转让给一方或另一方,作为在双方之间分配婚姻

---

[1] 基于适用于2017/2018纳税年度的税率。资本利得税率:10%(符合ER)、10%(不符合ER,符合基本税率区间)、20%(不符合ER,不符合基本税率区间)。股息税率:0%(收到的第一笔5 000英镑)、7.5%的基本税率区间(高达33 500英镑)、32.5%的更高税率区间(33 500英镑至150 000英镑)、38.1%的附加税率区间(收入超过150 000英镑)。对为便于购买的利润提取征税采取利润作为股息获得,并按附加税率征税。

财产的一种手段。在这种情况下，公司将对处置该不动产所获得的利润（基于该不动产的市场价值）支付公司税，并且接受方将被视为已收到实物股息（如果是股东）或工资支付（如果不是股东）。

接受方将承担所得税义务，鉴于不动产是一种相对流动性较差的资产，因此需要考虑履行这一义务的可行性。按不动产价值计算借入资金来筹集应付税款这是有可能的，公司的价值将会因不动产处置而减少。

六、收入

一方预期实现的未来收入与法院可能作出的抚养费规定有关。收入可能包括就业工资，根据纳税申报表上披露的历史收入和就业合同中记录的历史收入，可以很容易地确定。来自一方所拥有的企业的收入可能更难确定。法务会计师经常被要求考虑可能从企业获得的可持续收入。其他收入来源包括投资（股息）和养老金收入。

可持续收入

可能会要求法务会计师就一方或双方可以从企业中获得的可持续未来收入发表意见。这往往是按年度数字计算的。在理想情况下，这将通过参考公司现金流信息来计算。然而，在实践中，许多业主管理的企业并不编制现金流量表，因为不要求在法定报告中包含此类信息。如果没有，为对公司估值而确定的可维持收益可用作起始点。

双方可以获得的可持续收入不同于公司的可维持收益（已在第七章中讨论）。这是因为可维持收益是参照企业应合理发生的支出来计算的，而可持续收入则考虑了当前管理层实际产生的成本。两者之间最显著的差异通常与董事薪酬有关。可维持收益是在扣除市场报酬率后计算的，而未来收入的计算是参照实际支付给董事的报酬。

可能还需要使用折旧作为资本支出（或已知的年度资本支出要求）、利息和税收的替代来进行调整。表11.4是基于公司估值中可能用到的可维持息税折旧摊销前利润的可持续收入的计算示例。税后现金是企业产生的现金的近似值。获得全部金额是不现实的，因为任何公司都应保留足够的现金，以满足其营运资本需求和已知或不可预见的支出。

表 11.4　可持续收入的计算

可持续收入的计算	
可维持息税折旧摊销前利润	X
董事报酬	
市场利率	X
实际利率	(X)
折旧/资本支出	(X)
利息（应付）/应收	(X) /X
税前现金	X
20%税率	(X)
税后现金	X

在评估双方可获得的可持续收入时，还必须考虑并强调对资金获得的实际限制，特别是在企业中有其他股东或董事的情况下。如果要获得资金作为股息，除非有股息免除，这些资金将支付给企业中的所有股东。在有非股东董事的企业中，这些人不太可能接受单方面增加支付给一名董事的报酬。

 提示

法务会计师应考虑其建议的实际影响。

在实践中，可持续收入的计算在某种程度上是一种理论性的实践。即使获得预先披露，法务会计师也必须对将来从企业中获得的未来收入作出假设，其中最明显的是企业的预期未来业绩已经实现。如果未来财务结果有所改善，可持续收入可能会增加。相反，如果业绩下降，可以从公司获得的可持续收入将减少。当然，企业未来的业绩很容易受到许多未知因素的影响，如规章制度和更大范围的经济领域的变化，新产品或服务的开发、新竞争对手的引入，以及损害或提高声誉的事件。

双方的可持续收入净额取决于采用的获得方法。以股息的形式获取收入是最节省税收的方法，但是法务会计师也应该考虑过去实际发生的事情，以及是否有其他股东要求分享收入。在必要的情况下，为了达成一致，一方当事人可以放弃其股息权。

实例 11.6

获 取 收 入

考克斯夫人拥有一家公司,每年可获得10万英镑的可持续总收入。假设她在2017—2018纳税年度没有其他收入,考克斯夫人的净收入将按获得方法不同而异,如表11.5所示。如果是作为薪水获取收入,考克斯夫人还需要缴纳国家保险费。

表 11.5 股息和薪金比较

股息		£	£	预扣所得税		£	£
股息总额			100 000	薪金总额			100 000
年免税额			(11 500)	年免税额			(11 500)
应税收入			88 500	应税收入			88 500
所得税				所得税			
5 000	税率 0%	—		33 500	税率 20%	6 700	
28 500	税率 7.5%	2 138		55 000	税率 40%	2 200	
55 000	税率 32.5%	17 875		—	税率 45%	—	
	税率 38.1%			88 500			
88 500				应纳税总额			28 700
应纳税总额		20 013		薪金总额			100 000
股息总额		100 000		应纳税总额			(28 700)
应纳税总额		(20 013)		净薪金			71 300
净股息		79 987					

七、追溯性估价

英国婚姻案件中资产共享的基点通常是均等分割,然后根据案件相关的具体情况进行调整。然而，资产分割也可以基于婚姻关系，即婚姻期间实现的资产增长。当一方在结婚前持有非上市企业的股份时，困难就出现了。

除非婚前协议一开始就已达成，并且当时对企业资产进行了估价，否则婚前资产的价值通常是未知的。在没有任何形式的同期估价的情况下，可能有必要追溯确定结婚时企业的价值。这是一项比现在对企业进行估值更为困难的任务。

除了关于信息可用性的实际问题外，法务会计师需要追溯估价，即好像当时已对企业资产进行了估价。事后证据应该被忽略。这说起来容易做起来难。例如，要求对2008年年初的企业进行估值的法务会计师应考虑当时的经济状况，忽略2008年9月开始的金融危机，对公司未来业绩的预期应比2008年9月之后进行估值更乐观。

尽管互联网上很容易获得有关经济和收益倍数的信息，但其中大部分信息都是当前的——回顾性地获取相关数据要困难得多。在行业特定信息的地方寻找，可能无法获得该信息。由于在避免事后证据的使用和信息的可用性方面存在困难，任何追溯性估价可能比当前的估价更不可靠，法务会计师需要确保对任何有所准备的此类估价提出适当的警告。

八、资产追踪

婚姻破裂可能使人怀疑是否存在隐藏资产，或者可能使人们发现以前未知的收入来源、债务和支出。当一个人过着明显的超越他或她已知资产应有的生活方式时，就意味着出现了隐藏资产的迹象。法务会计师可以分析披露的信息，并提出问题，以增加披露澄清情况。法务会计师最容易追查到的资产包括现金（银行或交易账户持有）、不动产和股票。

在通常情况下，资产跟踪的过程很复杂，因为有大量信息存在于难以操作的模式中。例如，很难理解上千页的银行和信用卡对账单。不完整、大量且眉目不清的披露有助于"隐藏"资产。任何资产跟踪工作的起点都是简化和合并信息，以便更容易地对其进行操作和理解。法务会计师应以消除共有账户之间的所有转账为起点。软件可以很容易地将银行和信用卡对账单数据转换到 Excel 中进行分析。

在婚姻案件中，资产追查方法也可用于确定离婚程序开始后所花资金的去向。为耗尽婚姻财产而故意支出的资金可以列入追加计划表，用于确定分居前婚姻财产的价值。

如上所述，法务会计师依赖于婚姻案件当事人披露相关信息。如果个人已采取行动隐瞒或减少其资产，则有合理的理由相信所提供的信息（如果有的话）是不完整的。这是法务会计师在进行分析并得出结论时应考虑的问题。可以从银行对账单分析中找出一些缺失的信息；然而，在某些情况下可能需要另一种方法。

九、复杂的资产持有结构

在某些情况下,离婚的一方是一个或多个信托的受益人或持有离岸资产。众所周知,信托是不透明的,很难获得必要的信息来确定信托所持有资产的价值,并确定其受益人可以获得的收入。类似的问题也出现在离岸商业利益方面,因为在英国,其财务信息不属于政府机构(依法保存备查的可作证据用的)备案材料。

信托公司无须登记账户,因此无须编制财务报告。但是,信托公司必须保持足够的信息,以便编制年度纳税申报表,受托人应当能够识别信托财产。没有规定的安排来维护这些信息。在询问有关离岸资产或信托持有的资产的信息时,法务会计师须确保拟订的请求足够广泛,以便获得所请求的信息。

十、抚养费变更

离婚后,个人的境遇可能会发生变化。个人履行先前约定的抚养义务的能力可能会受到裁员或企业资产表现不佳的影响。情况的变化可能导致抚养方要求增加抚养费。可以向法院申请,通过增加、减少、暂停或资本化付款来更改抚养费规定。

法务会计师可能参与评估支付人的可持续收入,以协助法院断定支付方定期支付抚养费的能力。在确定离婚时的未来可持续收入方面,遵循与上述讨论相同的程序。

十一、本章小结

离婚过程给法务会计师带来了一系列的挑战,这主要是由于当事人之间的信任破裂。而且,在开始时可能涉及向一方或其顾问就表格 E 中包含的财务披露、双方目前或过去某个日期持有的资产的性质和价值,以及可能的可持续收入提供咨询。

对于参与婚姻案件的法务会计师来说,最常见的指示是对所有者管理的企业中的非上市股票进行估值。深入了解企业价值评估的原则是至关重要的。

税收在与离婚有关的任何建议中都是很重要的,法务会计师需要在这方面有一个健全的知识,以便有效地提出建议。虽然在相关的财务处理上有许多理论上的选择,法务会计师需要确保所建议的选择是切实可行的。

第十二章

破 产

诺尔曼·考恩

一、引言
二、破产的法律背景
三、法务会计师可能介入的破产领域
四、揭开公司面纱
五、破产
六、破产从业人员的过失
七、本章小结

学习目标

本章旨在让读者理解：

- 法务会计师可能参与的破产事项。
- 调查支持。
- 诉讼支持。

一、引言

一般而言，法务会计师可以在两个方面参与破产事项：调查支持和诉讼支持。大多数持牌破产从业人员都是在会计师事务所工作的会计师或破产专家，因此与其他缺乏财务或会计专业知识的领域不同，在破产程序期间利用独立的法务会计师的服务协助进行财务调查并不总是第一选择。

在诉讼支持支助方面，法务会计师最常见的参与是针对其他破产从业人员的专业过失案件。与其他涉及专业过失的案件一样，法务会计师的关键作用是协助法院确定是否采用了合理的注意标准。

本章概述了法务会计师可能参与破产事项的背景。破产有两大类：个人破产和公司破产。在本章中，我们只涉及公司，尽管相同的原则适用于所有的商业实体。涉及公司的破产程序包括指定一名持牌破产从业人员，根据破产情况，最常见的是"清算人"或"管理人"。破产从业人员的工作在很大程度上受立法和判例法的规范，任何寻求深入参与的法务会计师在开展这项工作时都必须了解破产法律环境。

二、破产的法律背景

当前破产法已经远远背离 1542 年《破产法》，1542 年《破产法》的目的是防止"狡猾的债务人"逃出国界；破产者被视为骗子。个人破产法慢慢演变成 1914 年的《破产法》，该法规定了对破产个人的惩罚性制裁，以及如何处理破产财产。

1844 年的《股份公司法》是第一部涉及有限公司概念的立法。后来的公司立法几乎没有提到公司的清盘，更不用说公司破产，直到 1948 年的《公司法》。为了最大限度地恢复债权人的利益，并对公司的管理人员采取行动，该法案确立了破产清算的原则、制裁、以及清算人的权力。

随着战后英国的恢复，其经济也逐渐复苏。随之而来的是更多的商业失败，对破产者的态度陈旧，对董事的态度放任，肆无忌惮的清算人充分利用了法律的漏洞。1977 年 1 月，在肯尼思·科克爵士的主持下，对破产法及其实践进行了广泛的审查。其受权调查范围包括考虑"在适当情况下作为破产和公司清盘程序的替代品的非正式程序"。该报告于 1982 年 6 月出版，其中大部分开明的概念都写入了 1986 年《破产法》。"破产法"通过引入创新程序，将公司、合伙企业和个人的破产都纳入破产法。同时，1986 年《公司董事资格取消法》（Company Directors Disqualification Act,

CDDA）出台，该法规定了处理顽固董事的规则，取消他们担任董事资格的权力，以及可能对他们采取的经济制裁。

这些法案彻底改革了破产法，形成了一个可行的、系统化的指南。自这一最初的修改以来，随着破产概念在判例法中的扩大，随后又进行了修改。破产法的解释属于律师的范畴；法务会计师作为专家证人的作用是在破产法的概念范围内，就任何隐含侵权行为的实际方面提供专家意见，以便在诉讼纠纷中协助当事方。

除上述规定外，英国破产立法还增加了《2002年欧洲破产程序条例》，适用于涉及不同欧洲司法管辖区的破产。然而，随着"脱欧"的持续发酵，律师和破产从业人员确定不了英国政府将会保留或放弃多寡。

三、法务会计师可能介入的破产领域

本节阐述了适用于破产从业人员的破产法的各个领域，在这些领域中，可以要求法务会计师提供意见。

（一）有限公司

1. 董事及其职责

公司董事对公司负有法定责任，以确保公司的事务正常运转，促进公司成员的利益。2006年《公司法》规定了董事履行其职责的责任。董事可以担任行政或非行政职务。执行董事负责公司日常业务的管理和经营决策。非执行董事以顾问身份行事。执行董事和非执行董事的法定义务没有区别。

不履行和遵守这些职责可能导致公司或被诈骗的债权人对董事采取行动。在这种情况下，可以要求法务会计师考虑董事的行动，以确定该职位的现任者是否履行了法定和信托义务。为此，必须了解破产法所界定的不同类型的董事。

2. 董事的不同类型

（1）法定董事。法定董事是根据公司章程的条款被"有效任命"为董事并在公司注册处正式登记为董事的人，包括以任何名称担任董事职务的任何人。

（2）事实董事。担任董事但未被有效任命的人可以被称为事实董事。尽管未被有效任命，但事实董事仍被视为公司的董事。并与法定董事一样受法律约束。

在关于斯内林·豪斯有限公司（在清算中）[2012] EWHC 440（CH）（In Re Snelling House Ltd (In Liquidation) [2012] EWHC 440 (Ch)）中，一个人声称仅仅是顾问，因此不受董事责任的约束。但是，此人的职责包括参与公司的日常运营，并在银行授权下全权签署银行账户，签署增值税申报表，并向公司会计发出所有指示，尽管未付款。法院从他的行为中得出了唯一合理的推论：他是负责公司事务的事实董事。

（3）影子董事。破产法将影子董事定义为既不是事实上的董事，也不是法律上的董事，而是公司董事会习惯于按照其指示行事的人。根据这一定义，控股公司的一名董事或整个董事会，甚至控股公司本身可以被视为子公司的影子董事，尽管没有正式任命和注册。

会计师等专业顾问在就与其职业相关的事项提供咨询意见时，不被归类为董事。但是，如果破产法的规定认为他们的行为有助于公司的管理，则他们可能会被归类为董事。董事会的一名成员按照第三方的指示行事并不一定意味着第三方是影子董事；关键因素是影响整个董事会（或至少多数）的能力。单一的建议不足以归因于影子董事，而持续的协助，即使仅限于公司事务的某个方面，也可能是影子董事。回复：M C 北科恩有限公司［1990］BCC 78（Re：M C Bacon Ltd [1990] BCC 78）中列举了影子董事的两种情形：①通过被任命者控制的公司进行运营的骗子；②破产或丧失资格的董事通过其配偶或消极的第三方继续管理公司的。

3. 董事职责

董事职责的立法背景，包括事实董事和影子董事的立法背景，由三方面构成，即普通法、2006年公司法和破产法。每部法律都可能要求法务会计师审查事实，根据案件的具体情况确定是否存在违反职责行为，并评估其对有关当事人的财务影响。

法务会计师考虑的基本问题是，董事在履行职责时是否按照预期的谨慎标准行事。多年来，董事的基本职责总结在"关于城市公平消防保险公司［1925］第 407 章"（Re City Equitable Fire Insurance Co [1925] Ch 407）中，即：

（1）董事在履行其职责时，不需要表现出比从他的知识和经验进行合理预期更高的技能。

（2）董事没有义务将其全部时间和精力投入公司事务。

（3）董事在某些情况下可以将职责委托给他人。

该案件确立的与谨慎标准有关的主观性要素，即所要求的谨慎标准是，对该职位人员在考虑其个人知识和经验情况下的合理预期，已被后来的立法和判例法以客观的标准，即对在该职位上的人应该有什么合理的预期所取代。在法务会计师执行工作时，这一谨慎标准为其评估提供了依据。

4. 董事的普通法义务

董事的普通法义务已根据2006年《公司法》编纂。在编纂法典之前的几年中产生的判例法仍然适用，因此在本节中做了简要介绍。

阿伯丁铁路公司诉布莱克兄弟［1854］1 MACQ 461（Aberdeen Railway Co. v Blaikie Bros.［1854］1 MACQ461）案规定了董事对其公司负有信托责任并作为公司代理人的一般原则。多年来，这一原则继续适用，根据判例法，董事的一般信托责任可概括如下：

(1) 以公司、股东、其他董事（包括影子董事和债权人）的最佳利益行事。
(2) 在公司备忘录和公司章程赋予的权力范围内行事。
(3) 避免利益冲突。
(4) 不得牟取未经授权的利益。
(5) 根据董事拥有的知识和经验，对公司负有一定的技能及注意义务。

上述原则现已编入《公司法》中，受前面所述的客观谨慎标准约束，且其应用仍有增无减，如最近案例"托尔斯诉高级废物管理有限公司［2011］EWCA CIV 923"（Towers v Premier Waste Management Ltd［2011］EWCA CIV 923）所示，一家废物管理公司的一名董事从公司客户那里接受了一笔免费的厂房和设备贷款来翻新他的房子，但没有向公司披露。他辩解说这种安排是"私人的、非正式的、特别的、朋友之间的"。董事被认为不忠诚地剥夺了公司的资格，使公司丧失了就所获得的机会是否要提供给他人进行处置的权利。至于公司没有遭受任何损失，董事没有赚取有价值的利润，他没有恶意行事；或者，如果没有贷款，他就不会以商业价格租用设备等，这些都与本题无关。

（二）破产程序对董事的影响

法院可应清盘人的申请，在有涉嫌违反信托责任的情况下，调查董事的行为。请注意，这不适用于单独处理的犯罪活动。这些违反行为载于下文所述的《公司法》和《破产法》各章节，法院可强制董事偿还、恢复或向公司说明任何财产或金钱以及利息，或以其认为适当的补偿方式将该笔款项拨入公司资产。

（三）《公司法》第171～177条规定的职责

董事的法定职责包括公平和信托原则，概括如下：

(1) 按照公司章程行事，仅为授予的目的行使权力。
(2) 促进公司的成功。
(3) 独立判断。
(4) 行使合理的谨慎、技能和勤勉。
(5) 避免利益冲突。
(6) 不接受第三方的利益。
(7) 声明在拟议的交易或安排中存在的利益。
(8) 如果破产，董事必须"为公司债权人的利益考虑或采取行动"，仅限于采取必要行动的公司。
(9) 会计合规性。

这些一般职责是公司日常运营中所规定的职责，对于任何违反可以通过普通法、成文法甚至他或她的服务合同追究董事的责任。

（四）违反与《破产法》有关的义务

当公司被接管或清算时，董事的行为，无论是现在的还是过去的，都将受到指定破产从业人员（insolvency practitioner，IP）的审查。破产从业人员的主要职责是调查公司在正式破产程序之前进行的交易。在这种情况下，可以指示法务会计师对董事疏忽、不当行为或挪用造成的公司损失进行量化，如下所述。

1. 失职索赔——《破产法》第 212 条

董事对公司负有注意义务，不正当地履行董事职责，导致公司受到损害或损失的，将被视为失职行为。促进公司成功的职责将延伸到考虑公司破产或几乎破产的债权人的利益。[1] 应当指出的是，没有必要证明公司因渎职而资不抵债或破产，但有必要证明公司遭受了损失。

失职索赔旨在弥补公司任何高级职员或前任高级职员对公司的失职行为。董事的失职行为包括：
(1) 滥用或个人保留公司财产。
(2) 授权支付"非法股利"。
(3) 在正式破产前的一段时间内支付或偿还董事贷款。
(4) 导致公司拖欠税款。

---

[1] 育空铁路有限公司诉伦斯堡投资公司及其他（No 2）[1997] QBD 23 Sep 1997.（Yukong Lines Ltd v Rendsburg Investments Corporation and Others (No 2) [1997] QBD 23 Sep 1997.）

根据本条采取的成功行动将导致法院命令董事偿还、恢复或说明公司的资金或财产。

2. 不当交易——《破产法》第 214 条

这使得能够从破产公司管理不善的责任人那里为债权人的利益获得定期缴款，当公司的董事被认为在他们知道或应该推断出没有合理的可能性避免破产清算时仍在交易，即发生了不当交易，不当交易使得能够从破产公司管理不善的责任人那里为债权人的利益获得定期缴款。此外，必须证明，他们没有采取一切可能的措施，以尽量减少对公司债权人的潜在损失。

当董事被认为知道公司无力偿还债务（即在应付款项到期时无法偿还其债权人），并且没有就如何偿还债权人作出任何计划，或允许在此期间债权人增多时，他们可能会发现自己对特定时期内的不当交易索赔负有责任。

然而，有一个重要的难关需要跨越，正如罗宾汉中心公司诉凯龙·阿姆斯壮和伊恩·沃克 [2015][1]（Robin Hood Centre plc v Keiron Armstrong and Ian Walker [2015]）案中所述，法院认为，只有在净额基础上表明公司由于继续交易而变得更糟时，董事的个人责任才产生。要注意的一点是，如果董事出现以下情况，法院将不会下达有关不当交易的判令：

（1）采取一切措施，以尽量减少公司债权人的潜在损失。
（2）知道公司无力偿债，但预测公司在可预见的未来将实现盈利。
（3）不能证明在清算开始前的某个时间点，而不是某个特定日期，已经知道公司的破产。

法务会计师的职责是从董事知道或应该知道公司没有合理的预期避免破产清算之日起，确定债权人的增加或净资产的水平。在通常情况下，法院不接受清算人提出的某个单一日期，因此在支持此类索赔时，通常会依赖一个以上的日期。

3. 优先——《破产法》第 239 条

在日常交易中，无论公司是否有能力偿付其他债权人，债权人都有权在"先到先得"的基础上对公司资产进行追偿。个人债权人可以通过如扣留供应品、获得法院判决或威胁提出清盘申请等在其他追偿债权人之前获得付款。在这种情况下，法院不会作出优先裁决。

---

[1] 菲利普·安东尼·布鲁克斯和朱莉·伊丽莎白·威利茨（罗宾汉中心联合清算人）诉诉凯龙·阿姆斯壮和伊恩·沃克 [2015] EWHC 2289. (Philip Anthony Brooks and Julie Elizabeth Willetts (Joint Liquidators of Robin Hood Centre plc) v Keiron Armstrong and Ian Walker [2015] EWHC 2289.)

当一家公司进行一项交易，使某一特定债权人在进入正式破产程序前不久处于比其他债权人更好的地位时，就会产生优先权。优先权产生的条件是必须有积极的愿望，在"相关时间"采取行动，具体定义如下：

(1) 如果收款人是与公司有关联的个人、公司或其他实体（即"合伙人"），则在破产开始前两年。

(2) 如果收款人与公司没有关联，则在破产开始前六个月。

(3) 在关联方的情况下，假设存在积极的愿望。

因此，由债权人来证明它不是优先权，破产从业人员可以获得撤销交易的法院命令。在审查此类交易时，在通常情况下，如果主要意图是改善董事的地位，则应由董事偿还优选数额。

案例研究 12.1

优 先 支 付

为公司银行贷款提供担保的董事，在银行没有向公司施加任何偿还压力下指示公司在破产程序之前偿还贷款。该公司随后启动破产程序。由于董事不再有偿还银行贷款的责任，破产从业人员调查该指示的主要目的是是否改善董事的地位，并指示法务会计师确认所指称的优先付款的性质。法务会计师参照同期通信、付款时间和公司日常交易活动的审查进行调查，得出存在优先支付证据的结论，破产从业人员随后进行调查，要求董事偿还。

4. 低价转让/交易——《破产法》第238条

当公司进入接管或清算时，适用该条，其中：

(1) 公司已向另一方赠送礼物，但未收到对价。

(2) 公司与另一方进行交易，以获得对价，但其价值显著低于公司提供的对价。

(3) 在被视为的行政接管或清算程序开始之日前两年内发生。

(4) 在交易时，公司无法支付1986年《破产法》第123条所指的债务，或因交易而无法支付。

但是，如果法定辩护符合以下情况，则交易可能受到保护：也就是说，公司出于开展业务的目的真诚地达成交易，并且在达成交易时，有理由相信它会使公司受益。一个例子是向债权人支付赎金，以便在合理认为交易会使公司和债权人受益的情况下维持供应。

当公司或者个人不诚实地进行交易时，则可能容易面临破产从业人员视为低价交易的质疑。本规则适用于对价明显低并不利于公司的情况。例如，当公司：
(1) 免费提供服务，或销售货物但对价支付给第三方。
(2) 以显著低于市场的价格将资产出租给第三方，尤其是关联企业。
(3) 以低于市场价值的价格出售房产。

代理辩护的法务会计师的角色是把交易具体化，并确定董事会是否有正当理由希望并相信交易有利于公司。

5. 欺诈债权人的交易——《破产法》第423条

第423条处理的是价值过低的交易（见上文），其另一因素是有意欺诈债权人并使资产超出债权人的控制范围，或以其他方式损害债权人的利益。适用情况如下：
(1) 交易的目的是阻挠债权人的付款。
(2) 该行为并不取决于公司在交易发生时无力偿还债务，或因此而无力偿还债务。
(3) 没有规定交易发生的时间限制。
(4) 公司不必受任何正式的破产程序的约束。

应当指出的是，任何交易的"受害者"（通常是债权人），以及自愿安排的管理人、清算人或监督人都可以向法院提出针对公司的申请。因此，主要考虑因素必须是资产超出债权人的控制范围，或损害债权人的利益。本条下的成功行动需要证明成功扰乱交易的意图，例如，在桑兹诉克利瑟罗 [2006] BPIR 1000 (Sands v Clitheroe [2006] BPIR 1000) 案中，法院裁定，该项交易的意图是使资产超出债权人的控制范围，即使债务人没有从事"风险业务"，当时也没有任何破产债务。

如果要求法务会计师提供意见，他或她通常必须确定交易时公司的财务状况是否表明进行交易有财务或商业需要。

6. 欺诈性交易——《破产法》第213条和《公司法》第458条

本条规定，在公司清盘的情况下，如公司的业务看似是不诚实地进行，意图欺诈其债权人或任何其他人的债权人，或为任何欺诈目的，那么法院可以判令负责人（不一定是董事）有责任以法院认为适当的方式交付公司资产，并可能面临监禁等额外处罚。因此，在根据本节采取的任何行动中，重要的是确定哪些是法院认为的不诚实的行为。"不诚实"一词由赫顿勋爵在特温塞克特拉诉雅德利 [2002] UKHL 12 (Lord Hutton in Twinsectra v Yardley [2002] UKHL 12) 案件中定义，其中指出：

> 虽然在讨论"不诚实"一词时，法院经常区分主观不诚实和客观不诚实，但有三种可能的标准可用于确定一个人是否不诚实。

有一个纯粹的主观标准，即一个人只有在违反自己的诚实标准时才被视为不诚实，即使这个标准与理性诚实的人的标准相反。这被称为"罗宾汉测试"，已被法院驳回。

克里斯托弗·斯莱德爵士在《沃克诉斯通案》[2000] 4 中进一步阐明了主观与客观不诚实的概念：

第一，在某些情况下，按照语言的一般用法，一个人可能会不诚实地行事，尽管他真诚地相信他的行为在道义上是正当的。举个例子，一个身无分文的小偷偷了千万富翁口袋里的钱，这是不诚实的，即使他真诚地认为偷窃在道德上是正当的，是对财富的公平再分配，因此他不是不诚实的。

第二，存在一个纯粹的客观标准，即一个人的行为如果按照合理和诚实的人的一般标准是不诚实的，即使他没有意识到这一点，也是不诚实的。

第三，存在一个把客观测试和主观测试结合起来的标准，该标准要求在发现不诚实之前，必须证明被告的行为以合理和诚实的人的一般标准来衡量是不诚实的，而且他自己也意识到，根据这些标准，他的行为是不诚实的。我将其称之为"综合测试"。

可能被视为该违法行为的一些实例有：
（1）在明知订单无法实现时，故意继续经营，不管其是否意味着接受供应商的信用额度还是从客户那里接受信用付款。
（2）试图最大限度地增加清算前的资金数额，或者董事采取欺诈手段，使第三方的经济利益受到损害的行为。例如，里·杰拉尔德·库珀化工有限公司 [1978] 第 262 章中，该公司获得了其知道无法交付的货物的预付款，并将该款项用于偿还贷款。
（3）在清算前以低于市场价值的价格出售公司资产也可能被视为可疑行为。总的来说，有必要证明将资产置于债权人无法触及的范围之外的意图。
（4）滥用资金为"凤凰"的运作做准备，即成立与正在进行清算的公司平行的公司或企业，以获得剥离资产，从而移除资产并使陷入困境的公司价值减少。

破产从业人员将审查导致董事们确定该交易是商业交易的总体情况，并向他或她本人保证，他们的行为有令人满意的商业解释。可能会要求法务会计师协助确定董事欺诈交易活动造成的损失金额。

损失将按未发生欺诈活动时公司价值与包括欺诈活动在内的公司实际价值之间的差额计算。在第七章中更详细地讨论了评估公司的机制和注意事项。

（五）董事资格取消——1986年《公司董事资格取消法》

根据《公司董事资格取消法》（Company Directors Disqualification Act，CDDA）的规定，当由于过去对公司的管理行为被证明不适合担任董事时，破产从业人员有权申请取消董事（包括影子董事或事实董事）资格。除没有履行上述职责外，其他的例子还包括：

（1）未妥善保存公司会计记录。
（2）未向英国公司登记局报送账目和报表。
（3）未支付公司欠下的官方债务。
（4）公司破产时支付过多的工资或红利。
（5）为个人利益使用公司资金或资产。
（6）未能寻求专业建议。
（7）允许公司使用禁止使用的名称。
（8）未能与公司清算人或管理人合作。

任何不适合的指控都必须根据其本身的情况加以考虑，不论其是否符合《公司董事资格取消法》规定的时间表。例如，在波利·派克国际公开股份有限公司（No2），［1994］1 BCLC 1574（Polly Peck International plc（No2），[1994] 1 BCLC1574）案件中，法官指出，任何旨在使负有注意义务的被告受益的违反义务行为，都可能会被视为严重到需要取消资格。

但是，在某些情况下，董事可能会依赖这样一个事实，即不旨在使董事受益的违反职责行为可能不构成取消资格的理由，如关于迪达克有限公司 ［2000］1 bclc 148（Re Deaduck Ltd [2000] 1BCLC 148）案所述。如果董事是具有专业资格的会计师，法院将赋予董事更高的谨慎义务，并以更严厉的态度对待，如关于马吉斯特录音棚有限公司〔1989〕BCLC 1（Re Majestic Recording Studios Ltd [1989] BCLC 1.）案所述。

即使公司破产了，也不当然是董事的过错。如果是这样，董事可能希望通过聘请一名法务会计师为取消资格的诉讼辩护：

（1）确定公司进行清算的原因，这可能是董事无法控制的不可预见的情况，突然失去一份盈利合同，或因供应有缺陷的货物而造成的损害，而非疏忽或不称职。
（2）评估董事的意图，以确定董事会如何竭尽全力避免清算，例如，通过将他或她自己的资金投入公司，或显著减少日常开支，从而减少损失。
（3）证明董事的断言，即在相关时间，他或她能够看到"隧道尽头的一盏灯"，并且有理由相信公司可以通过交易摆脱困境。

在这种情况下，法务会计师通常利用他或她在其他公司的经验和类似情况，以便向法院提供证据，证明董事在相关时间采取了哪些合理行动。

四、揭开公司面纱

一般来说，公司是一个与其股东不同的法律实体。但是，法院可以无视这一观念，揭开公司面纱，将公司视为其控股股东或母公司的代理人。一个例子是，"特殊情况存在，表明公司的面纱只是一个掩盖事实真相的幌子"（在伍尔夫森金克尔的基思勋爵诉斯特拉斯克莱德区域委员会（1978）UKHL 5）（Lord Keith of Kinkel in Woolfson v Strathclyde Regional Council [1978] UKHL 5）。在这些"特殊情况下"，法院可能会揭穿公司的面纱，审查公司人格背后的成员。

公司面纱未被刺穿的一个例子是 VTB 资本公司诉纽特里克国际公司和其他公司〔2013〕UKSC5（VTB Capital Plc v Nutritek International Corp and Others [2013] UKSC5）。该案中法院认为，为了揭开公司的面纱，仅仅表明公司卷入了不法行为是不够的：相关的不法行为必须是独立的，并涉及欺诈性地滥用公司人格来隐瞒真相。

然而，在普雷特诉石油资源有限公司及其他公司〔2013〕UKSC 34（Prest v Petrodel Resources Limited and Others [2013] UKSC 34）案件中，法院提出揭开公司面纱应满足以下前提条件：①没有其他方法提供适当的补救措施；②只有在董事利用公司逃避预先存在的法律义务或责任的情况下。

如果债权人想揭开公司的面纱，可以聘请一名法务会计师来查明无视公司独立身份的原因，并证明董事或股东可能对公司的行为负有个人责任，或证实第三方资产被错误地归属于公司。

五、破产

这里的破产程序是指个人破产程序。《破产法》规定了该人在破产前所犯的若干罪行。有些是绝对犯罪而以无罪作为辩护，另一些则需要控方来证明意图。可要求法务会计师审查以下罪行：

(1) 作虚假陈述。
(2) 未披露财产。
(3) 欺诈性处置财产。
(4) 违反某些破产限制。
(5) 未能妥善保管业务账目。
(6) IA s238，低价转让/交易。

(7) IA s239，优先权。

法务会计师必须查明破产人的行为是否合理，或是否有意忽视法定准则。

六、破产从业人员的过失

与任何其他职业一样，破产从业人员应向其客户承担注意义务，任何违反该义务的行为，都可能导致重大的财务损失或本来不会发生的不利条件，这可能是专业过失诉讼和潜在赔偿的理由。因此，客户在很大程度上取决于破产从业人员提供的建议，特别是进入破产程序时，大多数的索赔发生在客户认为这一程序对他们有偏见时。

此外，破产从业人员有责任行使技能和注意义务，这不仅在合同条款中出现，而且在法定职责的疏忽中出现，破产从业人员还必须诚信、客观，有专业能力和谨慎。破产从业人员未能履行这些职责，造成损失，可能导致过失索赔。在这种情况下，可以要求具有破产知识的合格的法务会计师查明过失程度并量化损失。

破产从业人员过失：自愿安排的误导性销售

自愿安排（voluntary arrangement，VA）是个人（个人自愿安排，individual voluntary arrangement）或公司（公司自愿安排，company voluntary arrangement）之间的正式协议，通过定期向破产从业人员付款来偿还债权人的全部或部分债务，破产从业人员将按照预先批准的计划在债权人之间分配款项。破产法规定了这一程序。

破产从业人员的角色是复杂的，因为其角色在案件进行过程中发生了变化：从陷入困境的个人或公司的顾问到提出适当的付款计划并与债权人谈判协议的破产个人或公司的被提名人，再到商定计划的监督人。

随着角色的变化，破产从业人员的职责也随之变化：作为顾问，破产从业人员必须根据公司/债务人的具体情况考虑最佳的行动方案。当他或她成为被提名人时，其职责是对债权人和法院负责。当他或她是监督人时，其责任受商定安排的条款约束。随着案件的展开，潜在的利益冲突以及围绕破产从业人员实施自愿安排的严格规定为破产从业人员过失的指控提供了丰富的背景环境。

当他或她以顾问的身份参与时，破产从业人员被认为过于热衷于向客户推销自愿安排的概念，而没有向客户说明其他行动方案，尤其是当对个人或公司造成不满意的结果时。以下是一些示例，其中破产从业人员被认为在初始阶段疏忽大意地向寻求自愿安排的人提供绝对保证：

(1) 可以注销全部或大部分债务。

（2）摆脱债务是一个简单的选择。

（3）整个过程很快。

（4）不告知个人自愿安排是一种必须登记的破产形式，选择这种方式可能会影响信用评分。

（5）不提供自愿安排的替代方案，如破产或清算。

在自愿安排提交到债权人会议供债权人审议之前，破产从业人员必须通过对自愿安排的可行性是否感到满意来得出是否应召集会议的结论，自愿安排的可行性如格雷斯托克诉汉密尔顿-史密斯［1995］（Greystoke v Hamilton-Smith［1995］）案[1]所述，应考虑以下条件：

（1）资产和负债的真实状况在任何重大方面均不与向债权人提出的情况存在实质性差异；

（2）在债权人会议上提出的债务人的建议，有切实可行的执行方案；

（3）没有明显但不可避免的潜在不公平。

拟议的安排必须在财务方面为债权人提供一个比破产或清算等其他途径更好获得赔偿的合理前景。如果债权人会议继续进行，债权人可以要求修改拟议的计划。被提名破产从业人员必须确保破产个人或公司在同意修改之前充分了解修改的后果。

在自愿安排的这个阶段，如果自愿安排的提出不符合条件，或者他或她未能向个人或公司正确传达修改后果，破产从业人员可能被指控在继续进行自愿安排工作时存在过失。

如果个人或公司不能按照约定的计划付款，且债权人拒绝接受计划的变更，自愿安排就会失败。在这个阶段，个人或公司可能会指望破产从业人员来解答自愿安排失败的原因，这可能导致对破产从业人员的过失索赔。

七、本章小结

破产法有其自身的细微差别，如：法令规定的程序；所有许可机构商定的破产实务声明；破产管理署发布的声明，判例法和最佳实践。

在《破产法》颁布之前，破产立法和相关判例法进展缓慢，诉讼机会受限。然而，随着其后破产立法的增加，随之而来的是大量诉讼，增加了对专门处理破产事项的法务会计师的需求。鉴于大多数持牌破产从业人员的会计背景，在破产程序中，法务会计师参与专业过失比调查程序更为常见。

---

[1] 债务人（1995 年第 140 号 IO），格雷斯托克诉汉密尔顿-史密斯等人［1996］2 BCLC 429；［1997］BPIR 24。(Re A Debtor (No 140 IO of 1995)，Greystoke v Hamilton-Smith and Others [1996] 2 BCLC 429；[1997] BPIR 24.)

第十三章

人身伤害

克里斯托弗·哈彻

一、背景
二、索赔期限/性质
三、法务会计师的作用
四、存在问题的领域
五、法务会计工作的范围
六、税收和其他扣除
七、本章小结

学习目标

本章旨在让读者理解：

- 英国人身伤害索赔的背景。
- 法务会计师在这类索赔中的作用。
- 可能出现的问题区域。
- 纳税和其他扣减对量化此类索赔的影响。
- 使用奥格登表和折扣系数。

一、背景

　　法律语境中的人身伤害包括由事件导致的身体伤害，无论是肉体伤害、心理伤害还是情感伤害。事件可以是在特定日期的特定时间发生的事件，也可以是在一段时间内传播的事件。人身伤害行为所依据的法律是有关过失的判例法，然而，现在许多不同的法规在发挥作用。根据事件当事人的意图或过失，受伤方可能有权就其遭受的损害要求赔偿（损害赔偿）。在许多情况下，涉及多个而不仅仅是一个伤害。

　　近年来，英国的人身伤害市场发生了一些变化，引入了小额索赔的快速通道，并对介绍费的支付施加了限制，介绍费是许多人身伤害律师的主要工作来源。这往往涉及索赔管理公司，该类公司寻找潜在索赔（通常通过电视或广播广告），然后收取将潜在索赔提交给律师事务所的费用。所发生的变化对全国许多人身伤害细分公司的倒闭起到了一定的作用。这些变化似乎也减少了提交给法务会计师的索赔案件数量。在这些案件中，法务会计师要么帮助量化此类索赔，要么代表被告（通常是保险公司）审查索赔。风险代理费，其中律师费可能是基于受伤方获得的补偿的百分比，不赢，不收费，而在事件发生后（ATE），保险业都受到了相当多的指责。

　　法务会计师参与人身伤害索赔往往仅限于经营企业的个人因事故或其他事件遭受伤害，进而导致收入、收益或利润损失的情况。如果事件发生时，遭受伤害并随后遭受损失的是受雇的个人，法务会计师卷入案件是罕见的，因为任何损失通常都可以很容易地从工资记录中确定。然而，这并非不可能，例如，为了创业或作为有限公司的合伙人或董事股东加入现有企业，或者能够证明他或她当时的职业不可能在其工作生涯的剩余时间继续下去，个人可以发出离职通知。后一种情况通常只会出现在可能长期无法工作，或者在极端情形下，如已经死亡的情况下。

　　如上所述，人身伤害索赔通常由某种事故引起，该类事故往往与机动车交通有关，但原则上，任何类型的事故都可能引起索赔，包括工作事故、产品故障，以及绊倒和摔倒。此外，这些索赔可能来自体育赛事和工业过程。临床过失索赔在性质上类似，但通常被视为法律的不同领域，因此本章不作进一步探讨，尽管法务会计师就此类索赔所能承担的工作性质可能非常相似。

　　在英国，在正常情况下，个人有三年的时间从事件发生之日起开始索赔程序。特殊规则适用于受伤方当时未满18岁的情况，或受伤可能在多年后才浮出水面的情况。这通常与失聪或失明有关。损害的严重性最初不明显的，从受害人知道损害重大并可归责于被告人的失职之日起计算。

二、索赔期限/性质

以最简单的方式而言,索赔可能涵盖相对较短的时间,有时是几周、几个月或几年,在这段时间内,受伤一方从事其职业的能力可能受到限制,或完全丧失行动能力。通常,索赔将包括一段完全不活动的时间(例如,在相关事件发生后和/或随后手术后),然后还可能包括一段能力下降的时间,可能是索赔人返回工作最初兼职时。

另一方面,索赔可能包括许多年的剩余职业生涯,其中所遭受的伤害可能会改变生活,需要全职护理和适应居住环境。在最坏的情况下,这种索赔可能涉及死亡,其中"依赖性丧失",即受害者的受养人遭受的损失,需要考虑。

许多索赔将涉及业已存在的条件恶化,例如,所遭受的伤害可能会使受害方无法再从事某一特定职业的日期提前。这在颈部、背部、手臂、腿、手腕和脚踝受伤,以及涉及手指和脚趾的情况下并不罕见。

人身伤害(死亡事故)案件中收入损失的计算一般分为三个阶段:

(1) 过去损失,指从事故发生之日起至审理之日止的收入损失(假设,如果不知道的话)。

(2) 未来损失,指从审理日到复工或退休期间的收入损失。

(3) 退休后养老金损失。

三、法务会计师的作用

法务会计师可以作为索赔人团队成员参与确定企业利润或收入损失,或者作为辩护团队成员参与审查索赔的合理性。有可能任命一名法务会计师作为此类索赔的单一联合专家,但根据我的经验,这种情况并不常见。通常,作为索赔人团队成员,可能会更加更费时和费力,而作为辩护团队成员,则包括对索赔人的工作和计算发表意见和提出质疑。

利润损失索赔的难易程度取决于许多因素,包括:

(1) 索赔期限。

(2) 企业或自营业务的性质。

(3) 开展企业或自营业务的时间,即是否成立,是否有收入/利润的历史记录。

(4) 是否导致完全或部分丧失工作能力。

(5) 会计记录和其他可用文件。

在此类索赔中，由于通常必须对一个以上列出的因素作出假设，而法务会计的目的是帮助法院确定如果不是因为引起索赔的事件而可能产生的收入或企业利润，因此，法务会计师的经验和判断可能至关重要。在损失期间取得的任何实际收入或利润，必须从估计发生的收入或利润中扣除，以确定索赔人遭受的"损失"。

在计算预期实现的收入或利润时，有几年的实际结果来辅助假设和计算是有利的，但这并不总是可行的。因此，可能有必要考虑行业规范（如有）或在同一地区和市场类似企业有关的信息（如果能够获得的话）。行业协会、专业机构和行业期刊/出版物可能会有所帮助，参照出版物或类似的在线资源，如CCH商业焦点，也可能有所帮助。

四、存在问题的领域

如上所述，缺乏关于索赔人企业业绩的实际信息是一个潜在的问题，这在实践中并不罕见。这可能是因为企业是新的，或者是多元化的、扩张的或者收缩的，或者是刚刚起步的。可能面临的其他问题包括：

(1) 不良/不存在的会计记录。

(2) 不稳定的政治或经济条件。

(3) 在损害事件发生之前，企业持续经营能力具有不确定性。

(4) 原材料或零部件供应问题。

有一个特殊的问题值得加倍考虑。在调查以现金为主的企业时，业主经常这样说："你不能依赖上一年的账目，因为并非所有收入都入账了，因此我每个账户的利润略高于4万英镑，而不是2万英镑。"这可能导致与受害方的有趣的对话，他们认为欺骗英国税务与海关是公平的游戏，并没有考虑这种行为的潜在后果。法务会计师通常受其专业机构的道德和监管要求的约束，在这种情况下，必须仔细考虑报告义务。

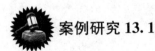

案例研究 13.1

意 外 后 果

市中心一家三明治外卖店/咖啡馆的业主一直是以个体户身份经营，直到约七八个月前发生事故。代表咖啡馆行事的"会计师"充分意识到一些现金的流失正在发生，他们担心记录在案的销售额仍然过于接近增值税登记门槛。他们想出了分拆生意的主意,把业主女儿提供的外卖部分当作一个单独的生意来处理。分拆后保留的会计记录没有区分被分拆的业务,显然年终账目的任何分拆都是武断的。

实施的方案(为了避免在向客户收取的价格中增加增值税,以及可能对业务产生的影响)和通常的情况一样,没有贯彻到底以覆盖所有的方面。具体来说,未能告知保险公司发生了分拆,当业主在一次汽车事故中受伤并几个月不上班时,保险公司拒绝考虑对外卖部分的索赔,因为该部分已转交给女儿,未投保。

五、法务会计工作的范围

虽然代理索赔人的法务会计师主要涉及确定已发生的企业损失,但一些指示律师要求法务会计师确定企业损失索赔的全部金额。这种方法要求在适当的情况下,将损失或费用资本化,使之达到审判日的净现值。其他律师只要求确定计算损失,他们自己处理资本化问题。为了协助处理资本化问题和与编制损害赔偿表有关的其他问题,专业过失律师协会每年都会编制一份非常有用的指南《事实和数字:损害赔偿计算表》,其中包括奥格登表(Ogden Tables),下面将详细解释。

也可要求法务会计师考虑养老金损失。这是一个非常复杂的领域,一些法务会计师有信心解决;其他人更愿意将这些问题交给诸如咨询精算师,他们可能更愿意处理这些问题。和法务会计师可能涉及的其他工作一样,人身伤害案件可能涉及他或她担任顾问或专家的角色;然而,根据我的经验,此类案件很少在法庭上裁定,而且经常在计划听证会前的数周或数个月内解决。

法务会计师的作用很可能只涵盖整体索赔的一部分,因为很可能已经获得医疗报告,可以解决所遭受的伤害,以及由此产生的可能丧失工作能力的期间。此外,企业损失或收入损失可能只是索赔的一部分,因为索赔还有其他财务因素,包括实际遭受的损害赔偿、参加并接受医学治疗、在极端情况下调整生活条件以考虑索赔人身体状况变化的费用。

六、税收和其他扣除

索赔人就人身伤害索赔所收到的损害赔偿金不应征税。因此,在确定索赔人遭受的损失时,所得额应扣除税款,即必须按照索赔人适用的税率扣除税款。国民保险缴款也必须考虑在内,任何强制性养老金缴款也必须考虑在内。

如果索赔人可能因所受伤害而获得了利益,或者在正常情况下,无论所受伤害如何,索赔人都有权获得利益,在确定应支付的损害赔偿时,可能需要考虑到这些利益。在确定损害赔偿时,有些利益被称为"可恢复的",而另一些则不然。其区别主要在于所获得的利益是否与索赔所依据的伤害有关。

(一)奥格登表

奥格登表旨在帮助有关人员计算在英国人身伤害和致命事故案件中未来损失的一次性赔偿金。实际上,乘数应用于未来年度损失额(适当情况下为税后)计算,以便得出相当于未来损失净现值的一次性总额。乘数的设计考虑了提前收款的折扣、死亡率风险,以及就收入和养老金损失索赔而言,对死亡率以外的意外事件的折扣。该方法在韦尔斯诉韦尔斯 [1999] 1 AC.345(Wells v Wells [1999] 1 AC.345,)案中得到认可,其中上议院决定,折扣率应以与指数挂钩的政府股票的收益率为基础。现在折扣率由大法官定期确定。

第七版的奥格登表格包含 26 张表格,男女表格分开。它们可以进一步分为:

(1)设计的表格用于假定年度损失或费用立即发生并持续到索赔人的余生的情形。

(2)假定损失或费用立即发生,但仅持续到索赔人退休或提前死亡的情形。

(3)假定损失或费用在退休前不会发生,但随后将持续到索赔人的余生的情形。

还有两张表:一张表提供了"期限确定"的折扣系数,即支付年金的担保期限;另一张表则为某些期限的经济损失提供乘数。

这些表格很复杂,没有经验的人可能会发现很难遵循和应用。因此,涉及表格的计算最好留给那些在使用中接受过适当培训的人员。

(二)折扣率

了解奥格登表的人会意识到它们涵盖了一系列的折扣率。在英国对人身伤害的未来损失、致命事故和临床过失损失的折扣率由大法官根据 1996 年《损害赔偿法》赋予的权力定期确定,自 2001 年以来,该折扣率为 2.5%。索赔人的法律顾问和其他人多次呼吁降低这一比率,并宣布自 2017 年 3 月 20 日起实施一项变更,新比率降低 0.75%。减少的金额令一些评论员感到意外,保险业告知可能会导致更高的保费,并对更高索赔/和解所可能产生的其他影响表示担忧。

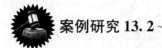
案例研究 13.2

约　翰

为了提供一个典型、简单的人身伤害企业损失索赔的案例，考虑以下松散的基于在诉诸法庭之前就解决了的索赔情形。

约翰经营一家有限公司，每年 3 月 31 日前编制年度报表。约翰与父亲鲍勃合伙经营这家企业，直到 2013 年 3 月 31 日他的父亲退休。随后，约翰将公司合并，并成为该公司的唯一董事和股东。

2014 年 9 月 30 日，约翰在下班回家的路上遭遇车祸。有迹象表明，事故发生后，他三个月将无法工作，然后在 2015 年 4 月 1 日全职返回之前，只能够兼职（50%）。意识到约翰的缺席可能会对公司造成非常不利的影响，仍然为大多数客户和供应商所熟知的他的父亲鲍勃同意在约翰缺席后的前三个月以每月 2 000 英镑的价格受雇于约翰，随后的三个月每月 1 000 英镑。

约翰公司截至 2014 年 3 月 31 日年度账目显示，在支付给约翰 7 000 英镑的工资后，税前利润为 40 000 英镑。公司税为 8 000 英镑（20%），税后利润为 32 000 英镑（40 000 英镑—8 000 英镑），约翰将其作为股息全额收取。截至 2014 年 3 月 31 日年度营业额和约翰事故发生年度的营业额非常相似，截至事故发生之日，每月都为 10 000 英镑。现有的信息表明，在约翰完全缺席的三个月内，营业额减少至每月 9 000 英镑，在三个月的兼职期间，营业额减少至每月 9 500 英镑。此外，约翰一旦全职回来，营业额就恢复到每月 10 000 英镑。毛利润为 60%，固定营运费用为 20 000 英镑（包括约翰的工资），可变营运费用为营业额的 10%。法务会计师被要求量化约翰的收入损失。很明显，在完全/部分缺勤期间，约翰将工资维持在 7 000 英镑（见表 13.1）。

表 13.1　约翰事故对财务的影响

	截至 2015 年 3 月 31 日的年度实际结果	
	£	£
营业额		
£10 000/月（共 6 个月）	60 000	
£9 000/月（共 3 个月）	27 000	
£9 500/月（共 3 个月）	28 500	
营业成本（40%）		115 500
		(46 200)
毛利润（60%）		69 300

(续表)

	截至 2015 年 3 月 31 日的年度实际结果
	£
固定营运费用	(20 000)
可变营运费用（10%）	(11 550)
税前利润	37 750
税款（20%）	(7 550)
税后利润＝股息	30 200
截至 2015 年 3 月 31 日约翰的年收入 （£7 000＋£30 200*）	37 200
应付税款	—
净利润	37 200
如果没有意外事故，截至 2015 年 3 月 31 日的年收入 （£7 000＋£32 000）	39 000
应付税款	—
净利润	39 000
因此，约翰的收入损失共计 （£39 000－£37 200）	£1 800

*净股利

七、本章小结

人身伤害索赔可能是法务会计师的重要工作来源，尽管近年来处理此类索赔方式发生的变化，总体上减少了任命法务会计师协助量化或审查索赔的适当时机。从需要索赔人短时间离开工作场所的相对轻微的伤害，到让未来的潜在收入变得多余的改变生命的伤害，都可能引发损害索赔。偶尔，受伤也会导致死亡。因此，法务会计师编写的报告可能相对短小而简单，也可能冗长而复杂。根据具体情况，可能需要咨询精算师等其他专业人员的协助。

中英文术语汇编

法务会计（forensic accountancy）：依据法律规定，综合运用会计、审计及法律等多学科交叉知识和专业技能，对社会经济活动中发生的经济纠纷及欺诈行为等进行调查、分析和鉴定，为法院、监管部门和相关当事方提供鉴定意见或为法庭作证的特定专业服务活动。

法务会计师（forensic accountant）：依法、独立从事法务会计工作的专门人员。

当事人顾问（party adviser）：依据获得的信息或事实，只须向诉讼当事人提供临时专家意见而无须向法院提交完整专家报告的专业人员。

当事人指定专家（party appointed expert，PAE）：获得法院的许可，能就案件调查结果以特定专家报告形式提交法院以支持当事人诉讼的专业人员。

单一联合专家（single joint expert，SJE）：由当事人双方共同选择并经法院批准的专家。

"热插管"（hot-tubbing）：又称为"并行专家证据"，是指两个当事人指定专家同时被传唤到证人席，以面对法官主导的审查。

专业过失（professional negligence）：执业人员对专业注意义务的过失。过失行为一旦造成损失，就要对委托人或专业人员对其承担义务的第三方承担专业法律责任。或者，行为没有达到专业才能标准，或者其行为的结果对其委托人造成了损害。

转介（referrals）：发现自己与求助者有明显不相适宜，或发现自己确实不善处理所求助事项时，将求助者转介给其他人员，或推荐其去寻找更有效帮助的行为。

调解员（mediators）：在特定机构担负调解民间纠纷工作的人员。

法律顾问（counsel）：解答法律询问，提供法律帮助的专门人员。

事实证人（witnesses of fact）：仅限于将所观察到的事实陈述，不得对事实发表意见或作出推论的证人。

专家证人（expert witnesses）：具有专家资格，并被允许在法庭上解释证据，以及在其技术专长和经验的范围内对证据发表意见的证人。

专家证据（expert evidence）：由在所争议领域内受过特殊训练、具备专门知识或经验的人所提供的证据。

民事诉讼（civil procedure）：公民之间、法人之间、其他组织之间，以及他们相互之间因财产关系和人身关系提起的诉讼。

刑事诉讼（criminal procedure）：依照法律规定的程序，解决被追诉者刑事责任问题的活动。

陪审团（jury）：由普通民众所组成的通常用来认定客观事实的团体，多见于英美法系国家。

资产负债表外融资（off-balance sheet financing）：简称表外融资，是指不需列入资产负债表的融资方式，即该项融资既不在资产负债表的资产方表现为某项资产的增加，也不在负债及所有者权益方表现为负债的增加。

专家意见证据（expert evidence of opinion）：专家证人就案件事实所提出的意见

证据，属于言辞证据的一种。

专家事实证据（expert evidence of fact）：专家证人在司法审判中提出的据以认定案件情况的事实。

成本效益（cost-effective）：成本效益原则，即作出一项财务决策要以效益大于成本为原则。

民事责任（civil liability）：民事主体对于自己因违反合同，不履行其他民事义务，或者侵害国家的、集体的财产，侵害他人的人身财产、人身权利所引起的法律后果，依法应当承担的民事法律责任。

利益冲突（conflict of interest）：委托人的利益与提供专业服务的业者本人或者与其所代表的其他利益之间存在某种形式的对抗，进而有可能导致委托人的利益受损，或者有可能带来专业服务品质的实质性下降的关系。

判例法（case law）：泛指可作为先例据以决案的法院判决，是英美法系法律的一个重要渊源，是相对于大陆法系国家的成文法或制定法而言的。

上议院（the House of Lords）：英国议会的两院之一，主要由教会人员和贵族组成。

中国墙（Chinese walls）：投资银行部与销售部或交易人员之间的隔离，以防范敏感消息外泄，从而阻止内幕交易。

银行对账单（bank statements）：银行定期送交存户的清单。

现金簿（cash book）：也称"现金出纳簿""现金日记账"，登记现金收支业务的一种序时账。

标准查询（standard enquiries）：会计师的角色很少超出顾问角色的税务查询。

实践准则8调查（code of practice 8 investigations）：英国税务与海关总署依据实践准则8对纳税人严重遗漏或避税行为的调查。

实践准则9调查（code of practice 9 investigations）：英国税务与海关总署依据实践准则9对纳税人税务舞弊的调查。

增值税舞弊（VAT fraud）：利用增值税获取不当或非法利益的故意行为。

纳税申报表（tax return）：纳税人履行纳税义务，按期向税务机关申报纳税期应缴税额时应填报的表格。

应纳税净收入（taxable net income）：按照税法规定应缴纳企业所得税税款的净收入。

应纳税所得额（chargeable gains）：按照税法规定确定纳税人在一定期间所获得的所有应税收入减除在该纳税期间依法允许减除的各种支出后的余额，是计算企业所得税税额的计税依据。

地下经济（shadow economy）：逃避政府的管制、税收和监察，未向政府申报和纳税，其产值和收入未纳入国民生产总值的所有经济活动。

总收入（general income）：收入总和，指企业或个人在一段特定期间（一个月、半年或一年）的收入总和。

营业损失（business losses）：企业在正常经营情况下，从事正常经济活动所发生的损失。

会计处理（accounting treatment）：由会计确认、会计计量、会计记录、会计报告共同构成的一个有机整体。

收入确认（income recognition）：收入入账的时间。收入的确认应解决两个问题：一是定时；二是计量。定时是指收入在什么时候记入账册；计量则指以什么金额登记。

区域查询（district enquiries）：按税收辖区所进行的查询，分为局部查询和全面查询。

局部查询（aspect enquiries）：对纳税申报表中的特定事项所进行的查询，通常不需要任何法务会计参与。

全面查询（full enquiries）：对纳税申报表中的所有条目进行的查询。

非居民身份（non-resident status）：除居民以外的自然人或法人身份。

税务顾问（tax counsel）：运用税法和税收政策，为纳税人的纳税行为达到最优化而提供多种服务的人。

反避税部门（counter avoidance directorate，CAD）：依据实践准则8调查时"特别调查"（SI）机构中处理避税计划披露的部门。

公司住所（company residence）：公司的主要办事机构所在地，是公司注册登记的必要事项之一。

离岸信托（offshore trusts）：在离岸属地成立的信托。

资本利得（capital gains）：出售股票、债券或不动产等资本性项目取得的收入扣除其账面价值后的余额。

税收协定（tax treaty）：也称"税收条约"，主权国家签订的处理相互间税收分配关系的书面协议。

失踪交易者欺诈/旋转木马欺诈（missing trader fraud/carousel fraud）：个人向第三方销售商品或服务，收取销售税后消失，而不支付其销售应承担的增值税的行为。

舞弊（fraud）：使用欺骗手段获取不当或非法利益的故意行为。

舞弊三角（fraud triangle）：舞弊存在的动机、能力和机会三要素。动机指个人或组织可能实施舞弊的原因，包括贪婪、报复、嫉妒、个人不公平感等；能力指有做某事的方法或诀窍；机会指使某事物成为可能的特定环境。

购买舞弊（purchase fraud）：在收到付款后故意不交付产品的行为。

超额付款舞弊（overpayment fraud）：故意多付款项，然后获取回报并收回原始付款的行为。

企业名录舞弊（business directory fraud）：为不存在的企业名录或注册目录开具发票并从公司获得付款。

福利舞弊（benefit fraud）：与税收抵免、收入保障津贴、无行为能力福利、住房福利和家庭税收福利等有关的舞弊。

内部控制（internal controls）：在一定的环境下，单位为了提高经营效率、充分有效地获得和使用各种资源，达到既定管理目标，而在单位内部实施的各种制约和调节的组织、计划、程序和方法。

公司治理结构（corporate governance）：股份制企业基本的权利与义务、权利与责任的制度性安排，是公司产权制度的具体化。广义的公司治理结构包括公司的人力资源管理、收益分配与激励机制、企业战略发展决策管理系统、企业文化和一切与企业高层管理控制有关的其他制度；狭义的公司治理结构则是指有关公司董事会的功能、结构、股东权利等方面的制度安排。

市场滥用（market abuse）：在投资供需、价格和价值上进行误导，误用信息以及其他可能导致相关投资市场扭曲的行为。

内幕交易（insider trading）：内幕人员根据内幕消息买卖证券或者帮助他人的行为。

市场操纵（market manipulation）：个人或集团利用掌握的资金、信息等优势，采用不正当手段，人为地制造证券行情，操纵或影响证券市场价格，以诱导证券投资者盲目进行证券买卖，从而为自己谋取利益或者转嫁风险的行为。

分配管理责任的人（persons dispensing managerial responsibility，PDMR）：公司的董事、高级职员和公司的专业顾问等。

注意义务（duty of care）：义务主体谨慎地为一切行为（包括作为和不作为）的法律义务，包括行为致害后果的预见义务和行为致害后果的避免义务。

直接损失（direct losses）：又称为积极损失，是指受害人现有财产的减少，也就是加害人不法行为侵害受害人的财产权利、人身权利，致使受害人现有财产直接受到的损失。

间接损失（indirect losses）：又称消极损失，就是可得利益的丧失，即应当得到的利益因侵害而没有得到。

审计过失（audit negligence）：审计过程中出现失误，出具的审计意见并不是本应该给出的意见。

量化（quantum）：对社会客体属性的数量化描述。

无保留意见的审计报告（unqualified report）：审计人员对被审计单位的会计报表，依照独立审计准则的要求进行审查后，确认被审计单位采用的会计处理方法遵循了会计准则及有关规定。

估值（value）：评定一项资产价值的过程。

账面价值（book value）：按照会计核算的原理和方法反映计量的价值。

重置价值（replacement value）：按照当前的生产条件，重新购建资产所需的全部支出。

所有者价值（owner value）：资产构建时所有者支付的价格。

市场价值（market value）：一项资产在交易市场上的价格，它是自愿买方和自愿卖方在各自理性行事且未受任何强迫的情况下竞价后产生的双方都能接受的价格。

遇险价值（distress value）：资产遇险情况下所能变现的价格。

公允价值（fair value）：市场参与者在计量日发生的有序交易中，出售一项资产所能收到或者转移一项负债所需支付的价格。

控制溢价（control premium）：股份由于控制权而产生的超出其市场价值的部分。

净资产（net assets）：资产总额减去负债以后的净额，指所有者权益或者权益资本。

贴现现金流法（discounted cash flow，DCF）：并购中的一种估值方法，指将未来的现金收支折算为目前的价值的方法。

股息收益率（dividend yield）：每股股息与股价的比率，表明投资者每单位的股票投资所能得到的股息。

息税前利润（earnings before interest and tax，EBIT）：扣除利息、所得税之前的利润。

息税、折旧和摊销前利润（earnings before interest, taxation, depreciation and amortization，EBITDA）：扣除利息、所得税、折旧、摊销之前的利润。

整体价值（entirety value）：被估值公司全部已发行股本的价值。

未来可维持收益（future maintainable earnings，FME）：公司在可预见的未来能够维持的收益金额。

市盈率（price earnings ratio）：股票每股市价与每股盈利的比率，常用来评估股价水平是否合理的指标之一。

SWOT分析（SWOT analysis）：基于内外部竞争环境和竞争条件下的态势分析，就是将与研究对象密切相关的各种主要内部优势、劣势和外部的机会和威胁，通过调查列举出来，并依照矩阵形式排列，然后用系统分析的思想，把各种因素相互匹配起来加以分析，从中得出一系列相应的结论的过程。

企业价值（enterprise value）：企业本身的价值，是企业有形资产和无形资产价值的市场评价。

少数股权折价（minority interest discount）：在评估中，少数股权由于缺乏对企业的控制而在计算时对其进行的折价。

审计（audit）：由专设机关依照法律对国家各级政府及金融机构、企业事业组织的重大项目和财务收支进行事前和事后的审查的独立性经济监督活动。

财务报告（financial reporting）：企业正式对外揭示或表述财务信息的总结性书面文件。

操作规程建议声明（statements of recommended practice，SORP）：银行、保险、教育、慈善和社会住房等特定行业部门以公认会计原则为基础制定的专门会计标准。

法定审计（statutory audit）：依照国家的有关法律或法规强制实施的审计。

非法定审计（non-statutory audit）：由管理层决定的，而不是法律或法规所要求的审计。

审计豁免（exemption from audit）：公司法允许小型实体免于审计。

审计程序（audit process）：审计师在审计工作中可能采用的，用以获取充分、适当的审计证据以发表恰当的审计意见的程序。

会计期间（accounting period）：在会计工作中，为核算经营活动或预算执行情况所规定的起讫时间。

无保留审计意见（clean audit opinion）：审计意见的一种，指审计人员在确认被审事项或情况可以肯定时，在审计报告中所表明的见解。

资产负债表（balance sheet）：也称财务状况表，表示企业在一定日期的财务状况的主要会计报表。

损益表（income statement）：反映公司在一定期间利润实现（或发生亏损）的财务报表。

现金流量表（cash flow statement）：反映企业在一定会计期间现金和现金等价物流入和流出的报表。

股东权益表（statement of shareholders' equity）：反映构成所有者权益的各组成部分当期的增减变动情况的报表。

审计报告（audit report）：会计师事务所依法在实施审计工作的基础上对企业财务报表的合法性和公允性发表审计意见的书面文件。

听证会（hearing）：起源于英美，是一种把司法审判的模式引入行政和立法程序的制度。听证会模拟司法审判，由意见相反的双方互相辩论，其结果通常对最后的处理有拘束力。

网络犯罪（cybercrime）：行为人运用计算机技术，借助于网络对其系统或信息进行攻击、破坏或利用网络进行其他犯罪的总称。

因果关系（causation）：一个事件（即"因"）和另一个事件（即"果"）之间的作用关系，其中后一事件被认为是前一事件的结果。

减轻（mitigation）：索赔人应采取合理的措施以避免损失。

事后证据（hindsight）：也称为事后诸葛效应或后见之明。当要求人们在知道结果之后去回忆以前的判断，人们的回忆会有接近反馈答案的倾向。

强制征购令（compulsory purchase orders, CPO）：允许授权机构在符合公共利益的情况下，未经业主同意而收购土地或房产。

财务状况（financial position）：企业在某一时刻经营资金的来源和分布状况，是企业经营活动的成果在资金方面的反映。

违约（breach of contract）：合同当事人违反合同义务的行为。

侵权行为（action in tort）：侵犯他人的人身财产或知识产权，依法应承担民事责任的违法行为。

索赔（claims）：受到损失的一方当事人向违约的一方当事人提出损害赔偿要求的行为。

市场份额（market share）：也称"市场占有率"，指某企业产品的销售量或销售额在市场同类产品中所占比重。

毛利润（gross profit）：营业收入减去营业成本后的余额。

利率对冲产品（interest rate hedging products，IRHP）：对冲利率风险的金融产品。

不当销售（mis-selling）：违规销售，过失销售或误导性销售等。

伦敦银行同业拆借利率（London interbank offered rate，LIBOR）：英国银行家协会对其选定的银行在伦敦市场报出的同业拆借利率进行取样，并平均计算而成的基准利率，是伦敦金融市场上银行之间相互拆放英镑、欧洲美元及其他欧洲货币资金时计息用的一种利率，也是目前国际常用的市场利率基准。

外汇操纵（FOREX manipulation）：利用掌握的资金、信息等优势，采用不正当手段人为操纵汇率，从而为自己谋取利益或者转嫁风险的行为。

买卖协议（sale and purchase agreement，SPA）：就某一买卖经过谈判或共同协商，取得一致意见后订立的契约性文书。

法务会计鉴定（determination by the forensic accountant）：接受委托或授权的具有法务会计专门知识的人员依法对经济活动中的相关财务会计证据进行检验、鉴别和评定，并据此发表专家意见提供诉讼支持或在非诉讼活动中提供咨询和帮助的法律服务活动。

会计政策（accounting policies）：企业在会计核算时所遵循的具体原则以及企业所采用的具体会计处理方法。

企业估值（business valuation）：对企业的内在价值进行评估。

流动性（liquidity）：资产（商品或服务）可以按照接近市场价水平快速售出的能力。资产的流动性与交易量息息相关：交易量越大，流动性也越高。

追溯估值（retrospective valuations）：按照规定的程序和标准，对资产在过去某一时点的价值进行分析评定和估算的行为。

资产跟踪（asset tracing）：随时掌握资产出入库、资产新增、资产调拨、资产变更和资产报废等动态信息的过程。

调解（mediation）：中立的第三方在当事人之间调停疏导，帮助交换意见，提出解决建议，促成双方化解矛盾的活动。

仲裁（arbitration）：纠纷当事人在自愿基础上达成协议，将纠纷提交非司法机构的第三者审理，由第三者作出对争议各方均有约束力的裁决的一种解决纠纷的制度和方式。

不动产（real property）：依照其物理性质不能移动或者移动将严重损害其经济价

值的有体物，如土地以及房屋、林木等地上附着物。

资本利得税（capital gains tax）：对非专门从事不动产和有价证券买卖的纳税人，就其已实现的资本利得征收的一种税。

资产净值（net value of assets）：资产对应的总价值与其所包含的负债之差。

市场利率（market rate）：由资金市场上供求关系决定的利率。

折旧（depreciation）：在固定资产的有效使用期内对固定资产成本进行系统合理分配的过程。

资本支出（capital expenditure）：企业为取得长期资产而发生的支出。

股息总额（gross dividend）：股份公司从税后利润中按照股息率派发给股东的收益总额。

免税额（allowance）：也称免征额，指税法中规定的课税对象全部数额中免予征税的数额。

应税收入（taxable receipt）：符合纳税标准的收入。

所得税（income tax）：国家税收机关根据企业或个人所得情况，按规定税率开征的一种税收。

应纳税总额（total tax payable）：应缴纳的全部税费总额。

净股息（net dividend）：扣除所得税后的股息。

破产（insolvency）：债务人不能清偿到期债务的一种事实状态，或在债务人无力清偿债务的情况下，债务人或债权人向人民法院申请进行的一种法律清算程序。

调查支持（investigative support）：法务会计在舞弊调查中发挥的专业服务职能。

诉讼支持（litigation support）：法务会计师在诉讼中发挥的司法鉴定职能，或作为专家证人参与诉讼的职能。

管理人（administrator）：破产案件中，在法院的指挥和监督之下全面接管破产财产并负责对其进行保管、清理、估价、处理和分配的专门机构。

执行董事（executive directors）：负责公司日常业务的管理和经营决策的董事。

非执行董事（non-executive directors）：以顾问身份行事的董事。

法定董事（de jure director）：根据公司章程被"有效任命"为董事并在公司注册处正式登记为董事的人。

事实董事（de facto director）：担任董事但未被有效任命的董事。尽管未被有效任命，但事实董事仍被视为公司的董事，并与法定董事一样受法律约束。

影子董事（shadow director）：既不是事实上的董事，也不是法律上的董事，而是公司董事会习惯于按照其指示行事的人。

会计合规性（accounting compliance）：会计活动是否与法律、规则和准则相一致。

不当交易（wrongful trading）：公司的董事被认为在他们知道或应该推断出没有合理的可能性避免破产清算时仍在进行的交易。

欺诈性交易（fraudulent trading）：公司在清盘的情况下进行的意图欺诈其债权人或任何其他人的债权人的交易。

揭开公司面纱（piercing the corporate veil）：在特定的情况下，法律不顾公司法人的人格独立特性，追溯公司法律特性背后的实际情况，从而责令特定的公司股东直接承担公司的义务和责任。

自愿安排（voluntary arrangement）：个人或公司之间的正式协议。

人身伤害（personal injury）：由事件导致的包括肉体伤害、心理伤害、情感伤害在内的身体伤害。

过去损失（past loss）：从事故发生之日起至审理之日止的收入损失。

未来损失（future loss）：从审理日到复工或退休期间的收入损失。

奥格登表（Ogden tables）：旨在帮助有关人员计算人身伤害和致命事故案件中未来损失一次性赔偿金的表格。

折扣率（discount rates）：折扣与原价的比率。

营业额（turnover）：在一段时间内企业所销售产品或所提供服务的现金价值。

固定营运费用（fixed overheads）：带有固定性质，在一定时间内不随商品流转额的大小而增减的费用。如工资、福利费、修理费、折旧费、家具用具摊销、企业管理费等。

可变营运费用（variable overheads）：直接随生产规模（产品产量或销售量）的变化而变化的成本费用。包括人工、原材料、包装、运输等各种变动制造费用。

税前利润（profit before tax）：企业交纳所得税以前的计税利润。

税后利润（profit after tax）：利润总额中按规定交纳了所得税后形成的利润。

应付税款（payable tax liability）：按规定应该缴纳的税款。

净利润（net income）：当期利润总额减去所得税后的金额，即税后利润。

有限责任合伙企业（limited liability partnership, LLP）：由一个或多个有限责任合伙人和一个或多个无限责任合伙人所组成的合伙企业。在这类企业中，有限责任合人人除提供资金外，一般不负任何责任。

专业赔偿保险（professional indemnity insurance, PII）：主要承保各种专业人员（如医生、药剂师、律师、会计师、建筑师、设计师等）因工作上的疏忽或过失致使他人遭受损害的经济赔偿责任。

公共有限公司（public limited company, PLC）：能向社会公众发行股票的有限公司。

附

英国相关机构及组织简介

- 独立法务会计师网
- 专家学会
- 专家证人协会
- 专家证人学会
- 英格兰及威尔士特许会计师协会
- 财务报告理事会

独立法务会计师网

(Network of Independent Forensic Accountants,NIFA)

NIFA 是一个提供专业诉讼支持服务的独立会计师事务所网络。NIFA 最初于 1999 年由 6 家创始公司创立,现成员已包括英格兰和爱尔兰公司。NIFA 所有成员都是具有专业资格的会计师,以及专家学会或专家证人学会的成员。NIFA 的成员公司对外提供高效可靠的高质量服务,这些成员往往作为当事人指定的专家、专家证人或专家顾问,他们在编制法律案件的专家报告,以及在法庭上提供专家证据和协助其他解决争端程序等方面具有丰富的经验。

NIFA 的成员来自不同的会计师团体,这些团体包括赫顿咨询服务公司、丹恩会计师事务所、怀尔德·科有限公司特许会计师事务所等。该网络成员能够汇集其丰富的经验和资源,以性价比最高的价格向律师、保险公司、企业和个人提供广泛而深入的法务会计知识和专业技能。

一、NIFA 提供的服务

1. 估值

很多情况下需要确定企业、企业股份或企业资产的价值。企业估值往往很复杂,取决于许多内部和外部因素,如经济和行业特定驱动因素以及个体企业的进程。无论是涉诉还是非涉诉事项,都可能需要进行企业估值。NIFA 成员经验丰富,可以介入进行企业估值的事项包括:

- 婚姻纠纷(包括离婚)。
- 婚前和婚后协议。
- 继承问题。
- 股东与合伙人纠纷。
- 股东或合伙人退出或进入。
- 交易价格。
- 商业纠纷。

- 专业过失索赔。

NIFA 成员在一系列私人和上市公司中进行过企业估值，在评估知识产权和其他无形资产、合伙权益、股票期权、认股权证和收入损失的资本化价值方面很有经验。NIFA 成员具备识别并考虑与单个企业相关的关键因素，并评估适用于不同情况的最合适的企业估值方法所需的技能和专业知识。NIFA 成员始终如一地进行稳健的企业估值，并在此基础上作出关键决策。

2. 离婚与婚姻事务

由于离婚的固有性质，婚姻纠纷的一方或双方当事人对另一方披露的信息不信任是很常见的。聘请 NIFA 成员以咨询或专家身份协助一方或双方判断所披露信息的有效性和可靠性，有助于减轻这种不信任，并最终帮助双方达成经济离婚协议。

NIFA 成员在婚姻纠纷的财务咨询方面经验丰富，NIFA 成员定期参与协助的事项包括：

- 表格 E 编制和/或审查。
- 离婚企业估值。
- 企业资产流动性评估。
- 过去和未来可持续收入评估。
- 就资产拆分的税务影响提供建议。
- 资产追踪和其他事实调查活动。
- 与财务令执行有关的损失量化。
- 杜克斯伯里（Duxbury）计算。
- 偿债能力证明。

在离婚过程中以及在双方达成经济离婚协议后，一方或双方未按照财务令的条款行事或在寻求对财务令进行修改时，NIFA 成员也介入其中协助一方或双方工作。

3. 犯罪与监管

随着商业世界变得越来越复杂，审查和分析财务和会计数据，以及使用专家财务证据对于协助起诉和（或）辩护以确保刑事和监管案件的顺利进行越来越重要。使用此类专家证据可以增加最终客户获得最佳结果的机会。

NIFA 成员协助检辩双方处理许多该类刑事和监管案件，例如：

- 公司舞弊，包括欺诈性交易和伪造账目。
- 其他舞弊，包括投资按揭舞弊。
- 盗窃包括雇员盗窃。
- 破产相关犯罪。

- 转盘和其他税务舞弊。
- 洗钱。

NIFA成员具备协助法律团队所需的技能和专业知识，能确保案件中提供的财务证据是完整和准确的，重要的是，能确保案件中提供的财务证据与其他可用的事实证据，特别是客户的证人证词相一致。

NIFA成员通盘考虑从财务和会计证据得出的结论的可靠性，以及这些证据是否提示另一种与检方提出指控所依据的事实不同的情况。NIFA成员在提供涉及没收令的专家证据方面也有相当丰富的经验，并经常调查法律诉讼要求没收的数额。

4. 舞弊

舞弊大致上可以被描述为一种不法或犯罪性的欺骗，目的是为舞弊行为人带来经济或其他个人利益。舞弊可能是由于虚假陈述、不披露信息或一方或多方滥用权力或地位造成的。

舞弊被发现或被怀疑时，法务会计师通常被指示为欺诈的受害者提供帮助，法务会计师也被任命要求协助为涉嫌舞弊的行为人准备辩护。NIFA成员经验丰富，可能在以下类型的舞弊中提供帮助：

- 银行诈骗邮件（虚假陈述导致的金融盗窃）。
- 利益舞弊（索赔人未能披露其收入和/或资产信息）。
- 雇员舞弊，包括假账（常因滥用职权或职位而引起）。

在涉嫌公司或公司舞弊（即针对企业而非个人的欺诈）的情况下，NIFA成员参与舞弊调查，以帮助发现和/或确定涉嫌舞弊的程度。NIFA成员还具有帮助公司评估舞弊风险和实施帮助降低成为舞弊受害者的风险的预防程序的经验。

5. 商业纠纷及其他利润损失

经营企业多数情况下是很复杂的，在企业生命周期中可能会有一段时间需要协助来防止或解决纠纷。无论是家族企业纠纷、企业合伙人纠纷还是与第三方客户或供应商的纠纷，聘请NIFA成员都可以帮助解决企业纠纷。

商业纠纷往往围绕着一个有争议的事件展开，导致一方或多方遭受相应的利润损失。还有其他可能导致利润损失的事项。NIFA成员在评估和量化间接利润损失方面经验丰富。利润损失索赔可在多种情况下产生，包括但不限于：

- 合同纠纷（包括违约）。
- 股东纠纷。
- 营业中断索赔。
- 人身伤害和死亡事故索赔。

- 专业过失索赔。

在商业纠纷或其他财务损失索赔中,利润损失的计算很少是直接的。NIFA成员已经在许多情况下进行了利润损失的计算,涉及范围广泛的企业和行业,具备识别和考虑影响利润损失索赔的关键变量,以及识别是否存在反索赔所需的技能和专业知识。

NIFA成员可以在争议的任何阶段提供协助,从初步评估潜在索赔的优缺点和潜在反索赔的可能性,到编写一份关于索赔数量的专家报告供法院使用。

6. 竣工决算争议和专家裁决

公司交易可能导致争议,通常与竣工决算、盈利机制和/或卖方提供的担保有关。即使在买卖协议起草得很好的公司交易中,双方仍有可能产生纠纷。

NIFA成员在公司交易的财务方面,以及交易完成后可能产生的争议方面具有丰富的经验。

NIFA成员定期参与以下与交易相关的事务:

- 竣工决算争议。
  a) 编制和审核竣工决算。
  b) 协商一方的立场。
  c) 编写提交给独立专家的书面材料。
- 盈余争议。
  a) 准备盈余计算。
  b) 协商一方的立场。
  c) 编写提交给独立专家的书面材料。
- 专家裁决——根据主要协议的条款担任独立专家,提供关于竣工决算或盈余争议的专家裁决。
- 违反担保——就责任和/或数量提供建议,包括计算因涉嫌违反而遭受的间接损失。

NIFA成员与客户、他们的法律顾问,以及在适当情况下与客户业务管理相关的其他关键员工密切合作,以了解企业及其当前和历史会计惯例。在竣工决算争议和盈利计算中常常涉及历史会计惯例的应用。

7. 专业过失

如果被告是按照其专业领域的公认惯例合理行事,那么只要其所依据的意见是合理和负责的,他们将成功地为专业过失索赔辩护。一项成功的专业过失索赔将需要考虑该职业的首要规则、可接受的合规程度,当然还需要考虑直接归因于职业过失的任何损失的数额。

许多职业领域都可能提出专业过失索赔，NIFA成员具有相关经验，可以协助量化与下列职业有关的涉嫌职业过失所造成的损失：
- 会计师、审计师和税务顾问。
- 律师。
- 医学专业人员。
- 建筑师和测量师。

NIFA成员有助于确定有关专业人员是否对索赔人负有注意义务。NIFA成员还斟酌双方商定的工作目的和范围（根据专业人员的合同或聘用条款），并评估专业人员处理该范围的程度。在发现存在专业过失的情况下，NIFA成员量化过失的财务影响（即间接损失）。

在涉及会计师、审计师或税务顾问行为的专业过失案件中，NIFA成员完全有能力就专业人员的责任，以及索赔人遭受的损失提供专家证据。在此过程中，NIFA成员运用他们的技能和专业知识来评估专业人员是否遵守了公认的惯例或适用的法律法规。

8. 破产

在公司未来偿付能力变得不确定的情况下，公司及其董事的行为可能会受到严格审查。如果公司在明知无力偿债的情况下继续交易，可能会对公司及其董事造成严重后果。如果公司的财务状况因董事的行为而恶化，董事可能要对公司的资产承担个人责任。

破产的发生往往与诉讼重叠，尤其是在破产从业人员寻求收回现金和其他资产以增加返还给公司债权人金额的情况下。NIFA成员在与破产有关的事项提供专家意见方面经验丰富，其中包括：
- 公司是否破产，在什么时候破产。
- 破产背景下的诉讼融资。
- 对破产从业人员的索赔，包括过失和报酬过高。
- 低价交易。
- 债权人的优惠待遇。
- 非法交易。
- 欺诈性交易。
- 董事失职索赔。
- 廉价急售背景下的企业估值。

在诉讼中，如果向一方当事人申请了费用担保，NIFA成员往往被要求对该当事人的财务状况和稳健性，以及其为法律诉讼的未来预期成本提供资金的能力发表意见。

9. 人身伤害和死亡事故索赔

人身伤害可能导致收入损失，或者在死亡事故中失去依赖。如果发现有人有过错，并且他们的行为直接导致了损失，可以向他们提出收入损失索赔。法务会计师可以协助量化收入损失或抚养损失索赔。

有许多不同的情况会导致人身伤害索赔。在下列情况下，NIFA 成员可参与量化收益损失索赔：

- 道路交通事故。
- 工业和工作场所事故。
- 体育事故。
- 劣质货品引发的事故。
- 危房。
- 涉及另一方或动物的事故。
- 医疗和其他过失。
- 致命事故。

在受害方受雇（或曾受雇）的情况下，几乎不需要法务会计师的参与，因为通常根据历史收入来评估索赔人的损失索赔是相对简单的。然而，如果受害方是企业所有人，并且深度介入了企业的经营，那么收入损失的量化就必然更加复杂。如果受害方在事故发生后的一段时间内无法工作，从而使受害方企业遭受损失，而企业所有人也遭受收入损失（无论是工资和/或股息）、利润损失或养老金福利损失，则 NIFA 成员将被聘请协助处理人身伤害索赔。

NIFA 成员所做的工作各不相同，从初步评估潜在索赔的优缺点，考虑在启动法律程序前，索赔人是否有实际的收入损失索赔，到一旦法庭程序启动时编制或审查详细的支持人身伤害索赔的损失计算和/或专家报告。

尽管人身伤害索赔的标的是受害方的收入损失，而不是受害方企业所遭受的利润损失，但这两种损失形式是密切相关的。NIFA 成员具备识别和考虑关键因素包括与单个企业相关的内部和外部因素所需的技能和专业知识，这些因素直接影响到受害方的企业损失。

二、法务会计师的作用

在复杂的需要以非财务人员能够理解的方式进行审查、分析、解释和总结的财务或业务相关问题中，通常要用到法务会计师。在法律纠纷中，法务会计师的作用包括：
- 诉讼前索赔的量化，包括协助确定索赔人可能采取的不同做法的潜在税务后果。
- 调查和分析法律纠纷所有阶段的财务证据。
- 以易理解、无专业术语的格式传达调查结果，以协助解决争端。
- 以适合在法庭上陈述的格式传达调查结果。
- 作为专家证人出庭作证。
- 履行影子顾问的职责，为争端的任何一方提供独立的建议。

三、成为 NIFA 会员的权益

1. 获得高质量的培训

NIFA 每年举办三次培训活动，包括：
- 两个独立的全天会员活动。
- 一天半的会议。

这些活动涵盖了一系列与法务会计相关的话题，邀请了不同的演讲者。过去的发言者包括专家学会、专家证人学会、律师、法官以及企业估值等技术专家代表。这些活动将为会员提供高质量的培训和与其他法务会计师建立联系的机会。

2. 营销机会

NIFA 可以通过多种方式帮助会员推广业务。例如：
- 会员的个人资料列在 NIFA 的网站上，允许潜在客户直接与会员联系。
- NIFA 被列入国家专家证人代理机构（"NEWA"）。
- NIFA 赞助法务相关活动。
- NIFA 定期制作自己的 NIFA 时事通讯，由会员直接分发给自己的联系人。
- NIFA 成员有机会参与朴茨茅斯大学开展的法务会计服务研究，研究结果也可用于促进会员的法务业务。

3. 访问其他法务会计师网络

会员将有机会与 NIFA 的其他法务会计师分享知识。
当成员提出他们遇到的复杂的技术和程序问题时，NIFA 定期在培训活动中举办问答环节。这种利用其他法务会计师作为调查委员会,以及在非正式和协作的环境中更广泛地讨论问题的能力是极其宝贵的。

4. NIFA会员专区

会员专区包括宝贵的技术资源,例如:
- 标准文件和最佳实践指南,以确保NIFA的高质量标准得到贯彻。
- 估值资源,如与业务倍数相关的资源。
- 过去的案例总结,以鼓励NIFA成员之间分享知识。

5. 每年进行一次质量审查,以确保成员遵循最佳实践

NIFA成员定期提交案例供同行评审,以确保NIFA高质量标准得到贯彻。

专 家 学 会
(The Academy of Experts，TAE)

专家学会成立于 1987 年，旨在为专家提供一个专业机构，以建立和促进专业标准。学会既是一个专业团体也是一个合格的机构，首次提供了获得来自世界各地的专业、商业和工业领域具有丰富经验的合格独立专家的机会。

执业会员来自广泛的专业和实践领域，他们的专业知识和诉讼经验经过严格的审查。非执业会员包括对专家证据相关法律和实践特别感兴趣的诉状律师和辩护律师。尽管法律界在学会理事会中有代表，但包括主席在内的多数领导都是执业专家——学会是为专家和使用专家的人设立的，由专家进行管理。

学会提供使会员能够发展其专业技能的全面的培训课程，并开展持续的专业发展活动。课程范围从基本角色和职责到程序规则的要求和举证实践。学会也是替代性纠纷解决机制中立方者包括调解员、调解人和专家决定者的培训和认证机构。

一、专家学会的宗旨

1. 促进在英国、欧盟和世界其他地区使用独立专家。
2. 在传统诉讼和替代性纠纷解决中实现低成本高效益。
3. 构建专家和法律界人士交换意见的论坛。
4. 在广泛以及特定困难领域维持业务守则。
5. 为会员和非会员组织讲座以及安排进修课程。
6. 向专家提供咨询、协助和全面的信息服务。
7. 提供执业会员和合格调解员的详细名录。
8. 确保一般和国际上对作为学会成员专家的卓越水平的认识。
9. 就与专家咨询有关的公共利益事项向司法和法律当局、政府部门、公众查询和其他法庭作出交涉并与之合作。

二、个人会员分类

个人会员按知识和经验分为三个等级。所有执业会员都有资格从事自己的职业活动。

1. 正式会员

以下人士将获得正式会员资格:
- 足够的相关资格,指所提供的专业领域的资格。
- 足够的实践经验。
- 有担任专家的丰富经验,但不要求有在证人席出庭的经验。

2. 准会员

符合下列标准者将被授予准会员资格:
- 已经取得足够的相关实践资历。
- 尚未具备足够的相关实践经验,或尚未具备足够的专家经验,无法获得正式会员资格。

准会员适用于那些在团队中工作但可能没有直接被指定为首席专家的专家。准会员尽力提供建议或证据,正在接受成为专家的培训,或尚未获得足够的经验,无法晋升为正式会员。

3. 研究员

研究员授予那些能够在其职业活动中表现出高标准专业能力的人。
- 研究员候选人应具有作为专家、顾问或证人的广泛知识和经验,并了解法律程序和证据法。
- 成为学会正式成员至少两年。

三、个人会员(专家证人)的准入

学会执业个人会员必须经过严格的审查认证程序。

1. 专业详情

需要提供专业资格提升或完成专业培训的详细信息和日期。

2. 推荐人

- 作为审查过程的一部分，申请人必须提供能够支持其申请的推荐人的姓名。
- 需要三个推荐人，推荐人最好是申请人为其做过专家工作的律师。
- 如果没有三个律师可以做推荐人，应该提供一个类似的证明申请人能力的替代方案，或者联系学会听取其建议。

3. 报告

正式会员申请者须提交一份专家证人报告副本随申请附上。报告可能是匿名的，不得来自现场案件。

简历除了要强调其专业工作外，还要强调其专家工作。简历应限于事实材料。

申请人应该提供过去三年里所有专家工作的详细情况。大多数专家证据是书面的，但如果是口头证据，请提供细节。

4. 具体材料

- 填写并签署申请表。
- 简历或简历复印件。
- 与工作相称的职业资格（如果有的话），以及申请人所属专业机构的证明（如果合适的话）。
- 三份令人满意的推荐信——最好是来自指示过申请人的诉状律师和/或辩护律师。
- 有专家证人工作的培训更好，但不是必要的。

四、公司会员（商业组织）

1. 要求

- 公司会员将被称为专家服务公司供应商。

- 专家服务公司供应商必须保证所有专家工作将在专家学会正式成员或研究员（执业专家）的监督下进行。
- 公司会员应将其所有合格的个人纳入学会会员，并要求至少有一名正式会员或研究员。

2. 权利

- 使用专家学会的标识，并加上"专家服务公司供应商"字样。
- 为公司会员在专家学会网上免费注册可更新的名录。该名录可包括公司所有专家学会会员的姓名，在某些情况下，可在名录上显示"顾问"的姓名。
- 如果公司成员的个人在互联网登记簿上有个人条目，则将免除"设置"费用。
- 受邀赞助重要的学会活动。
- 每年都受邀参加一个重要的学会活动。公司成员收到的邀请人数取决于公司规模，例如，对于有2~6个人的公司成员，受邀人数为1人，对于12~25人的公司成员，受邀人数为3人。
- 专家学会服务有10%的特别折扣（如适用）。折扣将不适用于保险，尽管特殊条款可以通过或与学会的计划有关。
- 内部培训，包括参与者表现报告，公司在正常收费的基础上给予10%的折扣。
- 有机会提名一名成员加入特设专家工作组，积极参与学会的发展。

五、会员的权益

1. 技术咨询和指导

专家咨询和指导将帮助会员遵守新的法规和规则，并维持最佳实践。会员可以获得：

- 技术帮助热线——就指令处理和报酬等道德与实践问题向所有会员提供帮助和建议。
- 帮助清单和常见问题解答。
- 最佳实践指导。

2. 信息服务

专家学会通过其出版物提供一系列技术和信息。仅限于会员使用的资源包括：

- 免费订阅杂志、印刷物和（即将推出）的数字版。
- 定期提供的内部通讯。
- 电子邮件更新，让会员了解最新发展和建议。
- 网站——访问网站的特殊会员专区。

3. 专业发展

专家学会的培训是世界公认的。作为会员，可以获得：
- 优惠的继续专业发展培训课程和研讨会。
- 免费技术会议——通常在每月的第二个星期三举行。

4. 实践援助

专家学会有很多方法可以帮助成员在日常工作中充当专家或调解人：
- 集团专业赔偿保险计划成员。
- 合同范本。
- 专家报告范本。
- 社交机会。
- 转介服务。

六、专家工作守则

1. 专家在执业过程中，不得以任何方式损害或导致可能损害下列任何一项：
- 专家的独立、公正、客观和正直。
- 专家对法院或法庭的责任。
- 专家普遍或个人的良好声誉。
- 专家适当的工作标准。
- 专家的保密义务。

2. 在任何有争议的法律程序中被聘请或雇用的专家，不得作出任何可能损害其公正性的安排，也不得使其费用取决于案件的结果，也不得接受除费用和开支以外的任何利益。

3. 专家不应受聘于任何存在实际或潜在利益冲突的事项。尽管有本条规定，如果向法官或任命法官的人充分披露，在适当情况下，当有关人员明确认可披露时，专家可接受聘用。如果在接受指示后发生实际或潜在的冲突，专家应立即通知所有相关人员,并在适当情况下请辞。

4. 为保护其客户,专家应向信誉良好的保险公司购买适当的保险,以获得适当的赔偿。

5. 专家不得以任何可能被合理地视为格调庸俗的方式宣传他们的做法。宣传不得以任何方式失实或误导。

6. 专家应遵守所有适当的实务守则和准则。

专家证人协会
(Society of Expert Witnesses, SEW)

在经过充分的调查显示需要建立一个跨越专业使所有专家证人受益的组织后,专家证人协会于 1995 年 12 月成立。专家证人协会是一个独立的非营利机构,该协会完全由专家证人管理,为专家证人服务。协会建有独立的组织网络,鼓励信息交流,促进更高和更统一的标准,提倡"更好地利用专家"。

该协会于 1996 年 6 月 1 日正式成为一家担保有限公司,其章程中规定了强烈的民主管理方式。公司由一个管理委员会领导,制定有包容各方的成员政策,欢迎执业和有抱负的专家证人。

一、主要目标

该协会的主要目标是通过以下方式,促进专家证人在提供服务的各个方面表现卓越:
1. 协助成员以适当方式开展其专家证人业务。
2. 通过让潜在客户了解社会的高标准来促进成员业务的展开。
3. 与任何其他被视为与协会有相似目的的团体合作。
4. 支持对专家证人和有志成为专家证人的人进行培训。
5. 参与任何促进协会成员利益的活动。

二、会员的权益

1. 协会充当专家证人群体的代言人,确保所有影响专家证人作用的人都能倾听专家证人的意见。
2. 协会提供了一个活跃的论坛,来自各个学科的专家可以在这里表达他们的关切,分享他们的经验,使专家证人专注于其专业法律和商业领域。
3. 协会日益成为单一的信息来源,收集、分析和评论民事诉讼规则和其成员感兴趣的其他事项。

4. 会员如有任何疑问，可使用协会电话求助热线寻求专家协助。

5. 协会制订有导师计划。新手会员可能会被要求介绍给同一专业领域内经验更丰富的"导师"，这些导师愿意分享自己的实践经验。

6. 协会每年举行两次会议，探讨专家证人领域的发展。

三、会员分类

协会会员分为三类：

1. 正式会员：对所有执业专家证人开放；正式会员拥有全部投票权。

2. 准会员：对所有真正有兴趣成为专家证人但没有实践经验的专业人士开放；准会员没有投票权。

3. 研究员：研究员由管理委员会酌情授予学会的杰出成员；研究员拥有全部投票权。

四、入会

1. 填写申请表格。会员小组委员会收到填妥的申请表格及缴付的首次会费后，向管理委员会推荐会员及其类别，以供批准。管理委员会接受该成员的入会申请后，名誉秘书须将其成员类别通知新成员，并须将协会组织大纲、章程及相关规则的副本送交该会员。

2. 会员的入会申请被接受的当月的第一天应缴会费。各类会员的年度会费应由管理委员会每年确定。如果成员的认购款在到期付款日后第三个月的最后一天仍未支付，则违约成员的成员资格失效，除非管理委员会认为存在特殊情况。

五、开除会员

会员在任何活动中损害协会名誉，管理委员会可以召开会议，开除其成员资格，并无须退还年费。在管理委员发出开除通知后3个月内，该会员有权向独立审裁处提出上诉。审裁处由一名合资格的法律人士主持，至少由两名非执行会员组成，有权推翻管理委员会驱逐该成员的决定，或确认管理委员会的决定有效。

专家证人学会
(Expert Witness Institute, EWI)

EWI 成立于 1996 年，是一个非营利组织，代表了所有专业领域的专家和使用专家服务的律师团体的声音。EWI 成员来自英国、爱尔兰和全球各地，范围包括医疗、金融和会计、商业、建筑和法医学等各种不同专业知识的专家。

无论是在与政府、专业机构、协会还是在与大众传播媒介的对话中，EWI 在强化专门知识的重要性方面都发挥了重要作用。

一、专家证人学会的目标

EWI 的目标是通过符合技术、法律和质量标准并遵守专业行为和实践准则的专家提供的高质量专家证据，促进司法公正和争端的早日解决。具体包括：

1. 充当专家证人的代言人，尤其是在与媒体沟通时。
2. 为所有专业领域的专家提供支持。
3. 鼓励律师在需要专业知识时使用专家。
4. 对专家进行培训，以保持和提高标准及其地位。
5. 积极与其他相关专业团体和协会合作。
6. 向政府、专业团体和协会作出陈述。

二、个人会员

1. 临时会员

适用于新加入专家证人工作的专业人员。预计加入专家证人学会后的 2/3 年内晋升为正式会员。要求：
- 当前简历。

- 符合条件的监督或专业机构成员的资格证明。
- 具有符合申请人专业的专业资格。
- 针对专家证人工作的现行专业赔偿保险证明。
- 填妥的申请表。

2. 个人会员

适用于已认定为专家证人并能提供所需文件的各领域专业人员。要求：
- 当前简历。
- 符合条件的监督或专业机构成员的资格证明。
- 具有符合申请人专业的专业资格。
- 符合 CPR 的一个已结案件的匿名专家证人报告。
- 针对专家证人工作的现行专业赔偿保险证明。
- 填妥的申请表。
- 指示律师的三份推荐信。

3. 学会研究员

学会研究员是个人会员的最高级别，只适用于现有的个人会员。申请者必须能证明自己在专业领域有很高的声望，具备作为证人的正直品格和能力，并且了解有关专家证人的法律法规。要求：
- 已完成的申请、当前简历和具备 10 年专家证人工作经验。
- 过去 3 年中撰写的一份匿名专家报告。
- 过去 5 年在法庭上作证的全部清单。
- 过去 10 年提供的书面证据摘要（案件类型、法院类型、法庭、原告/被告）。
- 预审会议、专家会议的工作摘要，以及被任命为单一联合专家的案件数量（包括对书面问题的答复）。
- 来自 3 个指示方的推荐信。
- 目前在监管机构注册的证明，或者专业领域没有监管机构的确认。
- 专家证人工作专业赔偿保险证明。

4. 准会员

准会员申请人应为执业律师、辩护律师或在正常业务过程中雇用或咨询专家的专业人士。不具备申请个人或临时会员资格的申请人应积极支持并参与学会的活动。要求：

- 填妥的申请表。

5. 退休会员

大多数 EWI 成员退休时通常同时退出专家证人执业活动。成为退休会员后，仍然可以收到学会的所有信件包括内部通讯，并可以访问网站以及参与活动。要求：
- 已退出专家证人执业的通知。

6. 休假会员

个人和临时会员由于疾病、产假或在海外工作等原因可暂停其通常的会员资格，而改为休假会员。在休假期间，会员无权使用 EWI 标志。休假会员详细信息不会显示在 EWI 专家目录中。要求：
- 会员应以书面形式告知 EWI 其打算成为休假会员，并提供详细解释。

7. 学生会员

EWI 学生会员对目前在相关课程中作为本科生或研究生学习且未作为专家证人执业的学生开放。学生会员可以访问网站上的 EWI 会员区，并将收到 EWI 的内部通讯和提醒。学生会员还将从培训课程和活动的折扣中受益。要求：
- 当前简历。
- 适当监管机构成员资格证明（如适用）或学生证证明。
- 填妥的申请表。

三、公司会员

EWI 公司会员资格是专门为那些雇佣或拥有专家小组的组织而设立的。依据组织进行的审查和质量保证分为两类。

1. 公司成员

这些组织将能够证明他们检查了专家的简历和在专业机构的注册证明，并能提供专业赔偿保险。

2. 公司合伙

除上述内容外，公司合伙应能够证明其在接受专家证人进入其工作人员/小组之前，已经检查了专家报告的质量和合规性。他们建立了适当的制度以保持工作人员/小组成员信息的更新，及时识别、处理和解决工作人员/小组成员的任何问题和不良做法。公司合伙管理委员会中必须至少有一名 EWI 成员。

四、公司会员的权益

1. 关注、状态和识别

- 在公司网站和信头上使用 EWI 标志。
- 认可他们在保证专家质量方面的作用。
- 在 EWI 网站上的"查找专家"目录中。
- 会员推荐服务——向潜在需要者提供公司会员联系方式。
- 使用 EWI 个人标志，并对公司成员雇用的正式成员进行职位象征性认可，提高员工个人的可信度。
- 可为 EWI 工作组提名工作人员。
- 获得优惠培训课程，可以优惠价格租用 EWI 会议室。

2. 协助发展员工队伍

- 进入学会的能力框架。
- 支持核心能力发展的培训。
- 公司会员专家在参加 EWI 培训课程、研讨会和包括年会在内的活动时有权享受折扣会员费。
- 其他工作人员/小组成员可享受活动和培训 10% 的折扣。
- 临时成员将有权使用 EWI 辅导计划。
- 为公司成员提供成为专家证人所需的核心能力的途径。
- 为公司成员提供廉价、量身定制的内部培训课程。
- 提供专家证人的最新资料和最新情况，及时更新并传递给员工。
- 链接到 EWI 并确保员工可以访问资源从而维护标准。
- 访问指定联系人的 EWI 帮助热线。

3. 合作与网络

- 与学会合作，向其他拥有 EWI 会员资格的人提供企业内部培训。
- 为员工提供在 EWI 活动和会议上建立人际关系的机会。

4. 降低工作人员/小组成员的会费

- 主要联系人的会员资格审查免费。
- 降低专家申请费。

种类	为公司成员工作的	为公司合伙工作的
临时会员	免费	免费
个人会员	20%折扣	免费

- 降低专家会员费。

种类	为公司成员工作的	为公司合伙工作的
临时会员	15%折扣	20%折扣
个人会员	15%折扣	20%折扣

- 公司会员和公司合伙可以选择接受个人的费用清单，或 EWI 将对个人提供相关折扣。
- 将公司会员/合伙的宣传材料发给专家。

五、职业行为准则

专家证人学会是一个专业机构，致力于通过公正和无偏见的专家证据来支持司法公正和争端的早日解决。

学会支持其成员、专业人士和组织在诚实和正直原则下，在专家证人工作中取得最佳成绩和发挥最佳专业技能。这些标准同样适用于专家的专业行为，与指示方、委托方和其他专家的工作关系，以及任何可能对整个社会产生影响的行为。

行为准则的主要目的是确保在任何时候，EWI 成员的行为都以司法系统的利益为重。因此，该行为准则保护可能处于弱势地位并可能承受矛盾压力的个人成员。

专家为诉讼程序、客户和法院的利益而运用专业知识和技能，必须做到：

- 具备处理争议事项的适当专业知识。
- 有能力将专门知识应用于本案。
- 支持客户和其报告所依据的法律体系。
- 积极致力于遵守本职业行为准则所列的行为标准。
- 对自我发展作出持续承诺（根据学会的要求）。

所有级别的会员在加入时都必须遵守这些原则。该准则制定了一个高标准，会员和其他人在日常实践中遵循准则时，学会向他们提供支持和建议。

如果成员的行为涉嫌可能不符合最佳做法和专业行为守则或惯例的规定，引起学会注意的信息或投诉将根据理事会监督的学会纪律程序进行审查。

1. 专家证人声明

作为专家证人和 EWI 的成员，在本人作为专家的行动中，以及在本人与指示方和其他各方以及法院的交往中，本人将以诚实和正直的态度开展活动。

在本人的专业实践中，本人将：

- 时刻追求卓越。
- 体现最高的职业行为标准。
- 对自己的行为负责。
- 披露可能影响公正性的任何个人利益。
- 只在本人的能力范围内行事，如果要求超出专业领域则及时通知指示人。
- 继续提升能力，并与最佳实践保持同步。
- 当最初认为项目不可能成功时，给客户提出忠告。
- 不接受很可能会损害履行现有承诺能力的工作。
- 在宣传其专业知识或服务时，没有歪曲重大事实，或遗漏可能对专业知识或服务的陈述产生误导的必要的重要事实。
- 保护机密信息，不从中谋取私利。
- 在确定和解决利益冲突方面采取合理和合乎道德的行动，对完成自己承担的任务负责；
- 不提供或接受可能造成或暗示不正当关系或责任的礼物、款待或服务；
- 确保了解并遵守所有相关法律和判例法；
- 确保与职业活动有关的决定不受与之打交道的人的种族、肤色、信仰、年龄、残疾、性或性别的影响；
- 尊重自然环境，尽可能节约资源。

作为专家证人学会的会员，本人将：
- 促进专家证人学会的使命，目标和宗旨。
- 维护专家证人学会的诚信和良好声誉，避免有损专家证人学会声誉的行为。
- 站在专家证人专业机构的立场，提升专业形象。
- 遵守可能会随时修订的准则中规定的行为和实践标准。
- 不恶意或鲁莽地伤害或企图伤害其他 EWI 成员的职业声誉；不直接或借助第三方进行不合理、恶意或鲁莽的投诉。

2. 专家证人学会（对其成员）的承诺

- 作为专家的拥护者，EWI 是专家（证人）的代言人，尤其是在与媒体的沟通中。
- 向所有专业和其他需要专家证人技能和判断的职业中的专家提供支持。
- 鼓励律师利用专家。
- 传播有关立法发展的信息。
- 与其他联合专业机构和协会积极合作。
- 通过培训和个人发展课程提高能力和水平。
- 代表专家证人行业向政府和专业机构及协会作出陈述。

英格兰及威尔士特许会计师协会
（Institute of Chartered Accountants in England and Wales，ICAEW）

英格兰及威尔士特许会计师协会成立于1880年，是由当时伦敦、利物浦、曼彻斯特和谢菲尔德的6家地方性会计职业组织合并组成的，总部位于英国伦敦。英格兰及威尔士特许会计师协会是一个世界领先的专业会员组织，提供资质和专业发展，分享知识、见解和技术专长，维护会计和金融行业的质量和诚信。其办事处遍布全球，包括英国、中国北京、布鲁塞尔、迪拜、中国香港、雅加达、吉隆坡、中国上海、新加坡和越南等。协会拥有超过153 000名会员，16%的会员在英国以外。

协会的最高管理机构是理事会，负责协会事务的管理，包括审议通过协会总体战略、预算及确定委员会和工作人员的职能等。协会的日常事务由理事会任命的执行总裁负责管理，内部设有教育与培训、专业准则、技术策略和会员服务等部门。

一、监管职责

英格兰及威尔士特许会计师协会通过确保学生、会员、公司和附属机构的能力和诚信行为来维护公共利益，其监管职责体现为：

1. 批准和监督成员、公司和附属公司按照最高的专业标准开展法律规定的工作（审计、本地审计、投资业务、破产和遗嘱认证）。
2. 通过常规保障计划，审查和鼓励遵守一般的会计惯例。
3. 调查投诉，如果成员和公司没有达到标准则追究其责任。
4. 提供指导、建议和获奖的培训新闻片，帮助学生、会员、公司和附属公司遵守法律、法规和专业标准。

二、特许会计师资格

1. 会计师和特许会计师的区别

根据法律,任何人都可以自称为会计师。但"特许会计师"头衔和字母"ACA"或"FCA"表明,该人员接受了至少三年的深入培训,通过了财务管理、审计、商业战略和税务方面的一系列严格考试,并致力于持续的专业发展,以保持其技能的及时最新。

尽管一般会计师与特许会计师一样受同样的法律约束,ICAEW 特许会计师还要受协会的道德规范和纪律程序的约束。如果他们向公众提供专业服务,他们须持有执业证书及专业赔偿保险。

2. 特许会计师的主要工作领域

- 公开执业

近 30% 的 ICAEW 会员在会计师事务所工作,为客户提供一系列的会计和税务服务,包括商业咨询、管理咨询和审计。公司的规模各不相同,从一人公司到四大跨国会计师事务所。

- 商业活动

会计师经常受雇于组织,利用他们的财务知识和专业技能来管理企业并帮助企业发展。他们可以担任财务总监或基金经理等职务。目前,43% 的 ICAEW 会员从事商业活动。

- 公司金融

大公司通常有专门的公司金融部门。该工作主要服务于公司合并、收购、管理层收购以及资本重组融通资金。公司金融的工作需要具有与金融供应商、律师、研究人员和其他关键专业人士进行谈判的技能。

- 法务会计

对商业欺诈、人身伤害和民事案件的调查往往需要会计专业证人的证词。大公司通常有专门的部门提供由合格会计师组成的诉讼支持。

3. 特许会计师资格

要获得 ICAEW 特许会计师资格,必须完成 ACA 认证。ACA 是一个备受尊敬的专业资格,要求学生在通过一系列考试的同时至少完成三年的在职培训。

可以先完成ICAEW的财务、会计和商业证书（ICAEW CFAB），这是ACA的前六个模块，然后再完成其余的资格认证。

ACA资格由四个部分组成，为学生提供金融知识、会计技能和实际商业经验。这四个部分是：

- 450天实际工作经验——提供对特许会计职业现状的宝贵见解。
- 15个考试单元——涵盖广泛的主题，包括财务管理、法律、担保和商业战略。
- 职业发展——让你做好准备，成功地处理职业生涯中遇到的不同情况。
- 道德和专业怀疑——为你提供在严密审查下工作的技能，并确信你正在作出正确的决策。

4. 如何完成ACA认证

ACA资格认证需要三到五年的时间才能完成，并涉及许多关键阶段。

- 寻找路径

成为一名ICAEW特许会计师从来没有像现在这样容易。完成ACA资格认证的学历包括ICAEW学徒、本科学位、研究生资格证书、ICAEW财务、会计和商业证书，以及与其他专业机构的联合课程。

- 寻找雇主

要完成ACA，必须在ICAEW授权培训机构（ATE）完成450天的工作经验。有5 000个ATE提供ACA培训协议，包括各种规模的会计师事务所、私营企业和公共部门组织。

- 注册为学生

要开始ACA资格考试，必须以学生的身份向ICAEW注册。大多数学生在获得培训协议后注册，但也可以在找到雇主之前注册并开始学习ACA课程。

- 申请先修课程的学分认定

那些已经完成会计、商业或金融资格的人，可能有权豁免一个或多个ACA单元。协会目录中提供了一份完整的合格资格和如何申请学分的信息列表。

- 完成ACA的四个组成部分

为了成功获得ACA资格，必须证明已经：在ATE完成了450天的工作经验；通过了15个考试单元；进行了专业发展；提高了道德理解和专业怀疑力。

三、会员的权益

取得英格兰及威尔士特许会计师协会会员资格是一个了不起的成就，意味着成为一个非常有影响力和受人尊敬的专业机构的成员，能与更广泛的全球财务专家群体联系。会员完全有能力在职业生涯的每个阶段追求最有趣、最有回报的机会，还可以获得世界领先的信息资源、技术指导、会员优惠和折扣、咨询服务和本地会员网络。

1. 整个职业生涯中的支持

- 工作。英格兰及威尔士特许会计师协会建立了一个专门为 ACAs 提供工作的招聘网站，还有一个在线职业社区，会员可以从专家那里得到免费的建议。
- 持续专业发展。协会制订有持续专业发展（CPD）计划，旨在培养会员独特的专业技能，并帮助会员在职业生涯中保持这种优势。
- 技术和道德支持。会员的任何技术或道德问题都可以拨打专门热线，获得专家提供的客观的建议。
- 地方社团。协会目标是支持会员在世界上任何地方工作。在全球主要金融中心，协会的地区办事处和志愿者网络定期举办活动，并提供获取当地会计信息的途径。

2. 咨询和支持服务

- 信息服务。协会通过世界一流的图书馆和定期出版物提供广泛的技术和商业信息。仅限于成员使用资源包括：成千上万的书、期刊和在线报告；经济预测和市场研究报告；免费订阅经济杂志的印刷版和数字版；提供新闻以及更新的每月电子邮件内部通讯；访问世界级图书馆。
- 核心会计与税务服务。符合条件的公司可免费使用布鲁姆斯伯里专业公司在税务会计和财务报告方面的在线资源。
- 技术和道德支持。会员的咨询服务为会员提供免费的专家咨询。会员可以获得技术、道德、法律和税务帮助热线；帮助表和常见问题解答；为规模较小从业者提供的实习支援服务；"支持成员"私下就个人对健康或家庭、金钱问题或工作相关问题担忧的讨论。
- 图书馆查询服务。查询服务提供给所有协会会员、ACA 学生和其他有资格的用户。
- 特许会计师慈善协会。特许会计师慈善协会为会员及其家人提供额外的支持，包括情感支持、债务咨询、健康和护理支持、经济援助和职业指导。
- 实践支持。包括帮助表、技术和道德支持、新闻、反洗钱、贿赂法指导和会员公司网站访问。
- 支援成员计划。经验丰富的支持成员可以在需要时提供保密建议。

3. 社区

无论会员位于何处,都可以轻松地与协会保持联系。协会地方社团随时向会员通报本地区的最新新闻和事件,而协会和社区提供会员所在领域最新的发展、思想领导和指导。协会会员也可以与其他会员或学生联系,与协会的专业在线社区建立专业网络。

财务报告理事会

(Financial Reporting Council, FRC)

为了加强对英国企业财务报告和公司治理的监管，英国政府于 2003 年初宣布成立了财务报告理事会。财务报告理事会监管审计师、会计师和精算师，制定英国的公司治理和管理准则，促进业务的透明度和诚信。财务报告理事会的工作是针对投资者和其他依赖公司报告、审计和高质量风险管理的人员。

理事会由三个治理委员会，两个业务委员会，以及三个咨询委员会组成。其中治理委员会包括审计委员会，提名委员会和薪酬委员会；业务委员会包括规范和标准委员会，行为委员会；咨询委员会包括公司报告，审计与保证以及精算。

一、财务报告理事会和监管机构守则

1. 监管机构应以支持被监管者遵守和成长的方式开展活动

- 监管机构应避免通过其监管活动施加不必要的监管负担，并应评估是否可以通过减轻负担的方式实现类似的社会、环境和经济成果。监管者应根据相关因素（例如，业务规模和能力）选择与其监管对象相称的方法。
- 在设计和审查政策、操作程序和做法时，监管机构应考虑如何支持或促进合规企业和其他受监管实体的经济增长。
- 监管机构应确保其官员具备必要的知识和技能，以支持被监管机构，包括了解被监管者，使他们能够选择适当和有效的方法。
- 监管机构应确保其官员了解监管的法定原则，以及如何按照这些原则开展活动

2. 监管者应采用简单直接的方式与所监管的人接触并听取他们的意见

- 监管者应建立机制，让所监管的人、公民和其他人参与进来，提出意见，并为制定政策和服务标准作出贡献。在改变政策、做法或服务标准之前，监管机构应考虑

对业务的影响，并与业务代表接洽。

● 对于他们发现的违规行为，监管机构应明确解释违规项目或活动，提出的建议、需要采取的行动或作出的决定，以及这些建议的原因。监管者应提供就建议、要求或决定进行对话的机会，以确保他们的行动是相称和一致的。

● 对监管决定或未能按照本准则行事提出上诉的，监管者应该提供一个公正和清晰的途径。作出上诉所针对的决定或行动的监管机构的个别官员不应参与对上诉的审议。这种上诉途径应该向受监管的人公布。

● 监管机构应及时以书面形式解释任何代表权或上诉权。这一解释应以通俗易懂的语言进行，并包括有关所涉过程的实际信息。

● 监管者应该向被监管者提供并明确解释投诉程序，让他们能够轻松地对监管者的行为提出投诉。

● 监管者应建立一系列机制，以便能够并定期邀请、接收和接受客户反馈。例如，通过对其监管对象的客户满意度调查。

3. 监管机构的监管活动应以风险为基础

● 监管机构应采取基于证据的方法确定其职责范围内的重要风险，并应将资源分配到最能有效应对这些重要风险的地方。

● 监管机构应在决策过程的每个阶段考虑风险，包括选择最适当的干预类型或与受监管机构合作的方式；针对合规性的检查；以及什么时候采取执法行动。

● 为自己或他人设计风险评估框架监管机构。应建立与受影响者就设计进行磋商的机制，并定期进行审查。

● 在进行风险评估时，监管者应确认其监管对象的合规记录，包括使用获得的认可方法，并应考虑所有可用的和相关的合规数据，包括相关外部核查的证据。

● 监管者应审查其选定的监管活动在实现预期结果方面的有效性，并作出相应的必要调整。

4. 监管机构应共享有关合规和风险的信息

● 监管机构向被监管者索取信息时，总的来说应遵循"一次收集，多次使用"的原则。

● 在法律允许的情况下，监管者应同意建立相互分享被监管企业及其他机构信息的安全机制，以协助确定目标资源和活动，并尽量减少重复。

5. 监管机构应确保提供明确的信息、指导和建议，帮助被监管机构履行职责

- 监管者应提供建议和指导，重点是帮助被监管者理解和履行其职责。在提供建议和指导时，应将法律要求与所提议的做法区分开来，建议或指导的影响应予以考虑，使其本身不造成不必要的负担。
- 监管者应以清晰、易懂、简洁的格式发布指导意见和信息，使用适合目标受众的媒体，并以面向受众的简单语言书写。
- 监管者应建立机制，就其所提供的指导咨询被监管机构，以确保满足他们的需要。
- 监管者应该努力创造一个环境，使被监管机构对他们收到的建议有信心，并认为能够寻求建议，而不必担心引发执法行动。
- 在回应咨询请求时，监管机构的主要关注点应该是提供支持合规性所需的咨询意见，并确保这些咨询意见能够被信赖。
- 监管者应该有合作机制，帮助那些受多个机构监管的企业。监管者应考虑其他监管者提供的建议，如果对所提供的建议有异议，应与其他监管者讨论，以达成一致。

6. 监管机构应确保其监管活动的方法是透明的

- 监管机构应公布一套明确的服务标准，列出被监管企业对他们的期望。
- 监管机构公布的服务标准应包括以下明确信息：
  a) 他们如何与被监管者沟通，以及如何与他们联系。
  b) 他们提供信息、指导和咨询的方法。
  c) 检查合规性的方法，包括用于针对这些检查的风险评估框架的细节，以及检查行为的协议。
  d) 他们的执行政策，解释他们如何应对不合规行为。
  e) 其费用和收费（如有）。该信息应清楚地解释计算这些费用的依据，并应包括合规性是否会影响费用和收费的解释。
  f) 如何评论或投诉所提供的服务，以及上诉的途径。
- 为满足本规范规定而发布的信息应易于获取，包括在监管机构网站上提供，网站上有明确的标志，并且应该保持更新。
- 监管机构应建立机制，确保其官员按照公布的服务标准包括执行政策行事。
- 监管机构应定期公布其违反服务标准的表现细节，包括收到的被监管者的反馈，如客户满意度调查，与投诉相关的数据，以及对他们的决定提出的上诉。

二、监管方法

1. 透明

● 明确和公开地阐述理事会寻求坚持的原则和政策目标，以及这些原则和政策目标如何与理事会使命保持一致。
● 公布理事会和委员会的会议记录。
● 公布规范和标准程序。在制定规范和标准时，发布起草的拟议文件，并在得出结论前寻求反馈。报告收到的反馈和得出结论的理由。
● 公布行为程序和根据这些程序作出的许多决定。纪律审裁处的聆讯向公众开放。

2. 负责

● 就拟议的年度计划和预算进行咨询。
● 根据公司部门的最佳实践发布年度报告。年度报告包括一份提交议会的关于理事会履行职责的报告。

3. 恰当

● 在行使权力时恰当行事，包括进行检查、调查或报告；
● 考虑强制执行程序中涉及的当事方的合作和/或行动；
● 考虑规范和标准以适当的方式应用于不同的情况；
● 实施并公布影响评估，并在可能的情况下，采用适当且成本合理的原则。

4. 一致

● 根据法律、法规、规范或正在考虑制定的标准的目的和原则采取行动。基于证据作出决定。
● 及时采取行动，适当考虑所有受影响方的合法利益以及更广泛的英国监管框架。

三、执行程序

1. 案件审查员

案件审查员对案件进行初步评估。案件来自：审计公司；一般公司；财务报告理事会团队；其他监管机构；以及公开信息。

2. 决定是否进行调查

其后，由财务报告理事会的行为委员会作出是否进行调查的决定，并提交给执行律师的执行团队。

3. 正式调查

证据收集阶段——涉及财务报告理事会的执法团队（律师和法务会计师）。财务报告理事会有权强制审计公司、会计师及精算师合作及提供资料。在新的审计调查中，财务报告理事会也有权强制一般公司。对于潜在的不当行为或违反标准行为则寻求独立专家的意见。

4. 指控

送达审计公司、会计师和/或精算师的文件中列出了潜在不当行为和/或违反标准行为的依据。被告有机会提出申述。（在调查过程的任何阶段都可以与被调查者达成和解。）

5. 执行

如果符合相关测试，执行律师就决定起诉。（如果在调查期间的任何时候，执行律师认为测试没有通过，则结案。）

6. 确认

不当行为/违规行为要么被告接受，要么由独立法庭裁决。

7. 制裁

对不当行为/违规行为实施制裁,并公布结果。

作者简介

主编

比-利恩·丘　　荣誉文学学士，理学硕士，特许会计师学会会员，经济学硕士

比-利恩·丘是怀尔德·科有限公司审计团队的高级合伙人，负责法务会计事务。怀尔德·科有限公司总部位于伦敦市中心，是一家拥有多个分支机构的特许会计师事务所，比-利恩·丘在该公司接受培训并取得资格证书。

比-利恩除了负责定期审计和咨询外，还负责处理专业公司、个人，以及企业的法务会计和专家证人事务。她的专业知识涵盖监管和合规事务，以及民事、刑事和婚姻诉讼的诉讼支持服务。比-利恩·丘为英国法庭提供证据，同时为客户提供税务调查中的建议和支持。

除了在怀尔德·科的职责外，比-利恩还是独立法务会计师网（NIFA）的主管，并为律师和其他商业专业人士提供持续职业发展（CPD）培训。她是英国和威尔士特许会计师协会（ICAEW）认可的法务会计师，是专家协会的准会员。

撰写人

尼姆·M.布伦南　　理学学士，博士（华威大学），特许会计师学会会员，特许理事

尼姆·M.布伦南是都柏林大学的迈克尔·麦考马克管理学教授。作为获得一等荣誉学士学位、班内第一名的都柏林大学理学（微生物学和生物化学）毕业生，尼姆·布伦南教授具备毕马威会计师资格，拥有华威大学博士学位，是董事学会（伦敦）的特许理事。她是爱尔兰董事协会的首届荣誉研究员。她是爱尔兰法务会计主要文本的合著者，在需要财务报告、法务会计和公司治理专业知识的案件中担任专家证人。

亚当·卡尔弗特　　荣誉文学学士，特许会计师学会准会员

亚当·卡尔弗特在普华永道接受过培训并取得了注册会计师的资格，然后在普华永道的法务团队开始了他的法务会计职业生涯。普华永道任职期间，他在各种法务会计服务领域积累了经验，包括大规模欺诈调查、利润损失评估、股东纠纷、竣工决算审查和谈判程序，以及反贿赂和腐败审查。

在普华永道任职之后，亚当·卡尔弗特转会到了总部设在兰开夏的拉什顿公司，该公司是独立法务会计师网的兰开夏成员公司，亚当·卡尔弗特主要从事法务会计和

审计。亚当在诉讼支持服务方面的经验涵盖了法务会计领域,从调查欺诈,对利润损失和人身伤害索赔的数额提出建议,到婚姻诉讼中的企业估值。

亚当·卡尔弗特是英格兰与威尔士特许会计师协会的准会员,拥有杜汉姆大学经济学学位。

蒂姆·库克

蒂姆是税收主管,1996年加入了怀尔德·科。蒂姆·库克的职业生涯始于英国税务海关总署,业务涵盖所得税、遗产税、资本利得税、增值税、信托和财产税等。为英国和海外等不同背景的高净值个人、企业和家庭提供咨询服务。

在诉讼支持方面,蒂姆·库克主要为婚姻诉讼中的流动性和税务问题提供咨询。除咨询外,针对不同类型的英国税务及海关总署调查,蒂姆·库克具有丰富的指导客户的经验,范围从标准调查到COP8和COP9调查,包括最近取消的列支敦士登披露设施规则下的披露,以及最近推出的全球信息披露机制。

蒂姆·库克经常向当地企业讲授税务问题,并参加专题电台采访。

诺尔曼·考恩　　特许会计师学会会员,商业复苏专业人员协会会员,特许仲裁员,专家证人学会成员

诺尔曼·考恩于2000年加入怀尔德·科,是商业复苏和法务会计部门的成员。除了是一名持牌的破产从业人员外,诺曼还凭借其在企业估值、资产追查、欺诈调查和争议的整体商业性把握等技能,在法务会计行业赢得了相当大的声誉。

作为专家证人,诺尔曼·考恩在商业和刑事诉讼中具有丰富的从业经验。在许多法务会计问题上,诺尔曼·考恩不断被要求在高等法院、土地和税务法庭和刑事法庭提供口头证据。

诺尔曼·考恩是英格兰与威尔士特许会计师协会会员,是专家证人学会和独立法务会计师网的成员。

安得烈·唐纳森　　文学学士(荣誉),特许会计师学会会员,文商学会院士

安得烈·唐纳森是英格兰与威尔士特许会计师协会会员,2014年成立丹斯法务事务所,为英格兰中部地区提供专门的法务会计服务。安得烈·唐纳森于1988年获得四大会计师事务所资格,1992年开始专职于法务会计,参与了多个跨国、跨地区的调查以及英国本土的任务。

1997年安得烈·唐纳森离开专业实践,在一系列中小型公司担任财务总监近10年,直到2006年重返法务会计领域。自那以后,他被任命为许多民事和刑事案件的专家,为申请人和被告人起诉和辩护,并在适当情况下被任命为单一联合专家。安得烈在多个引证案件中都是专家,是专家证人学会的成员。

凯特·哈特　　理学学士（荣誉），特许会计师学会会员，经济学硕士

凯特是罗夫·斯韦恩的合伙人，该公司是一家 90 人的全业务会计师事务所，总部设在萨里和伦敦。凯特在德勤接受培训，在 2011 年成立罗夫·斯韦恩法务团队之前，她在法务会计团队工作了 11 年。

凯特为客户提供法务会计的全方位咨询服务，包括商业和婚姻纠纷。她经常进行企业估值并量化因违约、销售不当和欺诈而遭受的损失。她为多种类型的客户服务，从私人、个体户、业主管理企业到跨国公司。

作为单一的联合专家，在专家调查中凯特代理索赔人和被告。她曾在国际商会仲裁庭和英国法院参与质证。凯特·哈特是英格兰与威尔士特许会计师协会会员和专家协会会员。她就职于英格兰与威尔士特许会计师协会主席委任计划专家小组，是朴茨茅斯大学的客座讲师（法务会计硕士课程）。

克里斯托弗·哈彻　　理文学学士，特许会计师学会会员，专家证人学会成员，经济学硕士

克里斯托弗·哈彻在南威尔士出生和受教育，在卡蒂夫大学获得了法律和会计联合荣誉学位，他的整个职业生涯一直留在南威尔士。

他接受过重要国际实务特许会计师培训并取得资格，也是在这个时候他第一次参与了法务会计工作。1994 年加入现在的律师事务所瓦茨·格雷戈里（Watts Gregory）后，他积累了丰富的经验，为该事务所的律师提供稳定的此类业务。

克里斯托弗·哈彻进一步发展了公司的非当事人律师业务，并进行了专家证人培训，以达到每年 20 到 25 份司法鉴定工作的当前数量，这其中绝大多鉴定工作数需要编写专家报告。因此，克里斯托弗在法庭上多次作证。除法务工作外，克里斯托弗还负责审计工作，是提供遗嘱认证和遗产管理服务的官方认可人士，并为不同的客户群提供服务。

法务会计经验包括股票和企业估值（婚姻和股东/合伙纠纷）、人身伤害索赔、专业过失诉讼、金融产品错误销售和刑事事项。克里斯托弗是专家学院成员，也是专家证人学会和决议附属机构的成员。

菲奥娜·霍斯顿·穆尔　　理学学士（荣誉），特许会计师学会会员，商品交易顾问，认可的反欺诈专家，经济学硕士

菲奥娜是一名合格的注册会计师和注册税务顾问，在审计、会计和税务领域拥有 25 年的丰富经验。

菲奥娜在担任法务会计师和专家证人方面有着丰富的经验，业务涉及商业、税务和会计事项，包括法庭上交叉询问。菲奥娜是独立法务会计师网的认证成员和专家学会的执业成员，也是认可的反欺诈专家。

菲奥娜和恩索特许会计师事务所专业团队一起在法务会计和专家证人案件中提供

咨询的领域包括企业估值、投诉和费用纠纷、合伙和股东纠纷、涵盖在电影合作和员工福利信托方面担任专家的税务纠纷、商业索赔、保险损失索赔、婚姻纠纷、就业法庭、职业过失、人身伤害损失索赔、欺诈和收入损失等。

西蒙·马丁　　文学学士（荣誉），资深特许公认会计师，准经济学硕士

西蒙是特许公认会计师协会会员，在会计界有10年的工作经验。在专注于法务会计之前，西蒙在一家专门从事审计和会计服务的地区性公司接受培训，该公司业务范围和客户广泛，从为有控制问题的小公司编制银行对账单，到监督一所大学及其附属机构的审计工作。

自从加入恩索斯的法务会计专业团队以来，西蒙参与了对50多家企业估值的咨询服务，参与了其他涉及股东纠纷、代理索赔和收益损失量化的案件。

西蒙·马丁是专家学会的执业会员。

戴维·穆格里奇　　资深特许公认会计师，经济学硕士，专家证人学会成员

戴维·穆格里奇是特许公认会计师协会的会员，也是专家学会和专家证人学会的成员。

作为当事人指定的专家证人，单一联合专家和专家顾问，戴维在会计和税务问题方面为法律界提供诉讼支持服务超过15年。他曾在调解和其他替代性纠纷解决机制（ADR）事务中担任顾问和单一联合专家。戴维还为律师事务所和商会提供培训研讨会和讲习班，为县政府、家庭、地方法官、公诉人和高等法院提供口头证据。

戴维是一家提供全方位服务的会计事务所的负责人，为企业、慈善机构和私人客户提供广泛的服务。戴维是许多公司和慈善机构的法定审计师，为律师和委托代理人准备客户资金报告。

戴维作为执业会计师和审计师的丰富经验对他的专家证人工作是极其宝贵的。

布瑞恩·斯彭斯　　文学学士（荣誉），特许会计师学会会员，特许仲裁员，经济学硕士

布瑞恩于1977年获得伦敦库珀与莱布兰德会计师事务所（现为普华永道会计师事务所）的注册会计师资格。在库珀与莱布兰德期间，他一直从事大型公共有限公司（PLC）的审计工作。

1990年，他加入了BTMR有限公司的前身汤姆森·莫利·杰克逊公司（Thomson Morley Jackson & Co），随着提高民营小企业审计工作质量的展开，他很快就对法务会计产生了兴趣。

法务会计目前已成为布瑞恩的专长领域，他处理过范围广泛的刑事案件和民事案件，包括欺诈、婚姻纠纷、股东和合伙纠纷、商业和税务目的的企业估值、人身伤害和致命事故案件。他曾多次在法庭上接受盘问。

他是专家学会的成员,是特许仲裁员协会和独立法务会计师网的会员。

亚当·斯特朗 文科硕士(剑桥大学),特许会计师学会会员,经济学硕士,专家证人学会成员

亚当在剑桥大学读经济学,毕业后在伦敦德勤工作了 14 年,涉及范围包括小企业、重要国际客户和政府。他于 2004 年加入哈伍德·赫顿公司,是一名审计师,领导公司的财务工作和专家证人服务工作。他的执业和审计客户包括在伦敦和泰晤士河的律师和基建公司。

亚当领导着各种各样的公司财务工作,包括担任数百万英镑买卖交易的首席顾问,为业主管理的客户公司和国际上市公司起草财务尽职调查报告。

亚当现任独立法务会计师网的主席,是专家学会、专家证人学会和专家证人协会的会员。他在英国高等法院和家事法庭提供过口头证据。

史提芬·汤姆斯 文科硕士(牛津大学),博士(诺丁汉),工商管理硕士学位,特许会计师学会准会员

汤姆斯教授在专业和学术领域都有丰富的经验。在任现利兹的职位之前,他是约克大学管理学院的院长。在 2004 年成为约克管理学院院长之前,汤姆斯教授拥有 15 年的高级管理经验,曾在诺丁汉大学担任本科生课程负责人、教学委员会主席和研究主任。史提芬·汤姆斯教授还发表了大量的文章。

汤姆斯教授的研究兴趣涵盖了会计、组织发展中的问责制和公司治理,其研究尤其善于从历史的角度展开。对于将金融模型与经济组织理论和企业战略相结合的观点他极感兴趣。

图书在版编目(CIP)数据

法务会计与财务:理论与实践/(英)比-利恩·丘(Bee-Lean Chew)编;熊玉莲译. —上海:复旦大学出版社,2020.8
书名原文:Forensic Accounting and Finance:Principles and Practice
ISBN 978-7-309-15089-6

Ⅰ.①法… Ⅱ.①比…②熊… Ⅲ.①司法会计学-高等学校-教材 Ⅳ.①D918.95

中国版本图书馆 CIP 数据核字(2020)第 157680 号

Forensic Accounting and Finance:Principles and Practice, First Edition
ISBN 9780749479992
Copyright© Niamh M Brennan, Adam Calvert, Bee-Lean Chew, Tim Cook, Norman Cowan, Kate Hart, Christopher Hatcher, Fiona Hotston Moore, Simon Martin, David Muggridge, Brian Spence, Adam Stronach and Steven Toms, 2017
Original edition published by Kogan Page Ltd. All rights reserved.
本书原版由 Kogan Page 出版社出版。版权所有,侵权必究。
This translation of Forensic Accounting and Finance:Principles and Practice is published by arrangement with Kogan Page. Translated by Fundan University Press form the original English language version. All rights reserved.
本书中文简体字翻译版由 Kogan Page 出版社授权复旦大学出版社有限公司独家出版发行。版权所有,侵权必究。
上海市版权局著作权合同登记号 图字09-2019-077 号

法务会计与财务:理论与实践
(英)比-利恩·丘(Bee-Lean Chew) 编 熊玉莲 译
责任编辑/王雅楠

复旦大学出版社有限公司出版发行
上海市国权路 579 号 邮编:200433
网址:fupnet@fudanpress.com http://www.fudanpress.com
门市零售: 86-21-65102580 团体订购: 86-21-65104505
外埠邮购: 86-21-65642846 出版部电话: 86-21-65642845
上海春秋印刷厂

开本 787×1092 1/16 印张 16 字数 341 千
2020 年 8 月第 1 版第 1 次印刷

ISBN 978-7-309-15089-6/D·1037
定价: 58.00 元

如有印装质量问题,请向复旦大学出版社有限公司出版部调换。
版权所有 侵权必究